Heinrich Reimann

Johannes Brahms

SEVERUS

Reimann, Heinrich: Johannes Brahms
Hamburg, SEVERUS Verlag 2014
Nachdruck der Originalausgabe von 1889

ISBN: 978-3-86347-937-4
Druck: SEVERUS Verlag, Hamburg, 2014

Der SEVERUS Verlag ist ein Imprint der Diplomica Verlag GmbH.

Bibliografische Information der Deutschen Nationalbibliothek:
Die Deutsche Nationalbibliothek verzeichnet diese Publikation in der Deutschen Nationalbibliografie; detaillierte bibliografische Daten sind im Internet über http://dnb.d-nb.de abrufbar.

SEVERUS

Nach einer Originalphotographie des Herrn Hofphotogr. C. Brasch, Berlin W., Leipzigerstr. 9.

Johannes Brahms

von

Heinrich Reimann

VORREDE.

(ZUR ERSTEN AUFLAGE.)

Der 3. April 1897 — der Todestag Johannes Brahms' — hat ein Leben, reich an Arbeit und reich an Erfolgen, abgeschlossen. Mit diesem Abschluss ist die Möglichkeit gegeben, dem »grossen Meister«, wie ihn Bülow wiederholt bezeichnete, den Rang und die Stellung in der Musikgeschichte einzuräumen, die ihm nach seinen Werken, 121 an der Zahl, gebührt. Die vorliegende Arbeit, die ihren Schwerpunkt naturgemäss in der Besprechung der Werke und der Darlegung ihres dauernden Werthes hat, versucht in möglichst objektiver Weise jene Aufgabe zu lösen. Sie will den Freunden und Verehrern des Meisters eine Handreichung zur richtigen Werthschätzung derselben sein, und zugleich denen, die Brahms' Werke noch nicht, oder noch nicht genügend kennen, das Verständniss für seine Eigenart erschliessen.

(ZUR ZWEITEN AUFLAGE.)

In verhältnissmässig kurzer Zeit ist eine zweite Auflage meiner Brahms-Biographie nothwendig geworden. Ich fasse das auf als ein günstiges Zeichen für die allenthalben zunehmende Verehrung und Würdigung, die man den Werken des vollendeten Meisters entgegenbringt. In dieser Auflage ist der biographische Theil genau überarbeitet und durch reichliche Zusätze, die ich inzwischen bekannt gewordenen Quellen entnommen habe, vermehrt worden. Im Uebrigen glaubte ich an der einmal festgelegten Form dieses Buches nichts ändern zu dürfen. Nach wie vor lasse ich authentische Gewährsmänner, wie Hanslick und Billroth sind, zu Worte kommen. Was und wie sie über Brahms schrieben, hat historischen Werth, und deshalb darf es in einer Biographie, wie in vorliegender, die Anspruch auf wissenschaftlichen Werth erhebt, nicht fehlen.

DER VERFASSER.

INHALTS-VERZEICHNISS

Heide i/Holst.

JUGENDJAHRE IN HAMBURG.

Die Musikgeschichte Hamburgs bis zum Beginn des 19. Jahrhunderts ist nicht sehr reich an hervorragenden künstlerischen Ereignissen und berühmten Namen. Zwar nahm die Oper durch die Bemühungen Keisers, Matthesons und vornehmlich Händels einen bemerkenswerthen Aufschwung, seitdem eine Anzahl Hamburger Bürger im Jahre 1678 dort das erste öffentliche Theater Deutschlands begründet hatten. Aber nach kaum einem halben Jahrhundert sank diese Blüthe der musikalischen Hansastadt dahin. —

Auch auf dem Gebiet der geistlichen und ernsten weltlichen Musik findet man nur wenig Bemerkenswerthes: Johann Wolfgang Franck, der Sänger der »Geistlichen Melodien« (1681 erschienen); ferner der in allen Sätteln feste »Hamburger Musikdirektor« Georg Philipp Telemann († 1767); endlich dessen Pathenkind, des grossen Johann Sebastian Bach zweiter Sohn: Carl Philipp Emanuel Bach († 1788): Diese drei Männer sind wohl die einzigen, deren Ruf Hamburgs Grenzen erheblich überschritten hat und auf die folgenden Generationen überkommen ist. Aber selbst unter diesen Wenigen waren nur Johann Wolfgang Franck und Mattheson geborene Hamburger.

Das nunmehr zur Neige gehende 19. Jahrhundert weist übrigens auch nur zwei bedeutende Musikernamen auf, deren Träger gebürtige Hamburger waren. Aber es sind die Namen zweier Grossen, zweier Männer, die, beinahe unmittelbar auf einander folgend, zu den Sternen erster Grösse am Himmel der Tonkunst zählen: Felix Mendelssohn und Johannes Brahms. So verschieden beide Meister in ihrem äusseren und wohl auch in ihrem inneren Leben waren, so vereinigt sie doch — abgesehen von der bei beiden gleich genialen allgemeinen Begabung für die Kunst — die besondere Vorliebe und Begeisterung für den grössten Meister aller Zeiten: für Johann Sebastian Bach. War es durch eine glückliche Schicksalsfügung Mendelssohn vergönnt, Bachs Matthäus-Passion wieder zu entdecken und das Verständniss für den Altmeister neu zu beleben und zu fördern, so war Johannes Brahms' ganzes künstlerisches Wesen in seiner ureigensten Art im Wesentlichen auf Bach begründet und wuchs — einer mächtigen Eiche, dem typischen Baume Norddeutschlands, vergleichbar — aus seinem Geiste heraus.

Brahms' Urgrossvater[1]), Peter Brahms[2]), der als Tischler in Brunsbüttel lebte, stammte aus dem Hannöverschen. Aus seiner Ehe mit Sophia Uhl entspross ein Sohn. Dieser, Johann Brahms, war seines Zeichens Gastwirth und trieb sein Gewerbe erst zu Neuenkrug im Kirchspiel Wöhrden, später in dem holsteinischen Städtchen Heide[3]) und starb, 70 Jahre alt, im Jahre 1839. Er war verheirathet mit Christiane Magdalene Asmus, einer Bürgerstochter aus Heide. Ihr ältester Sohn Peter Hinrich (geb. 1793, gest. 1863) betrieb wie sein Vater das Gewerbe eines Gastwirths. Eine im Jahre 1809 geborene Tochter starb im frühesten Kindesalter. Der zweite Sohn, geboren am 1. Juni 1806 in Heide, hiess Johann Jacob; er ist der Vater unseres Johannes Brahms. Eine unbesiegbare Leidenschaft zur Musik trat schon in frühester Jugend bei dem Vater unseres Componisten zu Tage. Der kleine, damals etwa 5000 Einwohner zählende Ort genügte dem künstlerischen Drange des Jünglings offenbar nicht; denn Johann Jacob entwich zweimal heimlich dem Elternhause, um in Hamburg sich eine ihm mehr zusagende Stellung zu verschaffen. Zweimal kehrte er auf elterlichen Befehl zurück; als aber der ungestüme und unbezwingliche Drang den jungen Musiker zum dritten Male aus dem Neste trieb, gab der verständige Vater nach. Johann Jacob wurde mit Wäsche, Kleidung und aller Lebensnothdurft versehen und verliess mit dem Segen des Vaters das elterliche Haus.[4]) Dem Muthigen glückte das Wagniss. Seine bedeutenden musikalischen Talente und seine mannigfache Verwendbarkeit als Musiker (er spielte Contrabass, Violoncello und blies Horn) verschafften ihm bald eine Stellung als Mitglied des Orchesters des Carl Schulze-, später des Stadttheaters, und zwar als Contrabassist. Im Sommer wirkte Vater Brahms als Hornist in einem Sextett mit, welches im Alster-Pavillon concertirte und für seine Einnahmen auf Teller-Sammlungen angewiesen war.[5]) Für dies »Orchester« arrangirte unser Johannes in seinen Knabenjahren Märsche, Divertissements, sogar ein Original-Sextett componirte er dafür. Von dem stadtbekannten Humor Vater Brahms' zeugen einige drollige Anekdoten, die ich einem »A. Br.« gezeichneten Aufsatze der Neuen Zeitschrift für Musik[6]) entnehme: »Als ihm sein Dirigent einmal sagte, er (Brahms) habe wohl etwas unrein gespielt, da lautete die offenherzige Antwort: »Herr Capellmeister, en reinen Ton auf den Cunterbass is en puren Zufall!« Und ein anderes Mal, als ihn derselbe Dirigent bat,

Johann Jacob Brahms.

Eduard Marxsen.

ein wenig lauter zu spielen, entgegnete der Künstler entrüstet: »Herr Capellmeister, dies is mein Cunterbass, und da kann ich so laut auf spielen als ich will«. Seine Gattin, die Mutter unseres Johannes, war Johanna Henrika Christiane, geb. Nissen, deren vorzügliche Herzenseigenschaften den Mangel einer höheren Geistesbildung ersetzten. An den Eltern hing Brahms mit der ganzen Liebe und Zärtlichkeit eines Kindergemüthes. Die Mutter starb im Jahre 1865. Bereits ein Jahr darauf, 1866, heirathete der Vater zum zweiten Mal. Aus der ersten Ehe stammen drei Kinder; eine Tochter, Elise, geboren 1831 († 1892), und zwei Söhne. Der älteste, geboren am 7. Mai 1833, wurde nach Ausweis des Taufregisters am 26. Mai desselben Jahres in der St. Michaeliskirche zu Hamburg durch Pastor von Ahlsen getauft und erhielt den Namen Johannes. Pathen waren: der Grossvater, Johann Brahms; ein Verwandter mütterlicherseits, Diederich Philipp Detmering und Catharina Margaretha Stäcker. Der jüngere Bruder: Fritz (geboren 1835) lebte als Musiklehrer längere Zeit in Venezuela und starb 1885 in Hamburg.

Brahms' Geburtshaus.

Die ersten musikalischen Studien unseres Johannes leitete ein Schüler des bekannten Hamburger Theoretikers Eduard Marxsen, der Musiklehrer O. Cossel. Diesen seinen ersten Lehrer hat Brahms noch in späteren Jahren in hohen Ehren gehalten. Mit seinem Schüler soll Cossel indessen nicht immer zufrieden gewesen sein. »Es ist schade um ihn«, soll Cossel gesagt haben, »er könnte ein so guter Clavierspieler sein, aber er will das ewige Componiren nicht lassen«.[7]) Im Uebrigen zeigte der zehnjährige Knabe eine so ungemein auffällige musikalische Begabung, dass Vater und Lehrer sich an Marxsen, als die erste musikalische Autorität Hamburgs, wandten mit der Bitte, die Unterweisung des hoffnungsvollen Schülers zu übernehmen. Marxsen schlug anfangs die Bitte ab, später liess er sich auf erneutes Ersuchen bereit finden, dem Knaben wöchentlich eine Unterrichtsstunde zu geben. Doch sollte Cossels Unterricht daneben weitergehen. Der ungeheure Fleiss und die Begeisterung des Knaben, vor allem die sichtbare Beglaubigung eines ganz ausserordentlichen Talentes, das nunmehr Marxsen in seiner ganzen Grösse nicht länger verborgen bleiben konnte, bewogen ihn, sich ganz des Knaben anzunehmen. »Das Studium im praktischen Spiel«, so schrieb Marxsen an La Mara[8]), »ging vortrefflich und es trat immer mehr Talent zu Tage. Wie ich aber später auch mit dem Compositionsunterricht einen Anfang machte, zeigte sich eine seltene Schärfe des Denkens, die mich fesselte, und so unbedeutend auch die ersten Versuche im eigenen Schaffen ausfielen, so musste ich darin doch einen Geist erkennen, der mir die Ueberzeugung gab, hier schlummere ein ungewöhnliches, grosses, eigenartig tiefes Talent. Ich liess mir deshalb keine Mühe und Arbeit verdriessen, dasselbe zu wecken und zu bilden, um dereinst für die Kunst einen Priester heranzuziehen, der in neuer Weise das Hohe, Wahre, ewig Unvergängliche in der Kunst predige und zwar durch die That selbst.« —

Auf die Composition stürzte sich der angehende Künstler mit fieberhaftem Eifer. »Ich componirte immerzu«, so erzählte er seinem Freunde J. V. Widmann; »die besten Gedanken fielen mir ein, wenn ich mir früh vor Tag die Stiefeln wichste.« Ein andermal äusserte er sich zu demselben Gewährsmann: »Ich componirte, aber nur in aller Heimlichkeit und in den frühesten Morgenstunden. Den Tag über arrangirte ich Märsche für Blechmusik und des Nachts sass ich in Schänken am Clavier.« Die dürftigen Verhältnisse seiner Eltern zwangen dazu, dass der Knabe zeitig Geld verdiente. »Eines Abends spät«, so erzählt derselbe A. Br. in der Neuen Zeitschrift für Musik, »klopfte ein herrschaftlicher Diener an die Hausthür des alten Brahms. Man antwortet: »Wecker is doar?« »Du Hein, mak upp, Jehann schall speelen!« »Wo denn?« »Bi Schrödern uppn Burstah!« »Wat gift et denn?« »Twee Daler un duhn (betrunken)!« Und »Jehann« musste aus dem Bett heraus und bei »Schrödern uppn Burstah« aufspielen![9])

Abgesehen von den rein musikalischen Uebungen zeigte der junge Brahms bereits damals schon einen ausserordentlichen Drang, sein Wissen zu erweitern. Von fliegenden Trödlern kaufte er allerhand litterarische und musikalische Antiquitäten und Curiositäten und bewies so schon in früher Jugend jenen litterarischen Sammeleifer, dem er noch im späten Alter mit wirklicher Leidenschaft nachhing.

Den ersten Schritt in die Oeffentlichkeit that Brahms unter der Aegide seines »Meisters« am 21. September 1848. An diesem Tage gab er sein erstes Concert, dessen Programm nebst Namen der übrigen Mitwirkenden Hanslick[10]) mittheilt. Ich möchte dem Programm, so weit es Brahms betrifft, nicht bloss den Werth eines »interessanten Curiosums« zuerkennen, wie Hanslick thut: aus den von dem jungen Künstler vorgetragenen Stücken lässt sich ein Schluss auf seine musikalische Erziehung machen. Brahms spielte als Anfangs-Nummer: Adagio und Rondo aus dem A-dur-Concert des Mannheimer Componisten Jacob Rosenhain (geboren 1813), die Tell-Phantasie von Theodor Döhler, ein im »eleganten« Stile der vor-Chopinschen Zeit geschriebenes Stück, eine Fuge von Johann Sebastian Bach, eine Serenade für die linke Hand aus der Feder seines Lehrers und eine Herzsche Etude. Also mitten unter all diesen Virtuosenstücken einer vormärzlichen Epoche der älteste und ewige »Davidsbündler«: Johann Sebastian Bach, der Grund- und Eckstein der künstlerischen Entwickelung unseres Meisters. Man sieht, wie der vorzügliche Lehrer bemüht war, ausser der »virtuosen« Seite seines Zöglings auch die musikalische zu hegen und zu pflegen, und wie er in dieser Hinsicht denselben gleich von Anfang dem Urquell alles Lebendigen in der Musik zuführte. — Am 1. März 1849 wirkte Johannes in einem Concert Theodor Wachtels mit und am 14. April 1849 gab er ein zweites eigenes Concert (Soirée musicale), in dessen Programm der oben genannte gefeierte Hamburger Tenorist, trotzdem er an demselben Tage noch in der

Oper zu singen hatte, mit der Romanze aus Donizettis Liebestrank vertreten war. Der junge Brahms spielte Beethovens C-dur-Sonate (Op. 53), eine »Phantasie über einen beliebten Walzer« eigener Composition, die »Don-Juan-Phantasie« von Thalberg und zum Schluss: »Air italien von C. Mayer!« [11])

In den Jahren 1850—52 wird von keinem öffentlichen Auftreten des jungen Künstlers berichtet. Es waren Jahre eingehender und gründlicher Studien, deren Ergebniss ein glänzendes Reifezeugniss aus dem Munde eines der grössten damals lebenden Meister sein sollte.

Jugendbild Brahms' aus dem Jahre 1853.

„NEUE BAHNEN."

Remenyi.

Im Jahre 1849 garnisonirten in Altona Reserveabtheilungen ungarischer Regimenter. Zu einzelnen der Offiziere dieser Regimenter scheint der ungarische Geiger Remenyi, der vom Wiener Conservatorium aus mit Joseph Joachim bekannt war, freundschaftliche Beziehungen gehabt zu haben. Jedenfalls kam Remenyi in jenem Jahre nach Hamburg und erntete dort, von dem jungen Brahms auf dem Clavier begleitet, durch den »phantastischen Vortrag heimathlicher Tänze« grossen Beifall. Im Jahre 1853 — dem Wendepunkte in Johannes Brahms' Leben — concertirte Remenyi wiederum in Hamburg mit gleichem Erfolge. Johannes war inzwischen in seiner Kunst herangereift und hatte an dem abenteuerlichen Leben Remenyi's einigen Gefallen gefunden. Das war der Grund, dass er sich mit ihm zu einer Concertreise durch Norddeutschland zusammenthat. Nach Wüllner's Personalbeschreibung war Brahms damals »ein schlanker Jüngling mit langem, blondem Haar und einem wahren Johanniskopf, dem Energie und Geist aus den Augen blitzten«. »Bei alledem eine knabenhafte Erscheinung, die mit ihrer hellen Stimme und in dem schlichten, grauen Sommerröckchen einen höchst anziehenden Eindruck machte.«[12]) Die erste Fahrt, im Juni des Jahres 1853, ging nach Göttingen, wo Joseph Joachim als Hospitant der Universität historische und philosophische Collegien bei Waitz und Ritter hörte. Joachim hatte ein Jahr vorher (1852) durch den Vortrag des Beethovenschen Violinconcertes sich Berlin im Sturme erobert und mit demselben Werke einen ähnlichen Erfolg beim niederrheinischen Musikfeste des Jahres 1853 errungen. Von Weimar und dem »neudeutschen« Geiste, der dort herrschte, hatte er sich innerlich bereits halb und halb losgesagt, und die Gunst des kunstliebenden, unglücklichen Königs von Hannover rief ihn ein Jahr später in die ehrenvolle Stellung eines Concertmeisters der kgl. Kapelle nach der Residenz. Was ihn sofort an den Ankömmling fesselte, war dessen »ausnahmsweises Compositionstalent und eine Natur, wie sie nur in der verborgensten Zurückgezogenheit sich in vollster Reine entwickeln konnte; rein wie Demant, weich wie Schnee«. »In seinem Spiele«, so heisst es in einem anderen Briefe Joachims[13]), »ist ganz das intensive Feuer, jene, ich möchte sagen, fatalistische Energie und Präcision des Rhythmus, welche den Künstler prophezeien, und seine Compositionen zeigen jetzt schon so viel Bedeutendes, wie ich es bis jetzt noch bei keinem Kunstjünger seines Alters getroffen.« Die Compositionen, auf welche sich Joachims Urtheil bezog, waren eine Sonate für Clavier und Violine, ein Streichquartett, Lieder, die C-dur- und die Fis-moll-Sonate, desgleichen das Es-moll-Scherzo für Clavier. Die Manuscripte trugen die Autor-Bezeichnung: »Johannes Kreisler junior«.

Von Göttingen brachte eine Empfehlung Joachims die »Fahrenden« an den kunstsinnigen hannöverschen Königshof und von hier an den musikalischen Fürstenhof Weimars, zu Liszt. Sechs volle Wochen verweilte Brahms auf der gastlichen Altenburg, wo ihn Liszt mit der ihm eigenen, unvergleichlichen Liebenswürdigkeit aufgenommen hatte. Für seine Compositionen, namentlich für das Es-moll-Scherzo (Op. 4), zeigte der Meister ein ausserordentliches Interesse. Interessant ist das Schicksal der ursprünglich als Op. 5 bezeichneten Violinsonate in A-moll, die Brahms nach Weimar zu Liszt mitgebracht hatte, die aber verloren gegangen ist. In einem Briefe an K. Klindworth schreibt Liszt als NB.: »Remenyi antwortet mir nicht über das Manuscript der Sonate von Brahms (mit Violine). Wahrscheinlich hat er es mitgenommen, denn ich habe zu meinem Aerger meine sämmtlichen Musikalien 3 mal durchstöbert, ohne das Manuscript auffinden zu können. Vergessen Sie nicht, mir in Ihrem nächsten Brief darüber zu schreiben, denn Brahms bedarf dieser Sonate zum Druck.«[14]) Aus einem von La Mara veröffentlichten Briefe Brahms' an Schumann geht hervor, dass diese Sonate an B. Senff in Leipzig zum Verlag übergeben wurde. Trotzdem ist sie nicht erschienen. Eine Spur dieses, wie es scheint, verlorenen Schatzes vermuthet A. Dietrich gefunden zu haben. Er erzählt in seinen Brahms-Erinnerungen S. 68:

»Als ich im Jahre 1872 am Rhein meine D-moll-Sinfonie dirigirte, zeigte mir mein Freund v. Wasielewski . . . eine sehr schön geschriebene umfangreiche Violinstimme und frug, ob ich die Notenschrift schon gesehen. Sofort erkannte ich B.' Handschrift aus frühester Zeit. Wir bedauerten sehr, dass die Clavierstimme dazu nicht zu finden war. Es wird die Stimme der bei Liszt . . . 1852 verloren gegangenen Violinsonate von B. gewesen sein.«

Von Weimar kehrte Brahms ohne Remenyi nach Göttingen zu Joachim zurück. Auf einen kurzen Aufenthalt daselbst folgte eine Reise nach der Schweiz, sodann zu Fuss den Rhein abwärts nach Bonn, wo er die Bekanntschaft Wasielewskis, des Cellisten Reimers und Wüllners machte. Der Letztgenannte theilt in seinen Erinnerungsworten an Brahms über den Eindruck, den er von den Erstlingswerken des Künstlers erhielt, Folgendes mit: »Er spielte uns die eben fertig gewordene C-dur-Sonate Op. 1, die schon früher vollendete Fis-moll-Sonate, das Es-moll-Scherzo und auch Lieder, darunter das oft gesungene: »O versenk«. Wir jungen Musiker waren von ihm und seinen Compositionen sofort entzückt und begeistert.«

Anfang October desselben Jahres kam Brahms nach Düsseldorf zu Robert Schumann. Welchen Eindruck der Meister von dem jungen Künstler erhielt, bezeugen seine Briefe an Dr. Härtel und Joachim aus jener Zeit am deutlichsten[15]).

An Dr. Härtel:

»Es ist hier ein junger Mann erschienen, der uns mit seiner wunderbaren Musik auf das Allertiefste ergriffen hat und, wie ich überzeugt bin, die grösseste Bewegung in der musikalischen Welt hervorrufen wird.«

An Joachim:

»Wenn ich jünger wäre, . . . [würde] ich vielleicht einige Polymeter auf den jungen Adler, der so plötzlich und so unvermuthet aus den Alpen dahergeflogen nach Düsseldorf, machen können. Oder man könnte ihn einem prächtigen Strome vergleichen, der, wie der Niagara, am schönsten sich zeigt, wenn er als Wasserfall brausend aus der Höhe herabstürzt, auf seinen Wellen den Regenbogen tragend und am Ufer von Schmetterlingen umspielt und von Nachtigallenstimmen begleitet. Nun, ich glaube, Johannes ist der wahre Apostel, der auch Offenbarungen schreiben wird, die viele Pharisäer auch nach Jahrhunderten nicht enträthseln werden.«

An Dr. Härtel:

»Ueber den jungen J. B. . . . werden Sie in der Neuen Zeitschrift für Musik einen mit meinem Namen unterzeichneten Aufruf finden, der Ihnen näheren Aufschluss geben wird. Ich werde Ihnen dann genaue Mittheilung über die Compositionen machen, die er herauszugeben beabsichtigt. Es sind Klavierstücke, Sonaten f. Pfte., dann eine Sonate f. Violine und Pfte., ein Trio, ein Quartett, dann viele Lieder, alle von ganz genialer Art. Er ist auch ein ausserordentlicher Spieler.«

An Joachim (13. Oct. 1853):

»Ich habe angefangen, meine Gedanken über den jungen Adler zu sammeln und aufzusetzen; ich wünschte gern, ihm bei seinem ersten Flug über die Welt zur Seite zu stehen. Aber ich fürchte, es ist noch zu viel persönliche Zuneigung vorhanden, um die dunkeln und hellen Farben seines Gefieders ganz klar vor Augen zu bringen. Habe ich sie beendigt, so möchte ich sie seinem Spiel- und Kampfgenossen*), der ihn noch genauer kennt, mittheilen, was vielleicht schon in einigen Tagen sein wird.«

Am 14. October an denselben:

»Ich habe den Aufsatz beschlossen und leg' ihn bei. Ich bitte mir ihn sobald als möglich zurück zu schicken . . .«

Dieser in der Folgezeit viel besprochene und bekrittelte Aufsatz Schumanns erschien am 23. October 1853 in der »Neuen Zeitschrift für Musik« (II, S. 484) unter dem Titel: »Neue Bahnen«.

»Es sind Jahre verflossen — beinahe ebenso viele, als ich der früheren Redaction dieser Blätter widmete, nämlich zehn —, dass ich mich auf diesem an Erinnerungen so reichen Terrain einmal hätte vernehmen lassen. Oft, trotz angestrengter productiver Thätigkeit, fühlte ich mich angeregt; manche neue, bedeutende Talente erschienen, eine neue Kraft der Musik schien sich anzukündigen, wie dies viele der hochaufstrebenden Künstler der jüngsten Zeit bezeugen, wenn auch deren Productionen mehr einem engeren Kreise bekannt sind. Ich dachte, die Bahnen dieser Auserwählten mit der grössten Theilnahme verfolgend, es würde und müsse nach solchem Vorgang einmal plötzlich Einer erscheinen, der den höchsten Ausdruck der Zeit in idealer Weise auszusprechen berufen wäre, Einer, der uns die Meisterschaft nicht in stufenweiser Entfaltung brächte, sondern, wie Minerva, gleich vollkommen gepanzert, aus dem Haupte des Kronion spränge. Und er ist gekommen, ein junges Blut, an dessen Wiege Grazien und Helden Wache hielten.

Er heisst »Johannes Brahms«, kam von Hamburg, dort in dunkler Stille schaffend, aber von einem trefflichen und begeistert zutragenden Lehrer gebildet in den schwierigsten Satzungen der Kunst, mir kurz vorher von einem verehrten bekannten Meister empfohlen. Er trug auch im Aeusseren alle Anzeichen an sich, die uns ankündigen: »das ist ein Berufener«. Am Clavier sitzend, fing er an, wunderbare Regionen zu enthüllen. Wir wurden in immer

---

*) Gemeint ist natürlich Joachim selbst.

zauberischere Kreise hineingezogen. Dazu kam ein ganz geniales Spiel, das aus dem Clavier ein Orchester von wehklagenden und lautjubelnden Stimmen machte.

Es waren Sonaten, mehr verschleierte Symphonien — Lieder, deren Poesie man, ohne die Worte zu kennen, verstehen würde, obwohl eine tiefe Gesangsmelodie sich durch alle hindurchzieht, — einzelne Clavierstücke theilweise dämonischer Natur von der anmuthigsten Form, — dann Sonaten für Violine und Clavier, — Quartette für Saiteninstrumente, — und jedes so abweichend vom andern, dass sie jedes verschiedenen Quellen zu entströmen schienen. Und dann schien es, als vereinigte er, als Strom dahinbrausend, alle wie zu einem Wasserfall, über die hinunterstürzenden Wogen den friedlichen Regenbogen tragend und am Ufer von Schmetterlingen umspielt und von Nachtigallenstimmen begleitet.

Wenn er seinen Zauberstab dahin senken wird, wo ihm die Mächte der Massen, im Chor und Orchester, ihre Kräfte leihen, so stehen uns noch wunderbare Blicke in die Geheimnisse der Geisterwelt bevor. Möchte ihn der höchste Genius dazu stärken, wozu die Voraussicht da ist, da ihm auch ein anderer Genius, der der Bescheidenheit, innewohnt. Seine Mitgenossen begrüssen ihn bei seinem ersten Gang durch die Welt, wo seiner vielleicht Wunden warten werden, aber auch Lorbeeren und Palmen; wir heissen ihn willkommen als starken Streiter.«

Johannes Brahms 1862.

Die Werke nun, auf Grund deren Robert Schumann seine begeisterte und begeisternde Prophezeiung aller Welt verkündete, und die er demnächst zum Druck Breitkopf & Härtel empfahl, waren (mit präsumptiver Opuszahl): »ein Quartett für Streichinstrumente (Op. 1), ein Heft von 6 Gesängen (Op. 2), ein Scherzo für Pfte. (Op. 3), ein Heft von 6 Gesängen (Op. 4) und eine grosse Sonate (in C-dur) für Pfte. (Op. 5)«. Die Firma sollte dem Componisten »ein dem Gehalt der Werke nur mässig entsprechendes Honorar bewilligen«, mit dem Vorbehalt, nach etwa 5 Jahren einen weiteren »Vortheil« dafür zu gewähren. »Im Uebrigen«, fügt Schumann hinzu, »ist er ein höchst bescheidener Mensch und hat sich mit seiner persönlichen Liebenswürdigkeit Aller Herzen erobert«.

Die Leipziger Verleger wünschten Brahms zu hören und kennen zu lernen. Hierauf erwidert Schumann, er wolle Brahms veranlassen, sobald als möglich nach Leipzig zu reisen und seine Compositionen dort zu spielen. »Sein Spiel gehört eigentlich zu seiner Musik; so ganz eigenthümliche Klangeffecte erinnere ich mich noch nicht gehört zu haben.« Die betreffende Aufforderung, nach Leipzig zu reisen, erging an Johannes durch einen von Joachim an seine Adresse übermittelten Brief. Das Schreiben hatte zur Folge, dass Brahms in einem Leipziger Concerte, am 17. December 1853, seine Compositionen vorführte. Daraus ergab sich der weitere Erfolg, dass Breitkopf & Härtel sich entschlossen, die beiden Sonaten (C-dur und Fis-moll), das erste Heft Lieder (Op. 3) und das Es-moll-Scherzo (Op. 4), desgleichen ein zweites Liederheft (Op. 7) und das H-dur-Trio (Op. 8) später noch die Schumann-Variationen (Op. 9) und die Balladen (Op. 10) in Verlag zu nehmen. B. Senffs Verlagshandlung übernahm die F-moll-Sonate (Op. 5) und ein Liederheft (Op. 6). Op. 1, 2 (Sonaten) und 6 (Lieder) erschienen bereits im December 1853, Op. 3—5 (Lieder, Scherzo, F-moll-Sonate), desgleichen 7 (Lieder) und 9 (Variationen) 1854, Op. 10 (Balladen) 1856 und zuletzt Op. 8 (H-dur-Trio) 1859.

Wie ausserordentlich wohl sich Brahms damals in Leipzig fühlte, ergiebt sich aus einem Brief an Dietrich (November 1853), in dem es heisst:

»Ueber alle Gebühr freundliche Aufnahme habt Ihr mir hier in Leipzig verschafft, und ich kann so ungezogen sein, Euch ganz mit Briefen zu verschonen . . . Seit Donnerstag Abend bin ich in Leipzig, habe jedoch nur eine Nacht im Hôtel zugebracht. Unser werther . . . Freund v. S(ahr) litt es nicht länger. Er opfert sich hier für mich auf. Härtels haben mich unendlich freundlich aufgenommen, ebenso Moscheles und David . . .«

Als Ergänzung hierzu diene ein Brief H. v. Sahr's an Dietrich:

»Brahms wohnt bei mir. Er ist ein himmlischer Mensch! Wie muss man Schumann dankbar sein, diesen Kerl ans Tageslicht gebracht zu haben. Die Tage, seitdem er hier ist, gehören zu den schönsten, die ich je erlebt! Er entspricht so ganz dem Ideal, wie ich es mir von einem Künstler gemacht. Und als Mensch! Doch genug, Du kennst ihn ja selbst am besten. Ich habe ihn zu Härtels, Moscheles, David und Anderen geführt. Gestern früh war David bei uns und spielte Brahms' Violinsonate. (Die verloren gegangene, in A-moll.) B. spielte ihm dann seine C-dur-Sonate vor. David war ganz verblüfft vor Staunen . . .«

Der Eindruck, den Schumanns Aufruf auf die musikalische Welt machte, war, wie es scheint, ein sehr verschiedenartiger. Begeisterte Anhänger nannten Brahms einen anderen Mozart — fügte es sich doch zufällig, dass eine Stelle in dem Liederhefte Op. 3 (No. 2) an Mozart's »Batti, batti bel Masetto« erinnerte; andere wieder nannten ihn einen zweiten Schumann. Sehr ruhig, aber klar und verständig, nur etwas skeptisch wie immer, urtheilte Bülow, der, auf Schumanns Artikel Bezug nehmend, am 5. November 1853 von Dresden aus an Lizst schrieb:

»Mozart-Brahms ou Schumann-Brahms ne trouble point du tout la tranquillité de mon sommeil. J'attendrai ses manifestations. Il y a une quinzaine d'années que Schumann a parlé en des termes tout à fait analogues du ‚génie' de W. Sterndale ‚Benêt' [d. i. Bennett]. Joachim du reste connaît Brahms, de même l'ingermanique Reményi . . .«

Kurze Zeit darauf, am 4. Januar 1854, erfolgte das erste Zusammentreffen Brahms' mit Bülow, bei Gelegenheit eines Concertes, das Bülow in Hannover gab. Bülow wohnte in jenen Tagen bei Joachim und schrieb unter dem 6. Januar an seine Mutter:

»Den Robert Schumannschen jungen Propheten Brahms habe ich ziemlich genau kennen gelernt; er ist zwei Tage hier und immer mit uns. Eine sehr liebenswürdige candide Natur und in seinem Talente wirklich etwas Gottesgnadenthum im guten Sinne!«

Zwei Monate später spielte Bülow bereits in einer musikalisch-deklamatorischen Soirée der Frau Adele Peroni-Glasbrenner (Bülow-Briefe II, 183 und 185) den ersten Satz der C-dur-Sonate (Op. 1).

Zahlreiche Berichte und Mittheilungen von Alters- und Kunstgenossen stimmen darin überein, dass es selten eine herzgewinnendere künstlerische Erscheinung gegeben habe, als den »jungen Brahms«. Sein heiteres, oft übermüthig derbes Gemüth, seine tollen Einfälle, standen scheinbar im Gegensatz zu dem ernsten und vornehmen, rein künstlerischen Naturell des jungen Mannes. In der That ergänzte in Brahms der Mensch den Künstler und umgekehrt, der Künstler den Menschen. Kein Wunder, dass jeder, der den jungen Brahms näher kennen lernte, sich zu dieser seltenen und eigenartigen Erscheinung hingezogen fühlte. Ganz besondere Freundschaft verband, wie schon wiederholt erwähnt, unsern Johannes mit Schumann, Joachim und Albert Dietrich. Zum Düsseldorfer Musikfeste, am 27. October 1853, erwartete man Joachim. Um den Ankommenden zu ehren, machte Schumann den Vorschlag, Brahms und Dietrich sollten gemeinsam mit ihm selbst eine

Violinsonate componiren und Joachim rathen lassen, von wem jeder einzelne Satz sei. Den ersten Satz, Allegro in A-moll, übernahm Dietrich, den zweiten, ein Intermezzo in F-dur, Schumann, den dritten, ein Scherzo in C-moll, nach einem Motiv Dietrichs aus dem ersten Satze, componirte Brahms, das Finale (A-moll mit Schluss in A-dur) wieder Schumann. Auf das Titelblatt mit der Widmung an Joachim schrieb Schumann: F. A. E., d. h. **F**rei, **A**ber **E**insam (Joachims Wahlspruch in jener Zeit); zugleich bildeten die Buchstaben, als Noten gedacht, das Hauptthema der Sonate: »In Erwartung der Ankunft des verehrten und geliebten Freundes J. J. schrieben diese Sonate Robert Schumann, Joh. Brahms, Albert Dietrich.«

MAX KLINGER, EVOCATION.

Verkleinerte Wiedergabe aus »Brahms Phantasie«.
Verlag der Hofkunsthandlung Amsler & Ruthardt, Berlin.

JUGENDWERKE.

Op. 1—10.

Will man beurtheilen, ob Schumann sich etwa von persönlicher Sympathie habe verleiten lassen, von Brahms zu schwärmen, anstatt über ihn eine vernünftige, besonnen abwägende Kritik zu üben, so muss man die Werke selbst reden lassen. Sie mögen in den ersten sieben Jahren für die Verleger freilich ein recht sesshafter Artikel gewesen sein; auch die Fachpresse bekümmerte sich nicht um sie. Erst nach neun langen Jahren (1862) erstand in dem Dessauer Musiker A. Schubring (DAS) in der »Neuen Zeitschrift« ein neuer Lobredner des jungen Componisten und seiner, damals schon bis Op. 18 gediehenen Werke.

Gleich das erste Motiv, mit dem Brahms' erstes Werk, seine C-dur-Sonate, beginnt, hat man als eine ziemlich bedenkliche Anlehnung an Beethoven angesehen. Man vergleiche beide Motive und urtheile selbst:

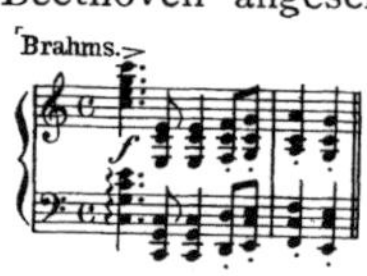

Wer aus zufällig vorhandenen, rein äusserlichen Aehnlichkeiten auf eine »Entlehnung« schliessen zu müssen glaubt, erkennt das Wesen beider Motive nicht recht. Sie sind ganz verschieden von einander, wie die Weiterführung und thematische Verarbeitung beider auf das deutlichste beweist. In ganz neuer und bisher ungewohnter Weise setzt der Mittelsatz in einem durch Fis vorbereiteten A-moll (anstatt G-dur) ein. Das neue Thema selbst wird in etwas

Schumannscher Weise verändert.

Der zweite Theil zeigt eine überaus grossartig entwickelte Durchführung und eine prächtig ein- und ausgeführte Coda. Der zweite Satz bietet wiederum etwas ganz Neues: ein innig zartes Bergisches Volkslied (der

Text ist dem Thema unterlegt: »Verstohlen geht der Mond auf«) in folgender Fassung:

Viermal — den vier Strophen des Gedichtes entsprechend, wird das Thema variirt. Dann folgt ein Scherzo. Wir begegnen hier zum erstenmal dem charakteristischen vollgriffigen Brahmsschen Clavierstil: häufige Verdoppelungen der von Terzen oder Sexten begleiteten Melodie durch die Oktave in rechter und linker Hand zugleich. Das Clavier erhält dadurch orchestrale Färbung, man hört ganz deutlich Flöten, Clarinetten und Fagotte. Und so erklärt sich deutlich genug, wie treffend Schumann die Brahmsschen Sonaten »verschleierte Symphonien« genannt hat. Auch Bülow pflichtet dem bei, wenn er von den Flötenstimmen im zweiten Satz spricht [16]) und über Brahmsschen Clavierstil im Allgemeinen so urtheilt: »Bei Bach muss man immer denken, dass, wenn er Clavierwerke componirte, die Orgel seine Phantasie beherrschte; bei Beethoven war es das Orchester und bei Brahms sind es beide.« Ganz eigenartig und von wunderbarer, edler Leidenschaft durchglüht ist das Trio:

Ein wildes und in ungezähmter, trotziger Kraft einherbrausendes Finale, dessen Mittelsatz (G-dur) für Brahms höchst charakteristische, rhythmische Verschiebungen aufweist, macht den Schluss. Uebrigens soll, wie Dietrich erzählt, dem Componisten bei diesem Satze das Volkslied: »Mein Herz ist im Hochland« vorgeschwebt haben. Gewiss fehlt diesem Erstlingswerke ebenso sehr die Glätte der früheren Beethovenschen Sonatenform, wie die poetische, man kann wohl sagen, fast unergründliche Tiefe der letzten Sonaten desselben Meisters; wohl aber ist Beethovenscher Impuls, Beethovensche Inspiration vorhanden. In seinem stürmischen, überquellenden Drange gleicht Brahms dem jungen Schumann; aber in der Technik, in der Verarbeitung der Themen, in der Ausgestaltung und Behandlung der Form ist er dem Meister schon überlegen, trotzdem er in formalen Dingen unverkennbar manches von ihm angenommen hat. Wenig vermittelt stehen die stärksten Contraste einander gegenüber, und das edle künstlerische Maass im musikalischen Ausdruck sowohl, wie in der thematischen Arbeit wird nicht selten vermisst. Alles in Allem aber ein Werk voll sprühenden Geistes und kecken Wagemuthes! Es wurde Joachim, dem liebsten und treuesten Kunstgenossen, gewidmet.

Die zweite Sonate steht in Schumanns »Florestan- und Eusebius«-Tonart: in Fis-moll. Sie ist — wohlgemerkt — früher entstanden als Op. 1 und zeigt darum weder in der Erfindung noch in der thematischen Arbeit die Selbständigkeit der C-dur-Sonate. Ich möchte dies Werk, auf das Schumanns Op. 11 innerlich und äusserlich eingewirkt hat, geradezu als die »Schumann-Sonate« bezeichnen. Ueberall Florestan- und Eusebius-Stimmung, überall der Wechsel von schwärmerischer Melancholie und leidenschaftlichem Trotz, Humor und Grübelei, Hingebung und energischem Zurückhalten. Auch die Feinheit in der motivischen Gestaltung ist ein Schumannscher Zug. Aus dem Florestan-Motiv:

entwickelt sich

und

Und wenn sich dann die leidenschaftliche gesangvolle Melodie in zartem

Piano und in schwärmerischem A-dur wiederholt (s. S. 6), so vernimmt man deutlich ein Eusebius-Gemüth. Der zweite Satz klingt fast wieder wie: »Verstohlen geht der Mond auf«. Ein altdeutsches Minnegedicht des Grafen Toggenburg: »Mir ist leide, dass der Winter beide Wald und auch die Heide hat gemachet kahl« liegt der Melodie zu Grunde, wie Dietrich zu berichten weiss.

Steht der erste Takt mit dem Hauptmotiv des ersten Satzes in verwandtschaftlicher Beziehung, so erinnert der zweite deutlich genug an das Thema des Mittel-Satzes. Auch hier finden sich wieder in unmittelbarer Nähe grelle Contraste (vergl. S. 13). Das Scherzo, in Schumannscher Manier sich unmittelbar an den zweiten Satz schliessend, bringt eine neue Umgestaltnng des Hauptthemas, während das Trio

wieder die orchestermässige Behandlung des Claviers zeigt und das Trio Op. 8 vorherverkündet. Dem letzten Satz [17]) geht eine pathetische Einleitung voraus, der ein schwungvolles Allegro mit wundervollen Klanggebilden als Gegensatz zum Hauptthema folgt. In dem

Durchführungstheil begegnen wir allerhand contrapunktischen Kunststücken (namentlich mehrfachen Umkehrungen des Hauptmotivs), bis eine grosse Steigerung zu einem phantastischen Schlusse führt, den ich ein poetisch-musikalisches Portrait Clara Schumanns nennen möchte. Der Klangzauber dieses Schlusses, diese zarten Passagen und Arabesken, waren eine ganz besondere Eigenthümlichkeit der grossen Künstlerin, deren Namen übrigens die Sonate trägt.

Mit dem dritten seiner Werke betrat Brahms dasjenige Gebiet, das ihm die meisten Anhänger gewinnen sollte: das Gebiet des Liedes. Schuberts schier endlose Liederreihe eröffnet als erster Gesang: »Der Erlkönig«, also gleich der Typus eines echt Schubertschen Liedes. Bei Brahms ist es in ganz ähnlicher Weise »Liebestreu« (»O versenk dein Leid, mein Kind«).

Die Energie der Deklamation und die Sicherheit im Erfassen des jedesmal richtigen, der Stimmung angemessenen Ausdruckes, der grosse, weit ausholende Zug der Melodie, die Befreiung von der Alleinherrschaft der herkömmlichen viertaktigen Periodenbildung, der wundervoll abgestufte Wechsel der Stimmungen, ihre Abschwächung wie ihre Steigerung, die ungemein charakteristische, d. h. selbständige und doch über das richtige Verhältniss niemals hinausgehende Begleitung, das auch äusserlich durch das ostinate, contrabassartige Begleitungsmotiv bezeichnete Festhalten der Grundstimmung sind typische Vorzüge fast aller späteren Lieder, soweit überhaupt deren Wesen sich mit dem vorliegenden vergleichen lässt. Keines der fünf anderen Lieder reicht an dieses heran, obwohl einzelne so manche hübsche Eigenart des jungen Künstlers zeigen: so das zweite (»Wie sich Rebenranken schwingen«) mit der Pseudo-Batti-batti«.

Reminiscenz und dem kunstvoll geformten Schlusse (Melodie in der doppelten Verlängerung, dazu das obige Motiv in der Begleitung); und namentlich auch das sechste (»Lindes Rauschen«), in seiner zarten Empfindung und den sanften melodischen Linien ein echter Brahms, während freilich No. 5 (»In der Fremde«) an dem gleichen Schumannschen Liede einen unüberwindlichen Concurrenten hat. Das Liederheft ist »Bettina« gewidmet, über deren freundschaftliche Beziehungen zu Joachim und Bülow die veröffentlichen Bülow-Briefe genaue Auskunft geben.

Clara Schumann.

Im Anschluss an Op. 3, No. 5 sei hier noch gleich eines anderen Liedes gedacht, das Brahms Schumann nachcomponirt hat: »Mondnacht«. Das Lied erschien 1854 als No. 1 in den »Albumblättern«, einer Sammlung von 8 Liedern von Spohr, Hauptmann u. a. Auch Joachim ist in dieser Sammlung mit einem Liede vertreten, und zwar merkwürdiger Weise auch mit einem »Schumannschen« Texte: »Ich hab im Traum geweinet«!

Das als Op. 4 veröffentlichte Es-moll-Scherzo hatte sich, wie erwähnt, des besonderen Beifalls Liszts zu erfreuen. Es ist ein in seinem Anfange leise an Chopin gemahnendes, ganz orchestral gehaltenes, effektvolles und doch klassisch geformtes Clavierstück.

Einen ganz besonders hohen, man kann sagen phantastisch-romantischen Flug unternimmt der junge Componist in der Sonate Op. 5. Sie ist der Gräfin Ida von Hohenthal gewidmet und offenbar — nach Schumannscher Art — voll persönlicher Beziehungen. Im übrigen ist der Stil durchaus frei und selbständig, ganz der junge Brahms. Bülow schätzte diese Sonate ganz ausserordentlich hoch, spielte sie und sprach oft und mit besonderer Vorliebe von ihr.

Das kräftige Hauptthema der etwas melancholischen Einleitung des ersten Satzes giebt alsbald den Grundbass zu dem zweiten Thema:

»Hier muss man andere Saiten aufziehen« pflegte Bülow zu sagen; es ist ein echtes Gesangsthema, zart und doch voll innerer Gluth mit einer bemerkenswerthen »inneren Stimme« in der linken Hand, die durch Betonung der betreffenden Noten (wie oben durch x angegeben) bemerkbar wird. Eine erstaunliche Tiefe in der Empfindung offenbart uns das »Andante«, eine Liebescene von bestrickendem, melodischem Zauber:

»Der Abend dämmert, das Mondlicht scheint,
Da sind zwei Herzen in Liebe vereint
Und halten sich selig umschlungen.«

Brahms selbst hat diese Verse Sternaus dem Satze[18]) beigefügt und damit den besten Fingerzeig für die Ausführung und Darstellung dieses wahrhaft wunderbaren Stückes gegeben. Den Höhepunkt erreicht die schwärmerische Stimmung beim Eintritt des Desdur:

Auf das Scherzo, dessen Hauptthema etwas an das Finale des C-moll-Trios von Mendelssohn anklingt,

Brahms.

Mendelssohn.

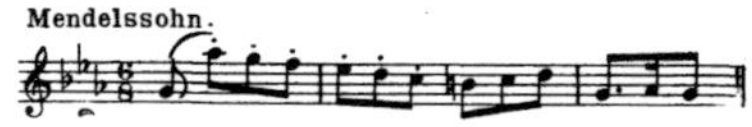

folgt ein kurzer Mollsatz, ein »Rückblick« mit deutlichem Hinweis auf die »Liebesscene«. Die Stimmung ist düster und tief traurig; dumpfes Grabesgeläute in den Bässen und ätherische Schmerzensklänge in der Melodie; alles Tod, Grab und Verwesung! Ein mächtiges Feuer edler, aber starker Leidenschaft durchlodert das ganze Finale vom Anfang bis zum Ende; ein Stück voll starker, bewusster Gegensätze, so schroff nebeneinander gestellt wie nur in wenig ähnlichen Stücken.

In dem Liederheft Op. 6 wird man die nationalgefärbten Rhythmen und Harmonien in

No. 1 (»Spanisches Lied«) und den herrlichen, frischen Schwung in dem Frühlingsliede: »Es lockt und säuselt« bewundern können. Wie charakteristisch malt die durch Pausen zerpflückte Melodie das sehnsüchtige, athemlose Drängen nach Frühlingslicht und -Luft! Sein Eigenstes auf dem Gebiete des Liedes gab Brahms be-

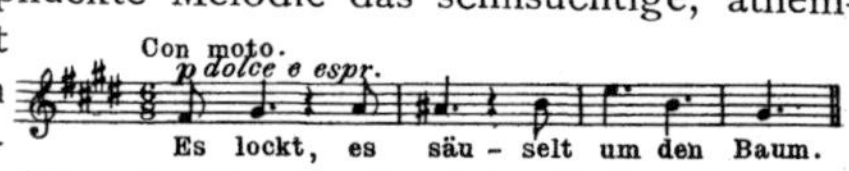

reits mit dem folgenden Liederhefte (Op. 7). Das volksthümliche Element, geläutert und verklärt und in die höchste Kunstsphäre gerückt durch eine meisterhafte, phantasievolle musikalische Behandlung, kommt hier zum ersten Mal zu schönster Geltung. Lieder wie No. 1: »Ein Mägdlein sass am Meeresstrand« mit der wogenden Begleitung, die in Strophe 3: »Die Wasser spielten ihr schmeichelnd den Fuss« mit ganz besonderer Feinheit ausgestattet ist, der entzückend getroffene Ausdruck der Sehnsucht in No. 2 (»Parole«), die Stille der Einsamkeit und das Bangen der Erwartung, mit dem synkopirenden e′ (zuletzt a′) in der Begleitung bei No. 3 (»Anklänge«); das reizend deklamirte, in freien Perioden sich bewegende schwäbische Volkslied (»Die Schwälble ziehet fort«), der seltsame Wechsel von Dur und Moll in dem Volkslied: »Mei Mutter mag mi net« und schliesslich die Uhlandsche »Heimkehr« mit dem kühnen, sehr selbstständig auftretenden Bassmotive nach Schubertschem Vorbild: — so viel Lieder, so viel charakteristische Merkmale für Brahmssche Art und Kunst.

Und nun gar das folgende Werk, das erste grössere Kammermusikwerk für Clavier und Streichinstrumente: das Trio (H-dur) Op. 8, ein »lebensvolles kraftstrotzendes Werk« mit einer Fülle der edelsten Melodien, von der kühnen Hand eines sieggewohnten Jünglings entworfen und von der sorgsamen Hand eines angehenden Meisters ausgeführt! Hanslick tadelt an dem Werke die »harmonischen Cruditäten« und nennt es »ein Erzeugniss unausgereifter Künstlerschaft.« Möglicherweise haben wir dem Tadel und den Ausstellungen Hanslicks an diesem Werke die zweite Bearbeitung zu verdanken. Ich gestehe offen, dass mir die Reife der zweiten Bearbeitung viel weniger sympathisch ist, als die »unausgereifte Künstlerschaft« des Originales. Wohl enthält der mit dem ergreifend schönen Thema beginnende Satz sogenannte Längen für den, der mit demselben nicht durch oft wiederholte Beschäftigung ganz vertraut ist; die Einführung des zweiten, sogar (wie häufig bei Brahms) eines dritten Themas, die grosse Ausdehnung des fugirten Durchführungssatzes, das lang ausgesponnene Fugenthema: alles das befremdet bei flüchtiger Kenntnissnahme, wird aber unendlich lieb und vertraut, wenn man die Idee des Ganzen beherrscht. Die Neubearbeitung giebt diesem Satz eine reglementsmässige, »schöne« Durchführung auf Kosten seiner originalen Ursprünglichkeit. Unverändert ist der zweite Satz, ein köstliches, Leben sprudelndes Scherzo mit einem wundervoll singenden Trio geblieben. Der dritte Satz mit einem träumerischen Anfangsmotiv in echt Brahmsscher Klangwirkung (Octaven und Terzen in der hohen Lage der rechten Hand, der Bass in ähnlicher Form in den tiefen Lagen) ist ebenfalls stark umgearbeitet. Das naive Citat (Schuberts: »Das Meer erglänzte weit hinaus«) ist verschwunden und die geniale Coda beseitigt. Den grössten und schmerzlichsten Verlust aber hat die Krone des ganzen Trio: das Finale, erlitten! Es wurde der wahrhaft einzig schönen Fis-dur Cello-Cantilene beraubt und erhielt ein mit dem wild phantastischen

Hauptmotiv sehr wenig contrastirendes Seitenthema. Wohl hat das Original

Fehler: aber es sind die Fehler der Jugend, die, namentlich bei Brahms, sich mit jedem Tage von selbst corrigirten.

Das Variationenwerk Op. 9 knüpft wieder an Meister Schumann an; es ist innerlich wie äusserlich ganz Schumannisch. Was zunächst die auf Bach und Beethoven zurückweisende kunstvolle Handhabung der Variationenform durch Brahms betrifft, so ist diese Eigenart als Brahms' genialste Seite längst bekannt und selbst von der Brahms-Opposition zugestanden. Was bei Mendelssohn das »Lied ohne Worte«, bei Schumann das poetisch musikalische Stimmungsbild war, das ist bei Brahms die Variation. Die erstaunliche Phantasie des jungen Meisters zauberte aus dem einfachen Thema eine Fülle neuer Gedanken und musikalischer Gebilde, die in ihren Grundformen immer die Beziehung zu dem gegebenen Thema auf das getreueste festhielten, aber in ihrem Ausbau der genialen Combinationskraft und der contrapunktischen Technik den weitesten Spielraum liessen. Es ist die ganz eigenthümliche Vereinigung zweier sonst wohl einander widerstrebender Factoren: gründlicher »Schulweisheit« und weitschweifender, wirklich genialer Phantasie, welche allen Brahmsschen Variationen ihr eigenartiges Gepräge giebt. —

Wir sagten vorhin: dies Werk sei ganz »Schumannisch«. Nicht bloss deswegen, weil ihm ein Thema aus Schumanns «Albumblättern« (Op. 99, No. 4, Albumblatt No. 1) zu Grunde liegt, und mehrfach, wie gleich gezeigt werden soll, Motive aus Werken dieses Meisters »hineingeheimnisst«

sind, sondern auch seiner ganzen technischen Anlage nach. Wie Schumann in Op. 5, so behandelt hier auch Brahms die Ober- und die Unterstimme

als selbstständiges Thema. Die letztere kommt namentlich in der 2., 10. und 16. Variation zur Geltung. In der 9. Variation citirt Brahms Schumanns Op. 99 No. 5 stellenweise »wörtlich«:

Die 10. Variation bringt das Bassthema im Sopran, die Umkehrung desselben Themas im Bass:

dazu in den Mittelstimmen das eigentliche (Sopran-)Thema

in der Verkleinerung:

Damit ist ihm aber noch nicht genug: in den drei letzten Tacten fügt er das Thema (von Clara Wieck) aus Schumanns Op. 5 selbst in folgender Weise ein:

und das geht alles so leicht und ungezwungen vor sich, als könnte es gar nicht anders sein. So naiv und unbewusst hat vor Brahms nur Bach contrapunktirt!

Op. 10 enthält Balladen für Clavier: nordische Balladen, zumeist mit düsterem, schwarzbewölktem Hintergrunde, mitunter ganz phantastischen Klanges (No. 4, S. 18). Auch Lichtgestalten erscheinen: helläugig, blondhaarig, mit milder lieblicher Stimme singend, echt germanische Typen. Man vergleiche die in lauter Dreiklängen harmonisirte Stelle S. 14, sowie den Anfang der H-dur-Ballade S. 18, die seltsamerweise scheinbar mit der Mollterz (Vorhalt!) beginnt. Eine bestimmte Deutung ist nur der ersten Ballade gegeben: »Edward«[19]), nach der bekannten schottischen Ballade, deren Text der Melodie untergelegt ist:

Die Zeit, in welcher Brahms' erste Werke erschienen, war erfüllt mit erbitterten musikalisch-litterarischen Kämpfen. Otto Jahn, der Bonner Professor und Mozart-Biograph, donnerte in den damals von Julian Schmidt redigirten »Grenzboten« seine Philippiken gegen Wagners »Tannhäuser« und »Lohengrin« und gegen die musikfortschrittliche »Propaganda der That«, die Liszt in Weimar und von Weimar aus allenthalben inscenirte. Gegen die »Grenzboten« und ihre angemasste Qualification als »musikalische Fachschrift« zog mit all seinem Ungestüm und ätzendem, sarkastischem Witz der jugendliche H. von Bülow zu Felde. Seine von Satire, Hohn und Spott überquellenden Abfertigungen des »Grenzboten« erschienen in Schumanns Zeitschrift, die nach einigen Schwankungen sich unter Brendels Führung gänzlich in den Dienst der neudeutschen Propaganda für Wagner gestellt hatte. In dieser Umgebung also war jener Aufsatz Schumanns erschienen. Kein Wunder, dass ein Theil, der minder einsichtige und mit den Verhältnissen weniger vertraute, den »neuen Propheten« für einen Parteigänger von Berlioz und Wagner hielt. Die Einsichtigeren, namentlich der engere Wagner-Liszt-Kreis beobachtete scharfe Zurückhaltung, und nur diejenigen, die dem Schumannschen Kreise näher vertraut waren, drückten dem neuen Streiter in aufrichtiger Sympathie die Hand, darunter selbstredend die Hauptvertreter der Grenzboten-Opposition. Die Werke selbst zeigten jedem, der es sehen wollte, ein überaus kräftiges und vor allem charakteristisches Talent: eine ausserordentlich starke lyrische und melodische Begabung, einen feinen Klangsinn, nach Jugendart mehr dem Dämonisch-Finstern, als dem Sonnig-Heitern und Abgeklärten zugewandt, grosse harmonische Kühnheit, die sich sowohl in den reichen und originellen Figurationen, als in überraschenden accordischen Wendungen kundthat, eine üppige Phantasie, fast im Stil der neudeutschen Schule (die Balladen Op. 10), und doch wieder — als Gegengewicht dazu — einen überaus strengen Formensinn bei aller, mitunter sogar zu wenig gezügelter Freiheit in der Handhabung der Form selbst (das Trio, die Variationen)! Und zu alledem ein Sinn für das Schlichte, Einfache, das Volksthümliche in der Musik, wie es in solcher Unmittelbarkeit und in so feinsinniger, durchgeistigter Auffassung überhaupt noch nicht dagewesen war. Weit entfernt, dass seine Erstlingswerke ganz und gar vollkommene, keinem Tadel zugängliche Kunstwerke gewesen wären, oder dass sie schon mit voller Sicherheit geoffenbart hätten, zu welcher der beiden Richtungen sich der junge Künstler hinwenden würde, zur Partei Wagner-Liszts, oder zur alten ruhmgekrönten Fahne der Classiker! Die Werke zeigen uns ihren Meister als einen »Herkules am Scheidewege«. Op. 10 und Op. 4, so manches in Op. 9, ferner Op. 8 weisen stark nach links, nach der Bahn des radicalen Fortschritts; das Uebrige hält sich mehr rechts, aber doch immer noch himmelweit von der Stelle entfernt, wo der dunkle Pfad beschränkter Reaction vom conservativen Classicismus abzweigt. Keines der Werke zeigt den »ganzen Brahms«, aber alle den »jungen« Brahms voll und ganz: die starken, wie die schwächeren Seiten seines erhabenen, herrlichen Talentes. Er nimmt bewusste Anlehnung an Schumann, wo solche durch äussere Veranlassung gegeben ist (Op. 2 und Op. 9). Im Uebrigen geht er seinen eigenen Weg und fühlt sich stark genug, die betretene Bahn bis zum Ziele zu verfolgen, mag ihm auch das Schicksal zunächst statt der Palmen Dornen auf den Weg streuen.

Aus derselben Zeit sind drei Briefe Schumanns an Brahms selbst datirt. Sie betreffen die Variationen Op. 9 und die Fis-moll-Sonate. Hier ihr Wortlaut:

Endenich, 15. December 1854.

Theurer Freund! Könnt' ich zu Weihnachten zu Euch! Einstweilen hab' ich durch meine herrliche Frau Ihr Bild empfangen, Dein wohlbekanntes, und weiss die Stelle recht gut in meinem Zimmer, recht gut — unter dem Spiegel. Noch immer erhebe ich mich an Deinen Variationen; viele möcht' ich von Dir und meiner Clara hören; ich beherrsche sie nicht vollständig, namentlich die zweite, die vierte nicht im Tempo, die fünfte auch nicht; aber die achte (und die langsameren) und die neunte — — Eine Erinnerung, von der mir Clara schrieb, steht wohl Seite 14, woraus ist sie? Aus einem Lied? — und die zwölfte — — o könnt ich sie von Euch hören!

Endenich, März 1855.

Ihre zweite Sonate, Lieber, hat mich Ihnen viel näher gebracht. Sie war mir ganz fremd; ich lebe in Ihrer Musik, dass ich sie vom Blatte halbweg gleich, einen Satz nach dem andern, spielen kann. Dem bring ich Dankopfer. Gleich der Anfang, das pp., der ganze Satz — so gab es noch nie einen. Andante und diese Variationen und dieses Scherzo darauf, ganz anders, als in den andern, und das Finale, das Sostenuto, die Musik zum Anfang des zweiten Theiles, das Animato und der Schluss — ohne Weiteres einen Lorbeerkranz dem anderswoher kommenden Johannes. Und die Lieder, gleich das erste, das zweite schien ich zu kennen; aber das dritte — das hat (zum Anfang) eine Melodie, wo gute Mädchen schwärmen, und der herrliche Schluss. Das vierte ganz originell. Im fünften Musik so schön — wie das Gedicht. Das sechste von den andern ganz verschieden. Die Melodie-Harmonie auf Rauschen, Wipfeln, das gefällt mir.

Lieber! Könnt' ich selbst zu Ihnen, Sie wieder zu sehen und zu hören und Ihre herrlichen Variationen, oder von meiner Clara, von deren wundervollem Vortrag mir Joachim geschrieben. Wie das Ganze so einzig abrundet, wie man Sie kennt in dem reichsten phantastischen Glanz und wieder in tiefer Kunst, wie ich Sie noch nicht kannte, verbunden, die Thema hie und da auftauchend, und sehr geheim, dann so leidenschaftlich und innig. Das Thema dann wieder ganz verschwindend, und wie so herrlich der Schluss nach der vierzehnten, so kunstreichen in der Secunde kanonisch geführten, die fünfzehnte in Ges-dur mit dem genialen zweiten Theile und die letzte. Und dann hab' ich Ihnen, theurer Johannes, zu danken für alles Freundliche und Gütige, was Sie meiner Clara gethan; sie schreibt mir immer davon. Gestern hat sie, wie Sie vielleicht wissen, Bände meiner Compositionen und die Flegeljahre von Jean Paul zu meiner Freude geschickt. Nun hoffe ich doch auch von Ihnen, wie mir Ihre Handschrift ein Schatz ist, sie bald in anderer Weise zu sehen. Der Winter ist ziemlich lind. Sie kennen die Bonner Gegend, ich erfreue mich immer an Beethovens Statue und der reizenden Aussicht nach dem Siebengebirge. In Hannover sahen wir uns zum letzten Male. Schreiben Sie nur bald

Ihrem verehrenden und liebenden

R. Schumann.

Als Ergänzung und Erläuterung zu Schumanns prophetischem Brahms-Hymnus in der »Neuen Zeitschrift« mögen hier noch zwei von Hanslick veröffentlichte Briefe des Meisters an seine Gattin ihre Stelle finden:

Aus einem Briefe vom 27. November 1854.

Die Variationen von Johannes haben mich bei der ersten Durchsicht gleich und bei tieferer Erkenntniss immer mehr enzückt. An Brahms schreib ich selber noch; hängt sein von de Laurens gezeichnetes Bild noch in meinem Studirzimmer? Er ist einer der schönsten und genialsten Jünglinge. Mit Entzücken erinnere ich mich des herrlichen Eindrucks, den er das erste Mal durch seine C-dur-Sonate und später Fis-moll-Sonate und das Scherzo in Es-moll machte. O könnt ich ihn wiederhören! Auch seine Balladen möcht' ich.

6. Januar 1855.

Nun wollte ich Dir, meine Clara, auch ganz besonders für die Künstlerbriefe danken und Johannes für die Sonate und Balladen. Die kenn' ich jetzt. Die Sonate — einmal erinnere ich mich, sie von ihm gehört zu haben — und so tief ergriffen; überall genial, tief, innig, wie Alles ineinander verwoben. Und die Balladen — die erste wunderbar, ganz neu; nur das doppio movimento wie bei der zweiten versteh' ich nicht, wird es nicht zu schnell? Der Schluss schön — eigenthümlich! Die zweite wie anders, wie mannigfaltig, die Phantasie reich anzuregen; zauberhafte Klänge sind darin. Das Schluss-Bass-Fis scheint die dritte Ballade einzuleiten. Wie nennt man die? Dämonisch — ganz herrlich und wie's immer heimlicher wird nach dem pp. im Trio; dieses selbst ganz verklärt und der Rückgang und Schluss! Hat diese Ballade auf Dich, meine Clara, wohl einen gleichen Eindruck hervorgebracht? In der vierten Ballade wie schön, dass der seltsame Melodieton zum Schlusse zwischen moll und dur schwankt und wehmüthig in dur bleibt. Nun weiter zu Ouvertüren und Symphonien! Gefällt Dir dies, meine Clara, nicht besser als Orgel? Eine Symphonie oder Oper, die enthusiastische Wirkung und grosses Aufsehen macht, bringt am schnellsten und auch alle anderen vorwärts. Er muss. Nun grüsse Johannes recht und die Kinder, und Du, meine Herzensliebste, erinnere Dich Deines in alter Liebe ergebenen

Robert.

STÜRME UND KÄMPFE IM LEBEN UND IN DER KUNST.

Am 27. Februar 1854 hatte sich Schumann in einem Anfalle von Wahnsinn in den Rhein gestürzt. Schiffer hatten ihn gerettet. Auf die Unglücksnachricht war Brahms sofort nach Düsseldorf übergesiedelt, um der schwergegrüften Gattin mit helfender Hand nahe zu sein. Von Düsseldorf aus besuchte er öfters den kranken Meister, dessen letzte grosse Lebensfreude sein »Johannes« gewesen war und der nun einer Irrenanstalt (Endenich bei Bonn) zur Pflege übergeben werden musste. Brahms' Erscheinen wirkte stets besänftigend und beruhigend auf Schumann. Die oben mitgetheilten Briefe sind hierfür ein wahrhaft rührender Beweis. Bei der unendlichen Liebe und Verehrung, welche Brahms für Schumann fühlte, traf denn auch das (Ende Juli 1856 erfolgte) Ableben Schumanns, von den nächsten Angehörigen abgesehen, Niemanden so schwer und tief, als unseren jungen Künstler. Nächst der Liebe zu dem verstorbenen Meister und der treuesten Anhänglichkeit an dessen Familie, scheint in Brahms die Ueberzeugung lebendig gewesen zu sein, dass er eine Ehrenschuld dem Meister abzutragen habe, der ihn in so glänzender Weise in die Oeffentlichkeit eingeführt hatte. Dieser Schuld glaubte er am besten gerecht zu werden, wenn er Einkehr in sich selbst hielt, sich durch eingehendste und eifrigste Studien weiter förderte und vor allem kein Werk in die Oeffentlichkeit brächte, das nicht die allerstrengste und gewissenhafteste Kritik vor dem Schöpfer selbst bestanden hätte.*) Diese überaus strenge Selbstkritik ist Brahms

Brahms und Joachim.

*) Wenn Weingartner in seinem Vortrage: Die Symphonie nach Beethoven, Berlin 1898, S. 42 meint: Brahms habe an Schumanns prophetisches Urtheil über ihn geglaubt und sich als den »Messias der absoluten Musik« gefühlt, so ist demgegenüber zu betonen, dass Brahms nach dem einstimmigen Urtheil seiner Zeit- und Jugendgenossen und allen, die ihn näher kannten, ein bescheidener Mann war.

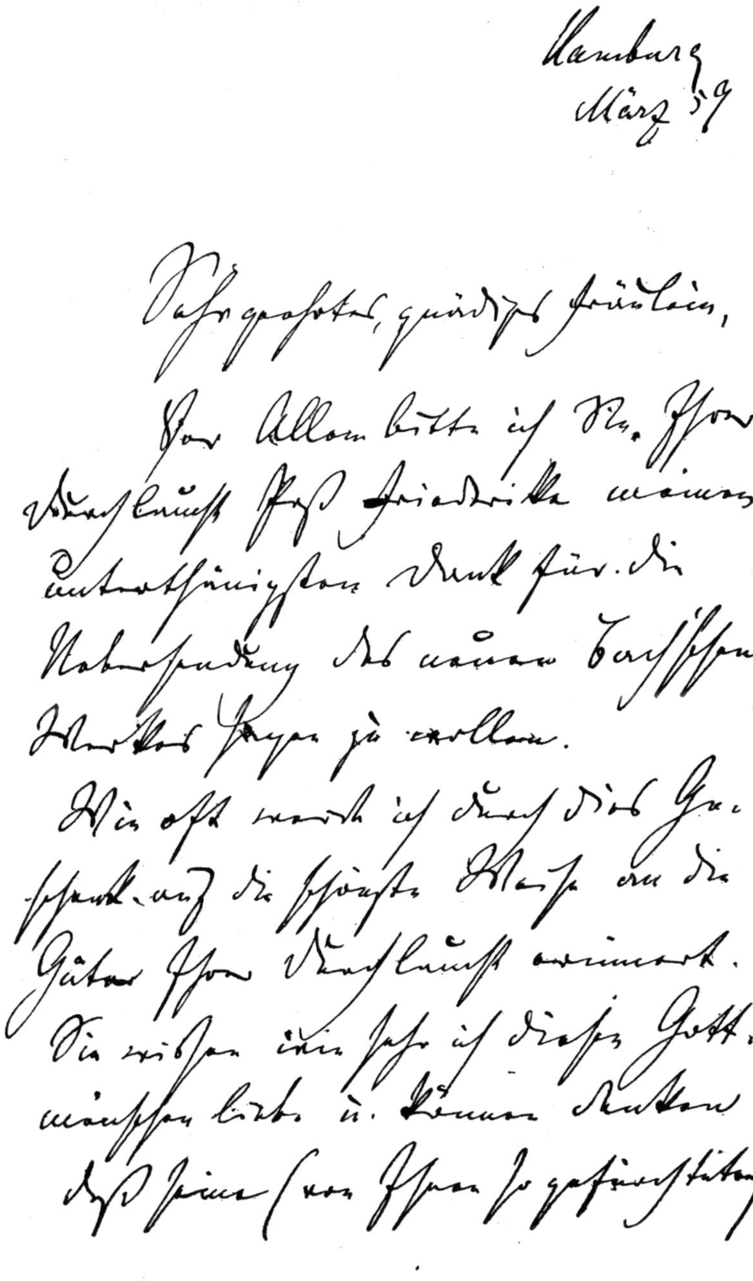

Hamburg
März 59

Hochgeehrtes, gnädiges Fräulein,

Vor Allem bitte ich Sie, Ihrer Durchlaucht Prinzeß Friederike meinen unterthänigsten Dank für die Uebersendung des neuen Bachschen Werkes sagen zu wollen.

Wie oft werde ich durch dies Geschenk auf die schönste Weise an die Güte Ihrer Durchlaucht erinnert. Sie wissen wie sehr ich diesen Gott-menschen liebe u. können denken daß seine (von Ihnen so gefürchteten)

Autograph im Besitze des Herrn Dr. E. Prieger in Bonn und von diesem dem Verfasser freundlichst zur Verfügung gestellt.

Ihnen oft bei mir erklingen.

Ich freue mich daß J. V. so fleißig fortfahren zu musiciren u. wünschte nur ich könnte auf irgend eine Weise anregend mitwirken.

In dem von Ihnen angeführten Trio ist freilich der Hauptsache daß die linke Hand, (die ohnedies gewöhnlich der armen Rechten hilft. Solche Verlegenheit hat manchen fremdartigen Uebermuth der Komponisten zu verantworten!

Uebermorgen spiele ich hier mein Clavier-Concert u. führe einige Tage später in einem eigenen Concert andre Werke von mir auf. Joachim u. Stockhausen die dazu kommen, werden rechte musikalische Festtage bereiten.

Trotz der verschiedenartigsten Beurtheilungen, die meine Werke erfahren, muß ich ganz vergnügt über meinen ersten Orchester-Versuch sein u. ich hoffe bestimmt sie werden auch in Detmold sich freundliche Zuhörer verschaffen.

Und darf ich doch vor Allem

auf später verschoben d. schönen
Schwalbennest-Wünsche hoffen.

Den Durchlauchtigsten Herrschaften
bitte ich, mich gütigst empfehlen
zu wollen u. verbleibe ich

mit besonderer Hochachtung

Ihr ergebener

Joh. Brahms.

sein ganzes Leben hindurch eigen gewesen. Durch sie erscheint sein künstlerisches Wirken so zweck- und zielbewusst, wie bei keinem anderen Künstler. Der Drang, in sich aufzunehmen, zu studiren und zu vergleichen, war bei ihm zum mindesten ebenso stark, als der, das Aufgenommene künstlerisch in sich zu verarbeiten und durch die eigene kräftige Individualität umgeformt gewissermassen zum zweiten Mal, und doch als ein gänzlich neues und selbständiges Kunstwerk zu produciren. Kein Wunder, dass auf diese Weise Brahms seine treuesten Anhänger und Verehrer unter den Musikern fand, die dem musikalischen Tagestreiben fern abgewandt waren, eine genaue Kenntniss der musikalischen Formen und ihrer Entwickelung, sowie Zeit und Vorurtheilslosigkeit genug besassen, sich in seine Werke zu vertiefen.

In Brahms' ureigenster Natur aber machten sich damals bereits zwei Haupt- und Grundzüge bemerkbar: der ernste, strenge und nahezu tragische Zug in seinem Innern, der an Bach, Beethoven und Mozarts G-moll-Symphonie gemahnt, und jenes heitere, lebensfreudige Gemüth, das sich im Genusse des Lebens und seiner mannigfaltigen Reize nicht bald genug thun kann.[20])

Brahms und Stockhausen.

War somit in jenen Jahren allerdings seine eigentliche hünstlerische Thätigkeit der Aussenwelt völlig abgewendet und lediglich auf die innere, künstlerische Vervollkommnung gerichtet, so war es ihm dennoch, schon aus materiellen Rücksichten, unmöglich, der Oeffentlichkeit völlig fern zu bieiben. Concertreisen mit Joachim, Stockhausen füllen jene Zeit aus, dazu wiederholter Aufenthalt in Baden-Baden, in der Familie Robert Schumanns. Wie wohl er sich in dem trauten Familienkreise, und insbesondere im Verkehr mit den Kindern Schumanns gefühlt, dafür sprechen am besten seine 1858 ohne Nennung seines Namens und ohne Opuszahl erschienenen »Volkskinderlieder, den Kindern Robert und Clara Schumanns gewidmet«, unter denen das »Sandmännchen« durch geistvolle und klangschöne Behandlung des begleitenden Claviers den Preis davonträgt.

Nach Schumanns Tode ging alles auseinander, was sich an Kunstgenossen um den Meister in Düsseldorf zusammengefunden hatte: Clara übersiedelte nach Berlin, Dietrich ging nach Bonn, Joachim nach Hannover, J. O. Grimm nach Göttingen, und Brahms übernahm die Stellung eines Dirigenten der Hofconcerte und des Gesangsvereins in Detmold.*) Zur selben Zeit entstand auch das Clavier-Concert in D-moll, ein Werk von so grossartiger Conception, von solcher Kühnheit der Erfindung und Meisterschaft der Ausführung, dabei von solcher Originalität in der Anlage, dass es geradezu als ein Wendepunkt in Brahms' künstlerischem Schaffen angesehen werden muss. Mit diesem Werke war Brahms seiner Zeit weit vorausgeeilt; daher denn auch der klägliche Misserfolg, den dies Concert bei seiner ersten Aufführung, am 27. Januar 1859 zu Leipzig, davontrug. In den »Signalen«,

*) An diesen Aufenthalt in Detmold erinnert der beifolgend in Facsimile-Druck wiedergegebene Brief an eine offenbar den Hofkreisen angehörige Persönlichkeit.

dessen Herausgeber noch dazu der Verleger zweier Brahmsscher Werke war, las man, das Concert sei »ein zu Grabe getragenes Produkt von wahrhaft trostloser Oede und Dürre — ein $^3/_4$ Stunden langes Würgen und Wühlen«, »eine ungegohrene Masse mit einem Dessert von schreiendsten Dissonanzen und misslautendsten (sic!) Klängen.« Sogar die »Neue Zeitschrift für Musik« betonte neben dem »dichterischen« (?) Gehalte des Werkes »die Mängel der äusseren Erscheinung« auf das lebhafteste.[21]) Je mehr Brahms, wie wir sahen, gewohnt war, an sich die strengste Selbstkritik zu üben, je mehr er also davon überzeugt war, dass jedes der Oeffentlichkeit übergebene Werk auch die Probe auf seine Tüchtigkeit aushalten könne, desto beschämender und niederdrückender musste dieser Leipziger Misserfolg auf ihn wirken. Aber er verzagte nicht! Für die ungebändigte Genialität seines D-moll-Concertes war die »musikalische Welt« noch nicht reif, und es scheint fast, als ob der Misserfolg jenes allzu gross und allzu schwerverständlich angelegten Clavierconcertes den Componisten veranlasst hätte, sich den leichter verständlichen heiteren Haydn'schen und Mozart'schen Formen zuzuwenden, insbesondere der »Serenade«, d. h. der »Nachtmusik« für kleines, zumeist aus Blasinstrumenten bestehendes Orchester, die zwar traditionell mehr Sätze als die Symphonie aufweist, aber viel einfachere und gefälligere Formen von weit geringerem Umfang als die Symphonie enthält und im Ganzen anspruchsloser, bürgerlicher auftritt. Ein »Spielplatz idyllischer Träume«! Es entstand (1859) die »Serenade« Op. 11 (1860 bei Breitkopf und Härtel erschienen), deren Anfang alsbald einen Gruss an Vater Haydn bringt:

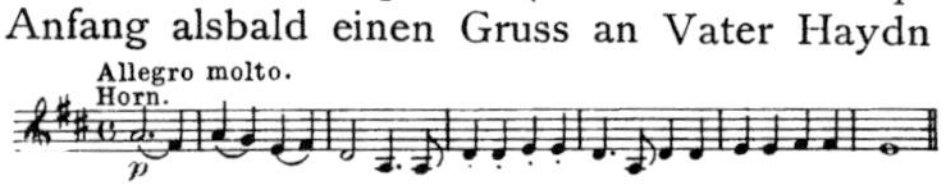

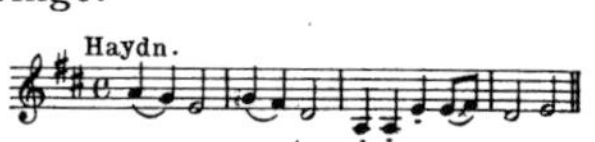

Wie man sieht, tritt gleich am Anfang das Horn, Brahms' Lieblingsinstrument, bedeutsam mit der Hauptmelodie hervor. Zwei Seitenthemata, das eine eine innige Cantilene, das andere eine lustige Tändelei, ein herrlich ausgeführter Durchführungstheil und die »concertirende Flöte« am Schlusse sind die Hauptzierden dieses Satzes. — Das Scherzo in D-moll zeigt bereits den unverfälschten Brahms-Typus; die häufige Verwendung der verminderten Sexte (der sog. Neapolitanischen Sexte) ist besonders auffällig. Das Trio ist im Stile Haydns und Mozarts gehalten. Von besonders edler Wirkung ist das tiefinnige, schwärmerische Clarinetten-Solo des folgenden Satzes, während die beiden Menuettsätze G-moll, und namentlich G-dur, Miniaturbilder altwienerischer gemächlicher Heiterkeit sind.

Das zweite Scherzo enthält eine Anspielung auf Beethoven:

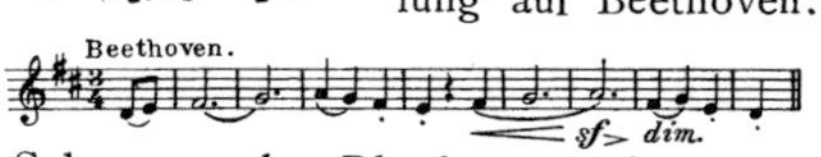

Im Hauptthema des Finale lebt straffer Schumannscher Rhythmus, während das Seitenthema aus einer allerliebsten, fröhlich dahinschlendernden Melodie besteht:

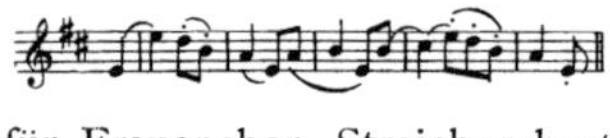

Die beiden folgenden Werke sind die ersten Compositionen für Gesang mit Orchesterbegleitung: Op. 12 (1861) ein »Ave Maria« für Frauenchor, Streichorchester, die üblichen Holzbläser und zwei Hörner, melodiös und innig gehalten, die Stimmen zuerst einander imitirend, dann sich zu schöner Wirkung vereinigend (»Sancta Maria«); Op. 13 (1861): »Begräbnissgesang«, eine Vorstudie zum »Deutschen Requiem«, der äusseren Form nach eine Art Trauermarsch für Chor, je zwei Oboen, Clarinetten, Fagotte, Hörner, drei Posaunen, Tuba und Pauken, dem der Choral: »Nun lasst uns den Leib begraben« nach Text und Melodie zu Grunde liegt.

Die düstere Eintönigkeit der Melodie im ersten Theil, die ihren Höhepunkt bei der Stelle: »Erd' ist er und von der Erden« in einem grossartigen Crescendo bis zu den Worten: »Seine Seel' lebt« erreicht: das gesangvolle C-dur-Trio (»Sein' Arbeit«), in dem bereits die berühmte C-dur-Stelle der Alt-Rhapsodie leise aufdämmert; die staunenswerthe Sicherheit in der Behandlung der Blasinstrumente, namentlich der Posaunen und Tuben (Partitur S. 5), des Quartettes der Clarinetten und Fagotte (S. 10); und bei all dieser Kunst die schlichteste Einfachheit und Volksthümlichkeit: all diese Eigenschaften geben dem leider viel zu wenig bekannten und doch oft und leicht verwendbaren Werke eine höchst bemerkenswerthe Stellung!

Im gleichen Jahre wie Op. 12 und 13 (1861) erschien ferner als Op. 14 ein Heft »Lieder und Romanzen«, durchweg Volksgesänge, die der junge Meister mit ausserordentlichem Feinsinn in die Sphäre des Kunstgesanges gehoben hat, ohne ihnen Blüte und Duft zu rauben. Die Texte stammen fast alle, bis auf das »Sonnett«:

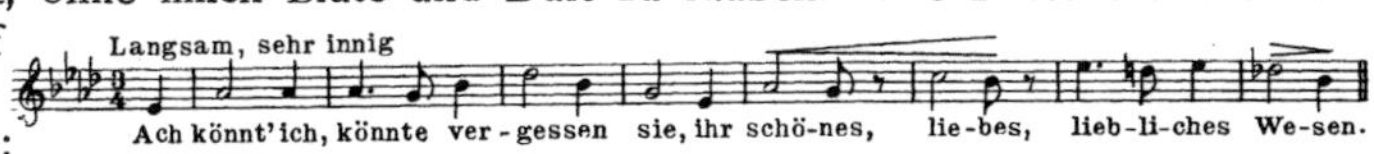

und No. 1, das Simrock entnommen ist, aus den von Schumann oft erwähnten »Deutschen Volksliedern« von Baumstark, Kretzschmer und Zuccalmaglio Bd. 2; einzelne, wie No. 7, mit einigen unwesentlichen Textabweichungen.

Den Abschluss der Publicationen des Jahres 1861 bildete das »D-moll-Concert« für Clavier, also das Musikstück, mit welchem Brahms in Leipzig zwei Jahre vor dessen Erscheinen ein vollständiges Fiasco erlebte. Brahms hatte das Werk, wie es scheint, zuerst als »Symphonie« projektirt. Wenigstens deutet eine Notiz in einem Briefe an Schumann — bereits aus dem Januar 1855 — darauf hin: »Uebrigens habe ich mich vergangenen Sommer (1854) an einer Symphonie versucht, den ersten Satz sogar instrumentirt und den zweiten und dritten componirt. (In D-moll — $^6/_4$ — langsam).« Die letztere Angabe lässt es höchst wahrscheinlich erscheinen, dass aus jener Symphonie sich das D-moll-Concert im Laufe der Jahre entwickelt hat. Dietrich sah den Anfang dieses Concertes als Sonate zu zwei Clavieren (Erinnerungen S. 45). Wahrscheinlich war dies nur ein Arrangement des Concertes selbst. Allerdings spricht er von einem »langsamen Scherzo«, das nachher als »Trauermarsch im deutschen Requiem« verwendet worden sei. Das deutet freilich auf ein 4sätziges Concert in symphonischer Form hin. Nur langsam brach sich das Verständniss für dieses trotzig kühne Werk Bahn, trotzdem — von dem Componisten abgesehen — auserlesene Künstler wie Clara Schumann, Th. Kirchner, Leschetizky, Mary Krebs, Wilhelmine Clauss-Szarvady u. a. sich derselben annahmen. Ja, selbst die zweite Aufführung des Concertes in Leipzig — 14 Jahre nach der ersten — mit Clara Schumann am Clavier, fand immer noch nicht allgemeinen Beifall und erst 1878, am 3. Januar, wo es Brahms selbst zum zweitenmal vorführte, hatte es einigen, vielleicht auch mehr »persönlichen«, als wirklichen Erfolg! Bülow war es vorbehalten, dem Werke vor nunmehr etwa acht Jahren in der

Berliner Philharmonie zu unbestrittenem Siege zu verhelfen, und Bülows Erfolg ist d'Albert treu geblieben. Länger als dreissig Jahre hat es also gewährt, ehe das D-moll-Concert die gerechte Würdigung fand. — Brahms schrieb es im Alter von 25 Jahren! Bedenkt man, dass dies Werk einen völligen Bruch mit dem traditionellen Concertstil bedeutet und geradezu als eine bewusste und absichtliche Verleugnung alles dessen sich vorstellt, was man bisher »Clavier-Concert« nannte, so wird einem klar, was dieses »Jugendwerk« zu bedeuten hat. Von dem Spieler fordert es zunächst Entsagung, Verzicht auf alles das, was den Kernpunkt eines »Concertes« in landläufigem Sinne vorstellt: auf dankbare Passagen, Bravourparthien, die den Beifall der Menge herausfordern; es verlangt Selbstverleugnung und Unterordnung des Solisten als Theil unter das symphonische Ganze; zu alle dem eine viel beschwerlichere und mühsamer zu erringende Technik, die aber andererseits nichts weniger als mühsam und beschwerlich klingen darf; musikalischen Scharfsinn, Tiefe der Empfindung, Witz, Laune, Geistesgegenwart: alles also Ansprüche, die zu erfüllen nicht einmal viele berufen, geschweige denn auserwählt sind! Man hat das Werk mit der 9. Symphonie Beethovens verglichen; richtiger war es, dasselbe als einen ganz subjektiven Niederschlag des Eindruckes zu bezeichnen, den jene Symphonie auf den Componisten gemacht. In der That mag es wohl der »gewaltige Nachklang« des gewaltigsten Tonwerkes sein. Dafür spricht am lebendigsten der die beiden anderen Sätze hoch überragende erste Satz. Bülows Wort: »Das in seiner tantalischen Prätension tragische Ringen eines Brahms« scheint mir mit Beziehung auf dieses Werk und seine Schicksale gesagt zu sein. Dem mächtigen, himmelanstürmenden Hauptmotive, das wie Gewittersturm losbricht

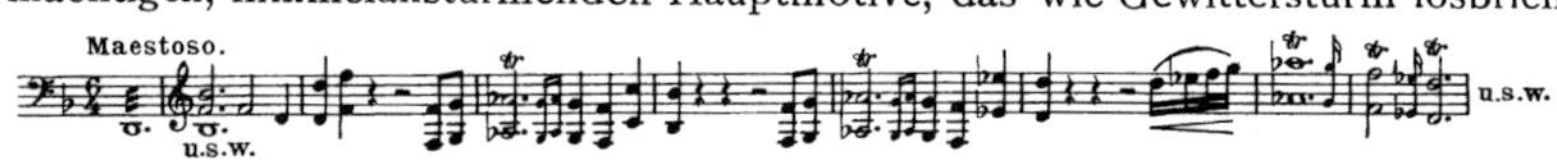

steht ein immer noch herb und streng gehaltenes Gegenthema zur Seite.

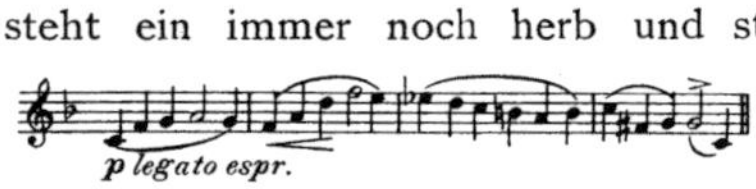

Dem zweiten Satz war in der Originalpartitur der Text: »Benedictus qui venit in nomine Domini« beigegeben:

Es ist ein mild und voll klingender, religiöser Gesang, mit hohem, begeistertem Aufschwung in seiner allmählichen Entwicklung. Das Finale hat Rondoform, ist aber im Ausdruck trotzig herausfordernd. Voll kühnen Selbstbewusstseins und in Erwartung sicheren Sieges stellt der kampfesmuthige Held seinen Gegner.

Die A-dur-Serenade für kleines Orchester trägt zwar eine spätere Opus-Zahl (Op. 16), ist jedoch unmittelbar nach der in D-dur componirt und (in erster Ausgabe) im gleichen Jahre wie jene erschienen (1860). Es geschah gewiss nicht ohne Zweck und Ziel, dass Brahms stets, wenn er sich einer neuen Form zuwandte, dieselbe gleich in zwei Werken zur Darstellung brachte. So wie hier bei dem Serenaden-Paar geschah es bei den Sextetten, den ersten Clavier-, wie den ersten Streichquartetten, den Clavier- und Violin-Sonaten, den Ouverturen, Symphonien u. s. w. Und fast immer zeigt das zu zweit veröffentlichte Werk eine tiefere Auffassung und feinere Detailausführung als das erste, das hinwiederum an frischer und unmittelbarer Erfindung für gewöhnlich den Vorzug vor dem andern hat. Beim ersten überwiegt die Empfindung, beim zweiten die Reflexion, bei jenem der lebendige Impuls, bei diesem die Abgeklärtheit eines feinen Kunstverstandes.

Auch von der A-dur-Serenade muss das gelten. Der ursprünglichen Form dieser lediglich von Blasinstrumenten ausgeführten »Nachtmusik« nähert sich dies Werk mehr als sein Vorgänger; er verzichtet auf Violinen, und der dunkle, weiche Klang der allein vertretenen tieferen Saiteninstrumente (Bratschen, Violoncelli, Bässe) hat etwas »Heimliches«; andererseits kommen durch jenen Verzicht die Blasinstrumente viel mehr zu dem ihnen in einer Serenade gebührenden Recht. Jeder Satz dieses Musikstückes beweist das schlagend. So der erste:

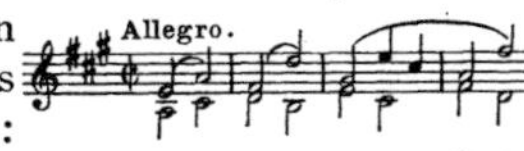

mit seinem heiteren Seitenthema:

Wundervoll ist am Schlusse in den verklingenden Contrabässen die träumerische Abendstimmung getroffen; nicht minder in dem auf das Scherzo (mit einem herrlichen Alternativ, Clarinette und Fagott!) folgenden Adagio, dessen ostinater Bass an die alte Ciacona-Form erinnert. In breitem, lieblich dahingleitendem Flusse entfaltet sich die etwas melancholisch gefärbte Abendstimmung dieses Satzes und erreicht in dem Gesang der Clarinette (As-dur) den Höhepunkt.

Ganz originell ist die vielfach durchbrochene, leise, zaghaft und schüchtern erklingende Melodie des Menuettes (nebst Trio, Oboe-Solo) gestaltet, während das Rondo zwar keck und lustig einsetzt, aber immer wieder zu der sanften träumerischen Abendstimmung hinüberleitet.

Die »Gesänge für Frauenstimmen mit Begleitung von Hörnern und Harfe« sind, obwohl äusserlich von den Serenaden weit unterschieden, doch innerlich denselben etwas verwandt. Namentlich der erste Gesang: »Es tönt ein voller Harfenklang«, — ist ein Klangstück von wundervollem Tonzauber. Etwas nüchtern nimmt sich daneben das Lied des Narren aus Shakespeares »Was ihr wollt« in dieser Form aus; wundervoll ist der (musikalische) Refrain: »Treu hält es« und »Und weine« mit der Imitation im Alt! Auch der dritte Gesang: »Wohin ich geh' und schaue« (Eichendorff) ist, bis auf den stimmungsvollen Schluss, minder hervorragend, dagegen der Gesang aus Fingal von Ossian mit dem herrlichen Trio-Alternativ: »Trenar, der liebliche Trenar starb«, der charakteristisch gestalteten Stelle: »Die grauen Hunde heulen daheim, sie sehen seinen Geist vorüber ziehen« und dem köstlichen Schlusse: »Weine, o Mädchen von Inistere« (C-dur-Schluss) ausserordentlich wirkungsvoll und bedeutend. Die Serenade Op. 16 und diese Frauenchöre waren übrigens die ersten Werke, die die altberühmte Verlagshandlung N. Simrock in Bonn, jetzt in Berlin, in Verlag nahm. Von dieser Zeit ab gestalten sich auch die äusseren Verhältnisse Brahms' günstig, und die Zeit des Ringens und Kämpfens mit der Noth des Lebens hat für ihn aufgehört. Um so freier und frischer schafft sein nimmer müder, hoffnungsfreudiger Geist. Und diese neue glückliche und beglückende Stimmung findet alsbald ihren schönsten Ausdruck in dem ersten Sextett Op. 18 (1862), in dem Werke, das Brahms wirklich populär gemacht, und das alsbald in allen Kreisen, wo Kammermusik gepflegt wurde, begeisterte Aufnahme fand.

Wie bei den »Serenaden« ist auch für die Wahl dieser Form das Beispiel Mozarts von Einfluss gewesen. Zwar ist auch dieses Werk lange nicht so tief empfunden und so fein erdacht und ausgeführt, als sein vier Jahre später erschienenes Geschwister (Op. 36); aber es ist leichter verständlich, melodisch zugänglicher und übersichtlicher in der Structur. Die sechs Instrumente sind zumeist (z. B. gleich am Anfange) in Gruppen zu drei ein-

ander gegenüber gestellt; häufig tritt auch das Quartett der Violen und Violoncelli in Gegensatz zu dem Trio der oberen drei Stimmen (Violinen, zusammen mit der ersten Viola). Die Melodie wie die begleitende, figurirende Stimme sind sehr oft verdoppelt. Das verleiht dem Ganzen einen vollen und doch sanften Klang. Einzelne Instrumente, namentlich das erste Cello wird mit Vorliebe als Solo-Instrument zum Träger der Melodie erwählt, so im Seitensatze des ersten Allegro:

Die Durchführung dieses Satzes zeigt wiederum Brahms' starke Seite im hellsten Licht; nicht minder die überraschende im »poco più moderato« pizzicato verklingende Coda, eine Stelle von zündender Wirkung. Der folgende Variationensatz (D-moll) zählt zu den schönsten Eingebungen der Brahmsschen Muse. Die prachtvolle Steigerung des etwas düster gehaltenen, aber von edler, männlicher Empfindung getragenen Themas in den ersten drei Variationen hat ihr Gegengewicht in den beiden folgenden (D-dur), von denen die fünfte in sanften, reizenden Klängen allmählich im pp verhallt. Das kecke, übermüthige Scherzo erreicht in dem im Zeitmass

noch gesteigerten Trio den Höhepunkt. Ihm folgt ein Rondo-Finale mit einer ungemein weichen, aber edlen Hauptmelodie.

Die Zwischensätze sind entsprechend der Rondoform durch immer neue überraschende Uebergänge ganz aus dem Geiste Beethovens heraus mit dem Hauptthema verbunden, das durch neue Wendungen, neue Modulationen und neue Begleitungsformen immer wieder neuen Reiz enthält. Ueber das »Sextett« hat Beethoven seinen Segen gesprochen, Beethoven, der Componist des berühmten »Septetts«, jenes unvergleichlichen Jungbrunnens echter Kunst.

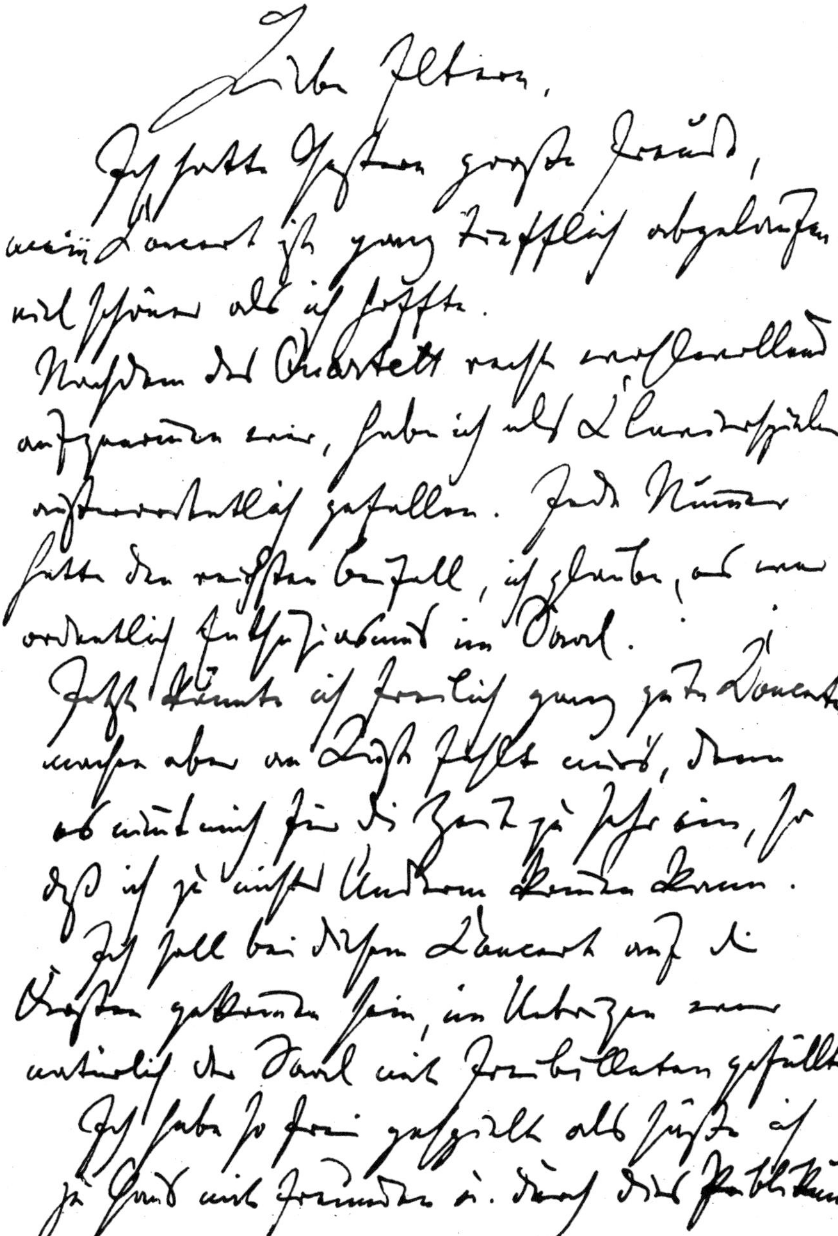

Liebe Eltern,

Ich hatte gestern große Freude, mein Concert ist ganz vortrefflich abgelaufen, viel schöner als ich hoffte.

Nachdem das Quartett recht verständnisvoll aufgenommen war, haben auch alle Clavierstücke außerordentlich gefallen. Jede Nummer hatte den rauschendsten Beifall, ich glaube, es war ordentlich Enthusiasmus im Saal.

Jetzt könnte ich freilich ganz gute Concerte machen aber [illegible], denn es würde mich für die Zeit zu sehr ein, so daß ich zu nichts Anderem kommen könnte.

Ich soll bei diesem Concert auch die [illegible] gestanden sein, im Uebrigen war natürlich der Saal mit Freibilletten gefüllt.

Ich habe so frei gespielt als hätte ich zu Haus mit Freunden u. durch das Publikum

Autograph im Besitze des Herrn C. H. Detmering in Hamburg und von diesem dem Verfasser freundlichst zur Verfügung gestellt.

wird einem freilich ganz anders ange-
rechnet als von andern.
Die Aufmerksamkeit solltest Du sehen u. den Beifall hören u. sehen!

Übrigens will ich noch sagen daß Hr. Bagge wohl der Einzige war, der über m. Quartett so absprechend schreibt, die übrigen Tagblätter lobten auch ziemlich sehr.

Ich bin sehr vergnügt, daß ich das Concert gegeben habe.

Nun sind Ihr Eure Gäste wohl wieder los u. Du findest Dir auch wohl einmal Zeit, mir zu schreiben?

Sagt Hr. Marxsen diesen Brief mit u. auch, daß Bösendorfer vor Neujahr keine Flügel schicken könnte, da sie zu viel für Concerte gebraucht werden.

Soll ich mich nun um einen Andern für ihn bekümmern, ich erwarte Order.

Gründen ganz ähnlich in j. Concert,
und Publikum d. Kritik betrifft, sehr schlecht.
Sie würde in den Blättern furchtbar bearbeitet
M. Version und andere Beratung, wie
ich denke, aufgeführt.
In m. Concerts gestern, wollte ich Ge-
sangsachen von mir aufführen, und mir furcht-
bar viel Zorn u. d. Ungarnschaft macht,
daß ich ein Hauptgrund weshalb ich endlich
Ruhe will.
Am Mittwoch habt Ihr gefunden gesprochen
beim Frühstück? Schreibt mir darum
u. überhaupt bald.
Die hiesigen Verleger, namentlich Spina
u. Lewy drängen auf sich den Quartett
zu drucken, indeß gefällt es mir in Nord-
deutschland wirklich ~~besser~~ besser u. hauptsächlich
d. Verleger u. hierher bestehen erhalten ich
lieber die ganze Idee. Die doch vielleicht
mehr gefallen würde.

Kommt Avé öfter zu Euch, hat er Euch was besonderes von Stockhausen erzählt?

Wie steht's mit dem photographirten Mädchen-Quartett, bekomme ich's nicht?

Nach M. Geburtstag vergaß ich beim Schreiben zu fragen ob denn Fritz jetzt ganz u. gar gesund ist? Und ist er denn recht fleißig. Er sollte darauf los studiren daß er nächsten Winter Trio-Soiréen in Hbg. geben kann, ich wollte ihm sehr an die Hand gehn. Nun muß er fleißig üben u. sich umschauen in der Musik.

Schreibt bald u. habt lieb

Euren Johannes.

Von Marxsen herzliche Grüße

u. vergeßt nicht meinen Bösendorfer.

ZUR HÖHE DER MEISTERSCHAFT.

Die Jahre 1858—61 verlebte Brahms fast ausschliesslich in Hamburg, und zwar in einem kleinen Vorort Hamm, bei Frau Dr. Rösing. Ein Freund und Verehrer Brahms' und Joachims, der Hamburger Tonkünstler Theodor Avé Lallemant bemühte sich 1861 lebhaft, den jungen Meister als Dirigenten der Hamburger Philharmonischen Gesellschaft dauernd an seine Heimatstadt zu fesseln. Leider ohne Erfolg. Hamburg liess sich diese günstige Gelegenheit entgehen und wählte Stockhausen, der indessen bereits 1866 seines Amtes müde war und abdankte. Da die Vaterstadt ihn, wo sie ihn haben konnte, nicht haben wollte, entschloss er sich, in Wien sein Glück zu versuchen.

»Unmittelbar an das B-dur-Sextett«, sagt Hanslick[22]), »schliesst sich Brahms' erste Reise nach Wien.« (Januar 1863.) Die Programme, mit welchen er sich in der Stadt Mozarts, Beethovens und Schuberts einführte, brachten[23]) Bachs chromatische Phantasie, Beethovens Es-dur-Variationen Op. 35, Schumanns C-dur-Phantasie Op. 17 und »Concert sans Orchestre« Op. 14; von eigenen Compositionen das A-dur-Quartett (für Clavier und Streichinstrumente) Op. 26, die »Händelvariationen« Op. 24 und die F-moll-Sonate Op. 5. Einem anderweitigen Bericht Hanslicks zufolge[24]) kam auch noch das G-moll-Quartett (Op. 25) und das Sextett (Op. 18) zu Gehör, das letztere an demselben Tage abends, an welchem Wagner vormittags verschiedene Nibelungen- und Tristan-Fragmente aufgeführt hatte. »Es klang wie eine Erlösung« — schreibt derselbe Gewährsmann! Von Orchestercompositionen wurde die D-dur-Serenade aufgeführt[25]). Als Clavierspieler hatte Brahms den grössten Erfolg mit Schumanns Op. 17, als Componist mit den »Händelvariationen« und dem B-dur-Sextett.*) Beiderseits war aber der allgemeine Erfolg und der Eindruck, den die ganze Künstlererscheinung, innerlich wie äusserlich, auf die Wiener massgebenden Persönlichkeiten machte, so stark, dass man ihm die damals grade erledigte Stelle eines Chormeisters der Singakademie anbot. Brahms, der inzwischen — an seinem Geburtstage (7. Mai) 1863 — nach Hamburg zurückgekehrt war, nahm die Stelle an und übersiedelte im August desselben Jahres nach Wien. In der österreichischen Kaiserstadt, die von Schumann sogar noch in seinen

*) Der beifolgend in Facsimile-Druck wiedergegebene Brief an die Eltern ist ein herrliches Document für den ersten Wiener Erfolg[26]).

letzten Düsseldorfer Tagen zu seinem zukünftigen Wohnsitz auserkoren war, und an die Schumann seit seinem Aufenthalt daselbst in den 30er Jahren die schönsten Erinnerungen bewahrte, blieb Brahms gern: die heitere, lebenslustige Stadt an der »schönen, blauen Donau« hatte es ihm angethan. Seine Thätigkeit als Dirigent der Singakademie gab ihm Gelegenheit, seinen musikalischen Neigungen Ausdruck zu geben: Aufführungen von Werken Bachs, Händels, Beethovens und Schumanns wurden in erster Reihe in Aussicht genommen. So brachte das erste Concert (1863) gleich Bachs Cantate: »Ich hatte viel Bekümmerniss«, Beethovens Opferlied, vier von Brahms vierstimmig gesetzte Volkslieder und Schumanns »Requiem für Mignon«. Im folgenden Jahre (1864) kam Bachs Weihnachts-Oratorium zur Aufführung. Unmittelbar nach dieser Aufführung (im Mai) fand die statutenmässige Neuwahl des Chormeisters auf drei Jahre statt: Brahms wurde wiedergewählt. Aber bereits wenige Monate später (im Juli) legte er das Amt nieder und Dessoff wurde sein Nachfolger. Er selbst begab sich nach Baden-Baden, später nach der Schweiz und zwar nach Winterthur, zu Th. Kirchner. Den Winter 1865/66 brachte er in Karlsruhe zu, wo er in Hermann Levi und dem Kupferstecher Allgeier — dem begeisterten Verehrer Anselm Feuerbachs — liebe Freunde besass und, wo am 21. November 1865 die zweite Serenade aufgeführt wurde. Im selben Concert spielte Brahms Schumanns A-moll-Concert und Bachs chromatische Phantasie[27]. Mitte April 1866 ist er mit Th. Kirchner zusammen in Zürich und bereits mit Gottfried Keller, vor allem aber mit Billroth, dem berühmten Chirurgen, in regem Verkehr. Billroth schreibt hierüber an Prof. Lübke in Stuttgart[28]:

»Seit einigen Tagen ist Brahms hier; er will eine Zeitlang in der Schweiz bleiben und wird in Winterthur bei Rieter-Biedermann sein Hauptquartier aufschlagen. Heute Morgen spielten B. und Kirchner auf zwei Clavieren symphonische Dichtungen von Liszt! Horrible Musik! Dante, Mazeppa, Prometheus . . . Beim Dante kamen wir nur bis zum Purgatorium; ich legte dann vom medicinischen Standpunkte ein Veto ein und wir purgirten uns mit B.'s neuem Sextett (Op. 36), das eben herausgekommen ist . . .«

Im Juni desselben Jahres ist Brahms wiederum in Zürich bei Billroth, offenbar bei Gelegenheit einer Schweizerreise, für die ihm Billroth den Plan entworfen hatte. Brahms blieb bis zum Winter in Zürich und wohnte unterhalb des sog. »Forsters« am Zürichberg. »Hier schrieb er«, wie Steiner berichtet, »den grössten Theil des deutschen Requiems« und schleppte, um sich die geeigneten Texte aus der Bibel dafür zusammenzustellen, die »grosse Concordanz« aus der Stadtbibliothek nach dem Zürichberg hinauf.«

»Auch bei Wesendoncks« — den Freunden R. Wagner's — »verkehrte B. öfters und er legte ein lebendiges Interesse an den Tag für alles, was man dort über Wagner erfahren konnte. Frau Wesendonck besass die ersten Skizzen zu »Tristan und Isolde« und eine Claviersonate im Mscr., Herr W. die von Wagners eigener Hand geschriebene Partitur zum »Rheingold«. Diese Sachen betrachtete B. mit einer gewissen Ehrfurcht, wie er denn damals immer mit grossem Respekt von Wagner sprach.« (F. Hegar's Bericht bei Steiner S. 22.)

Ein seltener Glückszufall fügte es, dass Billroth Ende Mai 1867 einen Ruf als Professor und erster Direktor des Operationsbildungsinstituts nach Wien erhielt und im Herbst desselben Jahres bereits dahin übersiedelte. Der dauernde Aufenthalt Billroths, seines besten Freundes, in Wien mag zum Theil wohl auch bestimmend für Brahms gewesen sein, seinen definitiven Aufenthalt in der Stadt zu nehmen (1872), die ihm schon seit einem Jahrzehnt sympathisch war. Im übrigen hatte er bereits die Jahre 1867—71, von längeren Concertreisen in Norddeutschland abgesehen, die er in der Regel nach Weihnachten antrat, zum grossen Theil in Wien zugebracht; die Sommermonate pflegte er in Baden-Baden, Bonn oder in der Schweiz zu verleben.

Die Werke, welche in dieser Zeit entstanden, gipfeln in seinem »Deutschen Requiem«. Damit ist nicht gesagt, dass im Vergleich zu diesem Meisterwerke die anderen Compositionen dieser Epoche für gering zu gelten hätten. Auf dem Gebiet der Kammermusik wie des Liedes entstehen in dieser Zeit Werke, die vollauf würdig sind, den besten aller Zeiten beigezählt zu werden.

Ein Theil davon ist gelegentlich des ersten Auftretens Brahms' in Wien bereits erwähnt.

Von einer chronologisch geordneten Besprechung der einzelnen Werke kann jedoch nunmehr, wo Brahms eine selbständige und innerlich gefestigte künstlerische Individualität geworden ist, abgesehen werden. Die Entwickelungszeit ist im Wesentlichen vorüber; die Gebiete, auf denen er jetzt seine Hauptthätigkeit entfaltet, sind das Lied in seinen mannigfaltigsten Formen, als einstimmiges Lied, Duett, Quartett mit Begleitung: sodann Kammermusik und endlich Chorwerke, anfänglich mit Begleitung von Orgel oder Pianoforte, dann aber mit grossem Orchester: Requiem, Rinaldo, Rhapsodie, Schicksalslied, Triumphlied; also Werke, die auf das Genaueste erfüllt haben was Schumann vorhersagte: »Wenn er seinen Zauberstab dahin senken wird, wo ihm die Massen im Chor und Orchester ihre Kräfte leihen, so stehen uns noch wunderbare Blicke in die Geheimnisse der Geisterwelt bevor.«

Brahms, Levi und der Kupferstecher Allgeier in Karlsruhe 1865.

Von Liedern für eine Singstimme mit Begleitung des Pianoforte erschien zunächst Op. 19. Fünf Gedichte, eins von Hölty, drei von Uhland und eins von Möricke; das erste mit dem leidenschaftlichen Schlusse: »Du, die Unsterblichkeit durch die Lippen mir sprühte, wehe mir Kühlung zu«, wobei der Eintritt des »es« in die F-dur-Harmonie der Begleitung einen ganz eigenthümlichen, echt Brahmsschen Zauber ausübt. No. 2 (»So soll ich dich nun meiden«) und No. 3 (»Will ruhen unter den Bäumen«) gehören eng zu einander; ist beim ersten (ausser dem Anklang an die alten Kirchentonarten) die harmonisch ausserordentlich gewählte Schlusscadenz höchst bemerkenswerth, so sind bei dem andern die Versetzung der Melodie in die Dur-Tonart und die leicht und graziös die Melodie umschlingenden Arabesken der Clavierbegleitung von besonders »heimlicher« Wirkung! Sehr charakteristisch ist der hammerschwingende »Schmied« (No. 4) gehalten. Der Schluss klingt, dem Text entsprechend, wie Glockengeläute.

Ein Lied von selten schöner Klangwirkung, bei ganz origineller Ausführung im ganzen wie im einzelnen, ist die »Aeolsharfe«: freier, recitativischer

Stil vereint sich mit streng moderirtem; der Wechsel von A-dur und As-dur, der wundervoll getroffene Ausdruck wehmüthiger, sehnsüchtiger Klage, insbesondere aber wieder die Begleitung zu den Schlussversen: »die volle Rose streut, geschüttelt, all' ihre Blätter vor meine Füsse« — sind genial erdacht und meisterhaft ausgeführt.

Die folgenden zwei Liederhefte, Op. 32, enthalten Lieder und Gesänge von A. von Platen und G. F. Daumer[29]). Wir begegnen hier zum ersten Mal demjenigen Dichter, dessen glühend heisse Natur und stark realistische, aber doch durchaus edle Auffassung der Sinnenwelt und des Sinnenlebens Brahms ausserordentlich sympathisch war. Daumer, von dem Brahms gegen 54 Texte, eigene Dichtungen und Uebersetzungen, componirte, zeigt ein Gefühlsleben von unendlicher, edler Leidenschaft und Tiefe. Es ist durchaus bewusste, keine traumselige, blinde Leidenschaft, die bloss mit schönen Worten spielt und glatte Phrasen drechselt; kein schwärmerisches Helldunkel, kein zielloses Schwelgen in verschwommenen Stimmungen: aus seinen Poesien weht ein kräftiger, gesunder, lebensfreudiger Sinn, der das Leben um des Lebens willen geniesst. Es findet sich kaum ein Dichter, der bei aller Idealität der Empfindung, dennoch so ganz im wirklichen Leben wurzelte, und dessen dichterische Phantasie so leicht sich der Welt des reinen Menschen anschmiegt. Allerdings gesteht Billroth (in Bezug auf Op. 65): »Daumer sei ihm beinahe ebenso unverständlich als Wagner« und fügt hinzu: »Aber wenn Brahms die Stimmung eines Gedichtes fesselt, die tiefe Empfindung, oder gar ein volksthümlicher Charakter, so kann er nicht widerstehen.«[30])

Gleich der erste Daumersche Text, den Brahms componirte, ist eins der tiefsten und schönsten Lieder (No. 2): »Nicht mehr zu dir zu geh'n beschloss ich.« Wie wundervoll trifft Brahms den Ton zarten, überlegenen Humors in No. 7: »Bitteres zu sagen denkst du«, in No. 8 den schmerzlichsüsser Resignation: »So stehn wir, ich und meine Weide«. No. 9 endlich: »Wie bist du meine Königin«. Der Ausdruck edelster Hingabe, der in dem »wonnevoll« dieses Liedes liegt, ist unübertroffen. Ein Wort über das Ritornell. Die Phrasirung in der rechten Hand ist der Motiv-Imitation entsprechend so zu gestalten:

Unter den Platenschen Texten dieser Liederhefte sei insbesondere No. 1: »Wie rafft ich mich auf«, No. 3 mit der unruhig suchenden Begleitung (»Ich schleich' umher«) und das leidenschaftlich drängende (»Hinaus in die Luft!«), No. 5 erwähnt.

Unmittelbar folgen als Op. 33 die fünf Hefte Magelonen-Romanzen, Brahms' berühmtestes Liederwerk, dem ihm befreundeten Sangesmeister Stockhausen gewidmet. Die ersten beiden Hefte waren bereits 1862 in Münster am Stein bei Kreuznach, am Fusse der Ebernburg componirt worden. Hier befanden sich damals zur Sommerfrische Frau Schumann mit ihren Kindern, Brahms und A. Dietrich. Die Lieder stammen aus Tiecks »Wundersamer Liebesgeschichte der schönen Magelone und des Grafen Peter aus der Provence.« Aus dem Zusammenhange mit der »Historie« gelöst erscheinen sie im einzelnen wie im ganzen recht unverständlich. Darum sei hier kurz der Hauptinhalt jener »Liebesgeschichte« erzählt: Den jungen provençalischen Grafen Peter drängt sein Inneres von dem väterlichen

Schlosse hinweg und hinaus in die Fremde. Ein Fahrender singt ihm: »Keinen hat es noch gereut, der das Ross bestiegen . . .« Er zieht von den Eltern fort und singt zur Laute ein »altes Lied« mit »lauter Stimme«: »Traun, Bogen und Pfeil«. Er hatte von Magelone, der schönen Tochter des Königs von Neapolis gehört und wünscht sie zu sehen. Am Hofe des Königs sitzt sie beim Mahle ihm gegenüber; sie entlässt ihn mit freundlichem Blick. Wie berauscht eilt er in den Garten, die Fontainen plätschern die Bäume rauschen, und leise singt er: »Sind es Schmerzen . . .« Magelonens Amme wird die Liebesbotin zwischen Peter und Magelone; der Dienerin schenkt er einen der drei köstlichen Ringe, die ihm die Mutter gegeben. In den Ring steckt er eine kleine Pergamentrolle mit folgendem Liede: »Liebe kam aus fernen Landen . . .« Magelone liest es und ist tief gerührt. Sie nimmt den Ring, den die Amme ihr schenkt, befestigt ihn an einer Schnur um den Hals und träumt selig von dem Geliebten. Neue Botschaft an den Ritter. Sie erhält den zweiten Ring, wieder mit einem Liede: »So willst du des Armen . . .« Magelone gestattet dem Ritter, sie in ihrer Kammer zu sprechen und Peter jubelt: »Wie soll ich die Freude, die Wonne denn tragen . . .« Als er Abschied von ihr genommen, küsst er seine Laute, weint heftig und singt »mit grosser Inbrunst«: »War es dir, dem diese Lippen bebten . . .« Inzwischen soll Magelone nach dem Willen des Vaters einem andern Ritter vermählt werden. Sie beschliesst mit Peter zu entfliehen. Der Ritter nimmt Abschied von seiner Kammer, der Stadt und seiner Laute: »Wir müssen uns trennen, geliebtes Saitenspiel , . .« Auf der Flucht bettet der Ritter die Ermüdete unter dem »Schirmdach eines grünen Baumes« und singt: »Ruhe, Süssliebchen im Schatten . . .« Ein Rabe raubt der Schlafenden die Ringe, die er der Geliebten geschenkt. Peter verfolgt den Vogel, der dem Meere zufliegt und die Ringe sammt dem »Zindel«*) in die Fluth fallen lässt. Wogen und Wind treiben ihn den Ringen nach ins weite Meer hinaus: »So tönet denn, schäumende Wellen . . .« Inzwischen erwacht Magelone, sieht sich verlassen und klagt, nachdem sie auf langer, einsamer Wanderung zur Hütte eines alten Schäfers gelangt ist: »Wie schnell verschwindet . . .« Peter kommt indessen zum Sultan, wo er die Aufsicht über einen schönen Garten erhält. Dort singt er unter den duftenden Blumen des Gartens: »Muss es eine Trennung geben . . .« Des Sultans Tochter Sulima liebt ihn; ihre Sklavin führt ihn in den Garten, wo ihr Lied erklingt: »Geliebter. wo zaudert dein irrender Fuss?« Peter entflieht; wie der Gesang vor seinen Ohren verklungen ist, fasst er wieder frischen Muth und singt: »Wie froh und frisch mein Sinn sich hebt . . .«**) Nach langer Irrfahrt kommt er endlich an die Schäferhütte, wo er seine Magelone wiederfindet: »Treue Liebe dauert lange«.

Ein Wort über den musikalischen Werth dieser vielgesungenen und allgemein bewunderten Romanzen ist fast überflüssig. Mit staunenswerther Sicherheit beherrscht Brahms die grosse, dem weit ausgeführten scenischen Stimmungsbilde sich nähernde Liedform. Ueberall ist, auch bei dem verschiedenartigsten Empfindungsausdruck, die Einheit des Stiles gewahrt, und

---

*) Die seidene Hülle, in der die Ringe steckten.

**) Die drittletzte und vorletzte Romanze bei Tieck sind nicht componirt.

die musikalische Ausdrucksform hat durch diese Romanzen eine Bereicherung erfahren, die nur mit Beethovens Liederkreis »An die ferne Geliebte« und Schuberts grossen Liedercyklen zu vergleichen ist.

Heft I und II dieser Gesänge erschienen 1865, Heft III bis V 1868. Vom letzteren Jahre ab beginnt Brahms' Liederquell besonders reichlich zu fliessen. In schneller Aufeinanderfolge erscheinen nicht weniger als sechs neue Liederhefte. Op. 43, und Op. 46 bis 49, im ganzen 25 Lieder, darunter: »Von ewiger Liebe«, »Mainacht« (»Wann der silberne Mond«), »Das Lied des Herrn v. Falkenstein«, »An die Nachtigall«, »Sonntag« (»So hab ich doch die ganze Woche«), »Der Gang zum Liebchen« (»Es glänzt der Mond nieder«, und das »Wiegenlied«*) — um nur die allerberühmtesten und ganz allgemein zu höchster Anerkennung gelangten Lieder zu nennen. Sie alle sind ausnahmslos vollgültige Beweise für die Unerschöpflichkeit des Brahmsschen Melodienreichthums. Wie edel ist durchweg die Melodie empfunden, wie ganz und gar abgewandt von dem Alltäglichen, Gemeinen, namentlich in den Liedern, die aus der Volksseele entsprungen sind (»Sonntag«, »Wiegenlied«)! Wie wundervoll den alten Weisen in Melodie und Harmonie nachgebildet sind die altdeutschen Volkslieder dieser Hefte: »Ich schell mein Horn ins Jammerthal« und »Vergangen ist mir Glück und Heil« mit ihren reinen Dreiklangsharmonien; wie eminent charakteristisch und doch durchaus volksthümlich ist der Heroismus und die stürmische Liebessehnsucht der Jungfrau in »Herrn v. Falkenstein« musikalisch gezeichnet; wie graziös sind die böhmischen Volksliedertexte behandelt (»Gang zum Liebchen« und »Sternchen mit dem trüben Schein«) im Gegensatz zu den sentimentalen Liedern aus des »Knaben Wunderhorn« (»Ueberläufer«, »Liebesklage«). Und nun gar die Daumerschen Texte! Von wahrhaft klassischer Ruhe, gepaart mit höchster Anmuth und Grazie, sind die »Kränze«[31]) — eine vollendete antike Elegie nach Form und Inhalt. Wie leicht und zierlich und doch innig empfunden ist »Botschaft«, wie glühend heiss die »Liebesgluth«, beide aus Daumers Hafis, wie Schubertisch dagegen »Magyarisch« aus der »Polydora«[32]). Unter den Hölty-Liedern: »Schale der Vergessenheit«[33]), »An die Nachtigall«[34]) trägt die »Mainacht«[35]) unbestritten den Preis davon. Nur ein Lied überstrahlt selbst die »Mainacht«: »Dunkel wie dunkel« nach Wenzigs Uebersetzung aus dem Wendischen, ein Lied, das auf diesem Gebiete »den höchsten Ausdruck der Zeit in idealer Weise auszusprechen« scheint. Ganz äusserlich erinnert die Form der Zwiesprache in diesem Liede an die »Liebestreu«; und doch — wie anders dort und hier ist ein ganz ähnlicher Gefühlsausdruck wiedergegeben!

Aber auch wirkliche »Duetten«, d. h. Lieder für zwei Singstimmen, erschienen. Zuerst: Op. 20 (1861). Es sind drei zweistimmige Gesänge für Sopran und Alt, die ersten zwei aus Herders »Stimmen der Völker«, beide sehr sanglich und wohlklingend, beide dasselbe Thema: »Weg der Liebe« in stark unterschiedener Auffassung behandelnd. Das erste (»Ueber die Berge«), feurig und leidenschaftlich dahinstürmend, gemahnt vielleicht am ehesten an die damals allgemein beliebten Mendelssohnschen Duetten; das andere (»Den gordischen Knoten«) ist von innig tiefem Gemüthsaus-

*) Vgl. die beifolgende Facsimile-Wiedergabe.

Wiegenlied.
Juli 1868.

Andante
p dol.
Guten Abend, gut' Nacht, mit Rosen be-
dacht, mit Näglein besteckt, schlupf unter die Deck: Morgen

früh, wenn Gott will, wirst du wieder ge- weckt, Morgen früh, wenn Gott
will, wirst du wie- der ge- weckt.

druck. Das dritte endlich (»Alle Winde schlafen«) ist eine träumerische Mondschein-Barcarole, mit etwas Mendelssohnisch angekränkelter Begleitung, aber von Brahmsscher Herbheit in der Harmonie (»Luna hängt sich Schleier«). Im Ganzen stehen diese Duetten insofern auf dem alten Mendelssohnschen Standpunkte, als aus den Texten selbst keine Berechtigung zur musikalischen Zweistimmigkeit zu entnehmen ist. Ganz anders ist dies bereits in dem folgenden Heft, Duetten für Alt und Bariton: Op. 28 (1864), die der Gattin seines ältesten Freundes, der unvergesslichen Meistersängerin Amalie Joachim gewidmet sind. Es sind wirkliche Zwiegesänge: »Die Nonne und der Ritter« (Eichendorff), ein Lied voll erdrückender, dumpfer Schwermuth; »Vor der Thür«, ein heiteres altdeutsches Volkslied, ein »vergebliches Ständchen« (der Originaltext bei Forster 1549, II No. 34 und Orlando di Lasso 1567*) No. 16), dessen musikalischer Höhepunkt in der reizenden canonartigen Führung der beiden Singstimmen (in der letzten Hälfte) liegt. Gar geistvoll ist das Goethesche Gedicht: »Es rauschet das Wasser« zu einem Zwiegesang zwischen der unbeständig »dahinrauschenden« und der stetigen, treuen Liebe umgestaltet. Dem letzten Duett liegt der neckische Text von Hoffmann von Fallersleben: »Der Jäger und sein Liebchen« zu Grunde.

Die Form mehrstimmigen Solo-Gesanges mit Begleitung erweitert Brahms in Op. 31 (1864) zu Soloquartetten mit Clavierbegleitung. Es sind ihrer drei; ein Text von Goethe (»Wechsellied zum Tanze«) und zwei mährisch-böhmische volksthümliche Texte: »Fürwahr, mein Liebchen, ich will nun frei'n« und wiederum jener bereits als Sologesang componirte »Gang zum Liebchen«, sämmtlich unverwüstliche Perlen dieser Litteratur und durch ihre ungezwungene Heiterkeit, feinsinnige Bearbeitung und Klangschönheit für Kenner wie für Laien gleich ergötzlich. So entzückend diese Gesänge sind, ihr Ansehen ward schon nach drei Jahren erheblich verdunkelt durch die »Liebeslieder«, Walzer für Soloquartett mit vierhändiger Clavierbegleitung (Op. 52, 1867), denen 1875 eine zweite Serie: »Neue Liebeslieder« folgte. Unmittelbar vor Op. 52 waren, gewissermassen als Vorstudien hierzu, vierhändige Walzer für Clavier (als Op. 39, 1867), Hanslick gewidmet, erschienen und hatten fast mehr Befremden als Bewunderung erregt. Hanslick selbst sagt hierüber sehr treffend[36]):

»Brahms und Walzer«! Die beiden Worte sehen einander auf dem zierlichen Titelblatte förmlich erstaunt an. Der ernste, schweigsame Brahms, der echte Jünger Schumanns, norddeutsch, protestantisch und unweltlich wie dieser, schreibt Walzer? Ein Wort löst nun das Räthsel, es heisst: Wien. Die Kaiserstadt hat Beethoven zwar nicht zum Tanzen, aber doch zum Tänzeschreiben gebracht, Schumann zu einem »Faschingsschwank« verleitet, sie hätte vielleicht Bach selber in eine ländlerische Todsünde verstrickt. Auch die Walzer von Brahms sind eine Frucht seines Wiener Aufenthaltes, und wahrlich von süssester Art. Nicht umsonst hat dieser feine Organismus sich Jahr und Tag der leichten, wohligen Luft Oesterreichs ausgesetzt — seine »Walzer« wissen nachträglich davon zu erzählen. Fern von Wien müssen ihm doch die Straussschen Walzer und Schuberts Ländler, unsere Gstanzel und Jodler, selbst Farkas Zigeunermusik nachgeklungen haben, dazu die hübschen Mädchen, der feurige Wein, die waldgrünen Höhen und was sonst noch. Wer Antheil nimmt an der Entwicklung dieses rechten und tiefen, bisher vielleicht einseitigen Talentes, der wird die »Walzer« als glückliche Zeichen einer verjüngten und erfrischten Empfänglichkeit begrüssen, als eine Art Bekehrung zu dem poetischen Hafisglauben Haydns, Mozarts und Schuberts.«

---

*) Newe Teutsche Liedlein. Nürnberg 1567.

Man hat früher in unbegreiflicher Verkennung Brahmsschen Künstlergeistes angenommen, die nach der Titelangabe von Op. 52 »ad libitum« gesetzten Singstimmen seien ein unselbständiges Gebilde und dem Clavierpart als der angeblichen »Originalfassung« »aufgeleimt«. Nichts kann thörichter sein als diese Annahme, die sich aus der absoluten Neuheit dieser musikalischen Form (Tänze mit Gesang!) wohl erklären, aber nicht entschuldigen lässt. Indessen ist, abgesehen von den Straussschen Walzern, wie »Die blaue Donau« und »Wein, Weib und Gesang«, das »Tanzlied« eine uralte Kunstform, die Brahms sehr wohl kannte, und die er nach dem Vorgange Schuberts mit den »Liebesliedern« erneut hat. Daumers Verse gaben die erste Anregung dazu, und die Bezeichnung »ad libitum« sollte wohl nur das Wagniss, Tänze mit Gesang zu schreiben, etwas weniger kühn erscheinen lassen. Die Besorgniss war unbegründet, wie der ungeheure Erfolg dieser durch reizende Melodien den Laien und geistvolle technische Ausführung den Kenner entzückenden Walzer beweist. Daher erscheint denn auch die zweite Serie der Liebeswalzer, Op. 65, ohne weiteres mit der ausdrücklichen Bezeichnung: »für vier Singstimmen mit Pianoforte zu vier Händen«. Uebrigens musste jedem Einsichtigen einleuchten, dass alle vier Singstimmen wie das Clavier gleichmässig selbständig behandelt sind, und dass infolgedessen zu einer wirklich vollkommenen und kunstgerechten Ausführung alle fünf Factoren vertreten sein müssen. Den »Liebeswalzern« verdankt Brahms nächst den »Ungarischen Tänzen« seinen Weltruf.

Wenden wir uns zu den Instrumentalcompositionen dieser Epoche in Brahms' Leben. Drei bedeutsame Werke sind zunächst zu nennen: das Variationenwerk Op. 21 (1861), enthaltend »Variationen über ein eigenes Thema« und solche »über ein ungarisches Lied«. Bei dem »eigenen Thema« fällt sofort der anomale Periodenbau auf. Das Thema ist nicht in der hergebrachten Form 8-, sondern 9-taktig. Die zweite Periode besteht jedesmal aus 2 + 3 Takten. Am Schluss der ersten Variation (für die linke Hand) findet man einen vielleicht beabsichtigten, zarten Anklang an Schumanns Fis-dur-Romanze. Am kunstvollsten ist die fünfte Variation gestaltet: zwei Melodien verschlingen sich hier zu einem canonischen Tongebilde; die zweite Melodie ist das Spiegelbild (die Umkehrung) der ersten, was die Theoretiker einen »Canon in motu contrario« nennen. Die »ungarischen Variationen« zeigen keine solche Fülle contrapunktischer Schwierigkeiten, sind dagegen rhythmisch durch den Wechsel von $^3/_4$ und $^4/_4$ Takt interessant. Das Czardas-Finale mit grossartig aufgebautem Mittelsatz, darf clavieristisch als Vorstudie zu den »Ungarischen Tänzen« angesehen werden. — Das zweite, und dass es gleich gesagt sei, Brahms' bedeutendstes Werk für Clavier, sind seine Händel-Variationen Op. 24 (1862).[37]) Der Reichthum von Tonbildern, jedes in seiner Art von schönster und edelster Wirkung, den Brahms hier aufgespeichert hat, ist Staunen erregend. Die kecke, frische erste Variation, die leidenschaftliche zweite, die dritte mit den schmetternden Fanfaren in der Grundstimme, die zehnte — wie vorüberhuschende Gespenster, das Clarinetten-Solo der elften, die Flötenvariation (No. 12), die für tiefe Saiteninstrumente (No. 13), die heitere Sicilienne (No. 19), die düster elegische (No. 20), das sanfte Abendglockengeläute in No. 22 und endlich die sich immer gewaltiger steigernde »wilde Jagd« in den Variationen 23—25! Zuletzt eine Meisterfuge

Autograph im Besitze des Herrn N. Simrock in Berlin und von diesem freundlichst überlassen.

sonder Furcht und Tadel mit allen contrapunktischen Finessen: Umkehrung,

Vergrösserung des Themas und Ver-

bindung beider Formen! — Die Variationen über ein Thema von Paganini, Op. 35 (1866) sind — laut Titel — als »Studien für Pianoforte« anzusehen und haben demgemäss mehr theoretisch-praktischen, als rein musikalisch-künstlerischen Werth.

Noch einmal — zum letzten Mal — führt uns ein Brahmssches Werk in den Schumann-Kreis zurück: die Variationen (Op. 23, 1866) über ein Thema von Robert Schumann für Pianoforte zu vier Händen, Fräulein Julie Schumann gewidmet. Das Thema ist jene letzte Eingebung Schumanns, von welcher der unglückliche Meister in seinen Fieberphantasien wähnte, Franz Schubert habe sie ihm gebracht. Vortrefflich spricht H. Deiters[38]) von diesem Werke:

»Niemand wird sich beim Durchspielen dieser Variationen, im Bewusstsein dieses Faktums, der tiefen Rührung erwehren können, welches dieses pietätvolle Opfer für den so hoch verehrten Meister einflösst. Die Variationenform dient hier reinster und edelster Poesie, die uns in dem ganzen Werke umfängt. Besonders aber an jener Stelle, wo dem Gefühle tiefer Leere über einen unersetzlichen Verlust (Var. 4) ein edler, idealer Aufschwung folgt . . . Tiefe Wirkung erzeugt auch der Trauermarsch am Schlusse, dem sich das Thema schön gesellt.«

Dem darf noch zugefügt werden, dass fast für jede Variation sich stilistische Vorbilder bei Schumann selbst nachweisen lassen. — Ueber die vierhändigen Walzer (Op. 39, 1867) ist theilweise oben bereits gesprochen. Auch hier wird es schwer, sogar unmöglich sein, etwas richtigeres und besseres über die Walzer zu sagen, als was Hanslick bereits gesagt hat:

»Welch reizende, liebenswürdige Klänge! Wirkliche Tanzmusik wird natürlich niemand erwarten: Walzer-Melodie und Rhythmus sind in künstlerisch freier Form behandelt und durch vornehmen Ausdruck gleichsam nobilisirt. Trotzdem stört darin keinerlei künstelnde Affektation, kein raffinirtes, den Totaleindruck überqualmendes Detail — überall herrscht eine schlichte Unbefangenheit, wie wir sie in diesem Grade kaum erwartet hätten. Die Walzer, sechzehn an der Zahl, wollen in keiner Weise gross thun, sie sind durchwegs kurz und haben weder Einleitung noch Finale. Der Charakter der einzelnen Tänze nähert sich bald dem schwunghaften Wiener Walzer, häufiger dem behäbig wiegenden Ländler, mitunter tönt wie aus der Ferne ein Anklang an Schubert oder Schumann.

Gegen Ende des Heftes klingt es wie Sporengeklirr, erst leise und wie probirend, dann immer entschiedener und feuriger — wir sind, ohne Frage, auf ungarischem Boden. Im vorletzten Walzer tritt dies magyarische Temperament mit brausender Energie auf; als Begleitung erdröhnt nicht der ruhige Grundbass des Straussschen Orchesters, sondern das leidenschaftliche Geflatter des Cymbals. Ohne Zweifel hätte dies Stück den effectvollsten Abschluss gebildet, allein es liegt ganz in dem Wesen Brahms', den feineren und tieferen Eindruck dem rauschenden vorzuziehen. Er schliesst, zum österreichischen Ländlertone zurückkehrend, mit einem kurzen Stücke von bezauberndem Liebreiz: ein anmuthig wiegender Gesang über einer ausdrucksvollen Mittelstimme, welche im zweiten Theile unverändert als Oberstimme erscheint, während dazu die frühere Hauptmelodie nun die Mittelstimme bildet. Das Ganze in seiner durchsichtigen Klarheit zählt zu jenen echten Kunststücken, die Keinem auffallen und Jedermann entzücken.«

Eine Auswahl aus diesen Walzern ist von Brahms selbst für die Gattin seines Freundes, Frau Seraphine Tausig, vierhändig für zwei Claviere gesetzt worden und nimmt sich in dieser Bearbeitung ganz besonders reizvoll aus.

Nächst Liedern am Clavier sind in dieser Zeitperiode Werke für Kammermusik am reichsten vertreten. Der Zeit nach bildeten die Eröffnung der stattlichen Reihe die zwei Clavierquartette in G-moll und A-dur (Op. 25 und 26, 1863). Beide eroberten die musicirende Welt, Künstler-

wie Dilettantenkreise, im Sturme. Den grösseren äusseren Erfolg hatte freilich das G-moll-Quartett mit seinem kräftig und kühn aufgebauten ersten Satz, dem sanft schmachtenden, melodisch ausserordentlich reizvollen Intermezzo, dem gravitätisch wie Orgelton erklingenden Andante und dem kecken, übermüthigen, in dreitaktigen Perioden gehaltenen »Rondo alla Zingarese«. Unstreitig ist das zweite Quartett dem ersten an Feinheit und Sorgsamkeit der Ausarbeitung überlegen, wenn es auch gleich nicht so unmittelbar wirkt. Mit einem packenden, keck einsetzenden Thema beginnt der erste Satz, ein Meisterstück im Aufbau und in der Ausführung des mittleren, sogenannten Durchführungstheils und von einem erstaunlichen Reichthum melodischer Gedanken. Das Adagio ist so klar und durchsichtig, wie aus Silberfäden gesponnen und so träumerisch wie Mondscheinnacht. Von erquickender Frische ist das Scherzo, dessen sanfte Heiterkeit sich im Schlusssatz mit dem an Schuberts C-dur-Quintett gemahnenden Hauptthema zu toller Ausgelassenheit steigert. —

Tiefer empfunden, geistvoller ausgestaltet ist das Clavierquintett Op. 34 (1865). Der pathetische Ton, den dieses Werk als Hauptmerkmal trägt, erinnert an Beethoven. In der ursprünglichen Form war das Werk als Duo für zwei Claviere gedacht. An den Hörer und Beurtheiler stellt es viel schwerere Anforderungen als die Clavierquartette. Schon die Faktur ist eine viel künstlichere. Nur ein Beispiel hiervon: Man sehe, wie aus dem Anfangs- und Hauptmotiv sich die Figuration des Claviers (durch Verkürzung der Notenwerthe) entwickelt, und wie in derselben Weise aus dem Motiv der Streichinstrumente (Takt 5) das des Claviers (S. 6, Syst. 3 Takt 1—3) sich bildet:

Aus dem Hauptthema entsteht ferner (S. 13, Syst. 3, T. 2):

Tief empfundener und absolut ohne Reflexion aus dem Innersten strömender Gesang klingt aus der Melodie des Andante:

während das Scherzo durch überraschenden Taktwechsel und eine Fülle von Motiven in kunstvoller rhythmischer Umgestaltung ausgezeichnet

ist. Wie ein stolzer Triumphgesang erklingt das C-dur-Trio. Düster sinnend und grüblerisch beginnt mit dissonirenden Vorhalten nach dem Muster des Mozartschen C-dur-Quartetts das Finale: Syncopen, die eine ängstliche Spannung hervorrufen, gesellen sich zu einer ausdrucksvollen Cantilene der Violine und des Cello, bis endlich das Rondo-Finale mit etwas gedämpfter Lustigkeit einsetzt. Auch dieses Thema gewinnt

durch Umkehrungen und rhythmische Veränderungen eine ungeheuer reiche Zahl von Ableitungen und selbständigen Nebenbildungen.

Eine völlig ungeahnte Ueberraschung bot Brahms der musikalischen Welt mit dem Es-dur-Trio für »Clavier, Violine und Waldhorn« (Op. 40, 1868). Dies Trio ist — wenigstens in der ursprünglichsten Form — bereits 1862, als Brahms in Karlsruhe war, vollendet gewesen. Der Componist spricht bereits davon in einem Dezember 1862 aus Basel datirten Briefe an A. Dietrich in Oldenburg:

»Für einen Quartett-Abend kann ich mit gutem Gewissen mein Horn-Trio empfehlen und Dein Hornist thäte mir einen ganz besonderen Gefallen, wenn er, wie der Karlsruher, einige Wochen das Waldhorn exercirte, um es darauf blasen zu können!«

Componirt wurde dies wundervolle und in seiner Art einzige Tonstück gelegentlich eines Aufenthaltes in Baden-Baden. Wie bei der »Serenade« so hatte Brahms auch bei diesem Horn-Trio mit glücklicher Hand aus den alten, längst vergessenen Zeiten der Kammermusik herübergerettet, was seinen vom Gewöhnlichen gern abweichenden Absichten dienlich sein konnte. Und doch klingt gerade dieses Werk so originell und modern, dass man vergebens irgend welche greifbare Beziehung, geschweige denn Anlehnung an bereits Dagewesenes suchen würde. Auch der äusseren Form nach ist es, wie z. B. in dem 5theiligen, im Wesentlichen aus einem Hauptsatz und einem Alternativ bestehenden ersten Satze, ganz neu. Von ganz besonderer Eigenart und unendlich tiefer poetischer Empfindung getragen ist das »Adagio lento« — ein thränenreicher Trauergesang, eine ergreifende Klage um das »Nichts« (vgl.: »quasi niente«) des Menschenlebens. Das Finale: — ein lustiges Jagdstück mit starken, pathetischen Accenten!

Nächstdem sei der Violoncello-Sonate Op. 38 (1866) gedacht, als eines in den beiden ersten Sätzen (Allegro von troppo und Menuett) klar und durchsichtig gearbeiteten Stückes, dessen Finale sich aus einem intricaten Fugeneinsatz entwickelt und an Technik, Scharfsinn und Selbstbeherrschung der Ausführenden die grössten Anforderungen stellt. Drei Themen sind mit bewundernswerther Kunst und erstaunlicher Kraft der Phantasie zu einem in leidenschaftlichem Sturm dahinbrausenden Ganzen verwebt.

So bleiben denn auf dem Gebiet der Kammermusik nur noch die beiden Werke zu erwähnen, die für Streichinstrumente allein geschrieben sind: das zweite Sextett (Op. 36, 1866) und die »seinem Freunde Dr. Theodor Billroth« gewidmeten zwei Streichquartette in C-moll und A-moll (Op. 51, 1873).

Den Eindruck, den das erste Sextett (Op. 18) gemacht hatte, mit dem zweiten zu überbieten, ist Brahms allerdings nicht gelungen. Die Schuld liegt nicht an der geringeren Kunstvollendung dieses Werkes. Im Gegentheil, wie oben bereits hervorgehoben, ist das zweite Werk dieser Gattung, genau in demselben Sinne dem ersten überlegen, wie das zweite Clavierquartett seinem Vorgänger. Ja, man kann fast sagen, es sei dem ersten absolut unähnlich. Ist das erste vorwiegend homophon gehalten, so ist dieses durchaus polyphon. Von Verdoppelungen der die Melodie führenden oder begleitenden Stimmen, die dort fast Takt für Takt vorkommen, ist hier kaum eine Spur zu finden. Jedes Motiv gewinnt sofort durch Umkehrungen und rhythmische Verwandlungen eine andere Gestalt und dabei ist — wie z. B. gleich am Anfang — über das Ganze ein zarter duftiger Schleier gebreitet, den man sofort als Brahms' Eigenstes erkennt. Allerdings die absolute Melodie tritt gegen die kunstvolle Detailarbeit etwas zurück; sie fehlt aber keineswegs. Der Gesangstheil im ersten Satz, einzelne der Variationen des tiefsinnigen, unendlich melancholischen Adagio-Satzes, das Scherzo (wieder in Moll!), desgleichen der Mittelsatz des höchst originell und mit verschwenderischer, kontrapunktischer Kunst gearbeiteten Finales sind hierfür ausgiebige Beweise. Der Ausführung bietet dieses Sextett, im Gegensatz zu dem viel leichter spielbaren B-dur, enorme Schwierigkeiten. Soll es zu rechter Wirkung kommen, so müssen in erster Reihe diese spielend genommen werden. Nur so kann namentlich der ungemein complicirte letzte Satz wirken.

Bei einer Natur, die, wie die Brahms'sche, in der Polyphonie ihr Lebenselement fand, wird es nicht Wunder nehmen, wenn sie mit besonderer Vorliebe dem Genre des »Streichquartetts« sich zuwandte. Nirgends ist ja die polyphone Schreibart so streng durchgeführt, als hier. Und so sind denn auch die beiden Streichquartette Op. 51 (1873) ebenso reich an Gedanken, wie an kunstvoller Arbeit. Man hat an Brahms' Quartetten häufig getadelt, dass er über das Mass dessen, was vier einzelne Instrumente an Kraft und Klangfülle leisten können, hinausgehe, dass er unverhältnissmässige Mittel aufwende, und doch nicht die beabsichtigte Wirkung erziele. Der Fehler liegt hier wie es scheint, an den Schwierigkeiten, die Brahms den Ausführenden zumuthet. Erfahrungsgemäss kann nur die vollständig souveräne Beherrschung der Technik, die sogar den äusseren Schein des Vorhandenseins von Schwierigkeiten beseitigt, dazu führen, den Inhalt erschöpfend und so, wie der Componist es beabsichtigt, darzulegen. So lange man noch sieht, hört und empfindet, dass Schwierigkeiten überwunden werden, so lange ist die Darstellung nicht frei, und die Absicht des Componisten kommt nicht klar zu Tage. Aber selbst wo die Ausführung keinen Wunsch unerfüllt lässt, bleibt immer noch eine andere Bedingung zu erfüllen übrig, nämlich: dass der Hörer so weit allgemein musikalisch gebildet, wie auch so weit für das betreffende Werk vorbereitet sei, dass er der Darstellung des Werkes in all seinen Zügen folgen könne. Je vollkommener die ausführenden Künstler ihre Aufgabe lösen, desto leichter wird dem zuhörenden Musikverständigen die seinige. Brahms' Art ist es nicht, von dem einen oder dem andern ein geringes zu verlangen. Dafür bietet er reichen Lohn demjenigen, der ihm auf diesem beschwerlichen Wege gefolgt ist, sei er ausübender Künstler oder zuhörender Laie. Wer sich scheut, in diesem Sinne seine Aufgabe zu lösen und trotzdem wagt, über Brahms'sche Kammermusik abfällig zu urtheilen, handelt nicht bloss thöricht, sondern ungerecht. Das zweite Sextett, wie die Streichquartette haben oft eine derartige Ungerechtigkeit erfahren.

Am 21. November 1873 wurden die beiden Quartette zum ersten Mal in Billroth's Wohnung gespielt. Sehr bezeichnend schrieb dieser damals an Prof. Lübke in Stuttgart:[39])

»Sie enthalten sehr viel schönes in knapper Form; doch sind sie nicht nur technisch enorm schwer, sondern auch sonst nicht leichten Gehaltes. Sollten sie in Stuttgart gespielt werden, so rathe ich doch, sich durch die Partitur oder vierhändiges Arrangement vorzubereiten; es geht einem sonst zu viel Schönes verloren.«

Eine treffliche Würdigung beider Werke giebt H. Deiters:[40])

»Gleich das erste ist wieder ein reich ausgestattetes Stimmungsbild; unmuthiges Verzagen, leidenschaftliches Aufwallen durch alle Nüancen hindurch bis zur finsteren Entschlossenheit in der Coda zeigt der erste Satz; sehnsüchtige Rückerinnerung, gepaart mit tief lastendem Drucke die wunderbare Romanze; eine langsame, zagende Erhebung, welche nur von fern den Hoffnungsstern erblickt, der dritte mit seinem ganz die Individualität des Künstlers zeigenden

F-dur-Trio; neues kräftiges Ringen der etwas knapper gestaltete letzte Satz. Dem männlich ernsten, düstern Ringen dieses eigenthümlichen Tongemäldes tritt in dem A-moll-Quartette weiblich weiche, schmerzliche Klage und Bitte gegenüber, welche im ersten Satze in dem einfachen, doch kunstvoll verarbeiteten Hauptthema und dem rührend bittenden zweiten tief gesättigten Ausdruck erhält. Hoffnung, mit Resignation wechselnd, ergiesst sich in dem gesangvollen Adagio, ernste Sammlung, unterbrochen durch lebhaft pulsirendes Leben eines Zwischensatzes im Scherzo, markige Kraft und neu errungene Zuversicht im letzten; so dass für den mit Liebe eingehenden die vier Sätze sich zu deutlicher poetischer Einheit zusammenschliessen.«

Die bisher behandelten Werke gehören ausnahmslos der sogenannten »Kammermusik« an. Als Gegensatz hierzu behandelt man die »Concertmusik«, d. h. die für Orchester oder Chor, oder für beides zusammen. Werke für Orchester allein hat Brahms in dieser ganzen Zeit nicht veröffentlicht. Die beiden Serenaden bleiben zunächst die einzigen Versuche auf diesem Gebiete. Dagegen ist eine grosse Anzahl von Compositionen für Chor a capella, sowie für Chor mit Instrumental-Begleitung zu verzeichnen; in letzterer Hinsicht solche mit Clavier- oder Orgel-, und solche mit Orchester-Begleitung.

Die A-capella-Gesänge sind theils geistlichen, theils weltlichen Charakters, Zu den ersten gehören — allerdings nur der stark katholisirenden, legendenartigen Texte wegen — die »Marienlieder«, Op. 22 (1862). Sie zeigen, wie Brahms den Stil der altkirchlichen Meister beherrscht: den Palestrinas, Orlando di Lassos und Johannes Eccards. Die Formen der alten Diatonik handhabt er mit selbstbewusster, vollkommen individueller Freiheit. Das zeigt sich gleich in dem ersten, fast ausschliesslich auf Dreiklangsharmonien aufgebauten Marienliede: »Der englische Gruss« mit der höchst eigenartig geformten Schlusscadenz, die uns von C-dur in lauter Dreiklangsfolgen über As-dur, B-dur, C-moll, Des-dur innerhalb 5 Takten in die Haupttonart Es-dur zurückleitet. Beim zweiten ist die Liedweise nach Art des alten »Tenor« in die dritte Stimme verlegt (hier: Alt). Maria lässt sich von einem jungen Schiffsmann über den See fahren; der Schiffsmann begehrt sie vergeblich zur Hausfrau. Sie stossen vom Lande; in der Mitte fangen »alle Glöcklein zu läuten« an. Wie Brahms diese Stelle mit geringen Mitteln zu einem ergreifenden Tongemälde gestaltet hat, ist bewundernswerth. Von den übrigen Liedern bieten das dritte: »Marias Wallfahrt« mit der herrlichen Schlusscadenz:

und der »Ruf zur Maria« mit der wundervollen Stelle: »bitt' für uns Maria« hervorragende musikalische Wirkungen.

Die beiden als Op. 29 (1864) veröffentlichten »Motetten für fünfstimmigen gemischten Chor a capella« zeigen die reife Frucht langjähriger Studien und inniger Vertrautheit mit Bach und verdanken vielleicht der praktischen Thätigkeit Brahms' als Chordirigent der Wiener Singakademie ihr Entstehen. Die erste Motette »Es ist das Heil uns kommen her« besteht aus einer streng im Bachschen Stil gehaltenen und als Fuga à 5 bezeichneten Choraldurchführung. Der »Cantus firmus« liegt im ersten Bass; die übrigen Stimmen intoniren, einander imitirend, jede einzelne Verszeile; dann setzt der »Cantus firmus« in doppelt verlängertem Rhythmus mit der betreffenden Zeile ein:

Die zweite Motette: »Schaffe in mir Gott« (aus dem 51. Psalm) beginnt mit einem canonartigen Satz (Sopran und 2. Bass, der letztere in der Verlängerung: per augmentationem); es folgt eine vierstimmige Fuge: »Verwirf mich nicht« mit allen contrapunktischen Feinheiten: Umkehrung des Themas (S. 7 der Partitur: Alt, Sopran und Tenor), rhythmischer Versetzung (ebenda, Syst. 2, T. 2. 3), Verlängerung (S. 8 im Tenor, Syst. 2, T. 1 ff.). Der letzte Satz (sechsstimmig) beginnt mit einem Canon zwischen Tenor und 2. Bass in der Secunde bezw. Unterseptime: »Tröste mich wieder«; Sopran und Alt folgen. Bei den Worten: »Und der freudige Geist« setzt die Schlussfuge ein, deren überaus frisches, mässig colorirtes Thema eine gegen den Schluss hin sich prächtig steigernde Durchführung erfährt.

Die »drei geistlichen Chöre für Frauenstimmen« ohne Begleitung (Op. 37, 1866) gehören dem römischen Kirchenstil an; ihnen liegen lateinische Texte zu Grunde. Die ersten zwei sind den »Improperien« der Charwoche entnommen, der dritte ist die österliche, marianische Antiphone: »Regina coeli«. Der erste Chor bringt in paarweiser Gruppirung der Stimmen: (Sopran und Alt I; Sopran und Alt II) einen Canon zwischen dem ersten Sopran und zweiten Alt »in motu contrario«; der zweite Chor (»Adoramus«) einen regelrecht durchgeführten vierstimmigen Canon bei vollständig freiem und musikalisch gänzlich ungezwungenem Flusse des Tonsatzes, der gegen den Schluss hin in einen vierstimmigen, einfach harmonisch gehaltenen Satz übergeht. Das »Regina coeli« setzt mit einem Canon (ebenfalls »in motu contrario«) zwischen zwei Solostimmen ein; der Chor betheiligt sich zunächst nur mit kurzen Zwischenrufen: »Alleluja«, geht dann aber bei den, streng genommen, nicht mehr zur Antiphone gehörigen, sondern das »Responsorium« bildenden Worten: »Gaude et laetare« ebenfalls in einen vierstimmigen Canon (zwei zweistimmige Gruppen) in der Umkehrung über. — Ganz anderer Art sind die »zwölf Lieder und Romanzen für Frauenchor a capella oder mit willkürlicher Begleitung des Pianoforte« (Op. 44, 1866) — ein Liederstrauss, an Duft und Aussehen frischen Feldblumen vergleichbar; einfach und knapp in der Form und von entzückendem, melodischem Reiz; dazu in der Ausführung, namentlich bei hinzutretender Clavierbegleitung, ganz unschwierig. Ein Gegenbild hierzu bilden die »fünf Lieder für Männerchor« (Op. 41, 1867), ein altdeutsches Lied (das schon bekannte: »Ich schwing mein Horn«) und vier Kriegslieder von C. Lemcke enthaltend, unter denen »Freiwillige her« und »Marschiren«, das letztere namentlich durch seinen derben, aber echten Soldatenhumor, die wirkungsvollsten sind. — Unter den A-capella-Chören sind noch die »drei Gesänge für sechsstimmigen Chor« (Op. 42,

1868) zu nennen, denen man vom ersten bis zum letzten Takte anhört, dass sie der »Praxis« entstammen. Der volle, weiche, gesättigte Chorklang kommt kaum irgendwo zu so schöner Geltung, als hier. Im ersten Gesange (»Hör', es klagt die Flöte«, Ged. von C. Brentano), der fast ausschliesslich aus Dreiklangsharmonien besteht, bemerkt man bereits Brahms' Vorliebe für die Theilung des sechsstimmigen Chores in zwei einander imitirende Gruppen (Frauen — Männer); das zweite (»Vineta« von W. Müller), nicht minder klangschön als das erste componirt, fesselt durch die streng fünftaktige Gliederung. Nur an den Hauptabschnitten des Textes erhält die Periode durch eine aus den metrischen Gesetzen der Alten bekannte sogenannte »Synkope« die Ausdehnung von 6 Takten. — Der Preis unter den drei Gesängen gebührt jedoch zweifellos dem letzten: »Darthulas Grabgesang« nach Ossian von Herder. Er ist in dreitheiliger Form gehalten. Den ersten und den ihm entsprechenden letzten Theil (in G-moll) charakterisirt die immer wiederkehrende, psalmodirende Melodie: »Mädchen von Kola, du schläfst«. Der Mittelsatz in C-dur: »Wach auf, Darthula, Frühling ist draussen« ist von bezaubernder Anmuth.

Die allen diesen Chören beigegebene Clavierbegleitung ist dem Belieben anheimgestellt. Obligat ist die Begleitung (Orgel oder Clavier) bei dem 13. Psalm. In Folge eines Druckfehlers auf dem Titelblatt ist anstatt des 13. in allen Catalogen, Verzeichnissen und Biographien bisher immer der 23. gedruckt worden. Es ist endlich Zeit, dass dieser Fehler verbessert wird, zumal der Kopftitel auf S. 2 die richtige Zählung: »Psalm XIII« aufweist. Dem Inhalt des Psalmes entsprechend ist der Anfang: »Herr, wie lange willst du mein so gar vergessen« herb und streng, stellenweise: »Erleuchte meine Augen, dass ich nicht im Tode entschlafe« düster gehalten. Dann folgt ein Aufschwung: »Dass nicht mein Tod«, der in die Stimmung hoffnungsfreudiger Zuversicht übergeht und in mildstrahlendem G-dur eine der wundervollsten Eingebungen bringt:

Mit einer köstlichen Steigerung dieser herrlichen Melodie schliesst dieses leider ganz unbekannte Stück!

In einer der schwierigsten musikalischen Formen bewegt sich Op. 30 (1864): »Geistliches Lied von Paul Flemming für vierstimmigen gem. Chor m. Begl. der Orgel.« Es ist ein vierstimmiger Doppelkanon. Die erste Melodie bringen Sopran und Tenor (Canon in der Untersekunde), die zweite: Alt und Bass, ebenfalls canonisch in demselben Intervall. Dazwischen bewegt sich völlig frei und ungehindert die Orgelbegleitung. Trotz dieser eminenten Schwierigkeiten wird überall der Text zu charakteristischem Ausdruck gebracht und dem Wohlklang geschieht vollkommen sein Recht.

Als Anhang gehören hierher noch die ohne Opuszahl (1864) erschienenen und der Wiener Singakademie gewidmeten Deutschen Volkslieder »gesetzt von J. Brahms«. Schon die Bezeichnung »gesetzt« erinnert an die alten Liedersammlungen von Johann Ott, Heinrich Finck, Johannes Vannius, Forster u. a. Und in der That hat man hier nichts geringeres vor sich, als eine den alten Sammlungen, zwar nicht an Reichhaltigkeit, so doch an Kunstfertigkeit ebenbürtige Liederreihe. Mit staunenswerther Kenntniss der Technik des alten polyphonen Satzes sind hier alte Weisen mit einer Kunst bearbeitet, die völlig verschwunden war, und — was noch schlimmer ist — an die kaum jemand vor Brahms gedacht hat. Aber Brahms sah wohl ein, dass die Polyphonie allein unserem Geschmacke nicht mehr zusage. Er hat daher mit sicherer Hand nur einen Theil dieser alten Weisen eine polyphone Behandlung angedeihen lassen. So im ersten Heft: No. 1 (»Von edler Art«), No. 4 (»Komm' Mainz«), No. 5 (»Es flog ein Täublein«); im zweiten Heft: No. 5 (Wach auf mein Kind«) und No. 7 (»Es wollt gut Jäger jagen«). Die übrigen sind einfach harmonisch gesetzt und dadurch auch unserem modernen Empfinden viel näher gerückt. Es seien als die schönsten in diesem letzteren Sinne hier genannt: »Bei nächtlicher Weil« (I, 3), »Ach liebes Herze« (I, 6); das berühmte »In stiller Nacht« (II, 1); »Ich fahr' dahin« (II, 2); »Es pochet ein Knabe« (II, 3) und »Schnitter Tod« (II, 6).

DAS DEUTSCHE REQUIEM

UND DIE ERSTEN WELTLICHEN CHORWERKE MIT ORCHESTER.

Brahms hat das Requiem nach dem Tode seiner von ihm auf das Innigste geliebten Mutter geschrieben, wahrscheinlich bei Gelegenheit eines längeren Aufenthalts in Winterthur, Zürich und Bonn. Mit dem liturgischen »Requiem« der katholischen Kirche hat es nichts gemein. Es ist eine Trauercantate in grösstem Stile, zu dem der in der Litteratur ebenso bewanderte, als bibelfeste Componist den Text sich selbst nach Worten der heiligen Schrift zusammengestellt hat. Die erste Aufführung des damals noch ungedruckten und aus nur sechs Sätzen bestehenden Werkes, (allerdings nur der ersten drei Sätze) fand Ende November 1867 in Wien, in einem »Gesellschafts-Concerte« unter der Leitung Herbecks statt. Ueber die Aufnahme des Werkes berichtete Hanslick seiner Zeit in der »Neuen Freien Presse«: »Dass eine so schwer fassliche, nur in Todesgedanken webende Composition keinen populären Erfolg erwartet und viele Elemente eines grossen Publikums unbefriedigt lassen wird, ist begreiflich. Aber selbst dem Widerstrebenden, so glaubten wir, müsste sich eine Ahnung von der Grösse und dem Ernste des

Brahms 1870.

Werkes beimischen und Respect auferlegen. Dies scheint nicht der Fall bei einem Halbdutzend grauer Fanatiker alter Schule, welche die Unart begingen, die applaudirende Majorität und den vortretenden Componisten mit anhaltendem Zischen zu begrüssen, — ein ‚Requiem‘ auf den Anstand und die gute Sitte in einem Wiener Concertsaale, das uns auf das bedauerlichste überrascht hat.« Dem Componisten wurde für diesen Unglimpf die schönste Genugthuung zu theil durch die grossartige Erstaufführung des gesammten, damals noch aus sechs Sätzen bestehenden Werkes im Dome zu Bremen, am 10. April 1868. Das Verdienst, die Aufführung zu Stande gebracht und in allen Einzelheiten vorbereitet zu haben, gebührt dem damaligen Bremer Domkapellmeister Reinthaler. Der Componist dirigirte selbst. An Stelle des 5., damals noch fehlenden Satzes sang Frau Amalie Joachim die Messias-Arie: »Ich weiss, dass mein Erlöser lebt« und Joseph Joachim spielte Schumanns »Abendlied«. Der Erfolg war so tiefgehend, dass das Werk bereits am 28. April desselben Jahres wiederholt wurde, allerdings nicht im Dome, sondern in der »Union« und unter Reinthalers Leitung. Im Jahre 1869 folgten Basel, Leipzig, Hamburg (hier ausserdem noch 1872, 1876, 1880 und 1882), desgleichen Karlsruhe, Zürich und Münster. Die erste Aufführung in Berlin fand 1872 (zweimal), in London (philharmonische Gesellschaft) 1873, und 1874 in Halle und Königsberg statt. —

Brahms, damals 33 Jahre alt, reihte sich mit diesem Werke unter die ersten Meister aller Zeiten ein. Was er vordem bereits an Bedeutendem geschaffen hatte, wurde durch die grossartige Wirkung dieses Werkes etwas in den Hintergrund gedrängt.

Das Werk gliedert sich in sieben Abtheilungen. Der erste Theil kann als Einleitung gelten; der letzte ist dem ersten an einheitlicher Grundstimmung verwandt und hat abschliessenden Charakter. Der vierte Theil preist in wundervoll zarten Tönen die Seligkeit himmlischen Friedens: »Wie lieblich sind deine Wohnungen, Herr Zebaoth.« Alle übrigen Abtheilungen (No. 2, 3, der nachträglich hinzucomponirte 5., sowie der 6. Theil) drücken mehr oder minder nachdrücklich den Gegensatz zwischen Diesseits und Jenseits aus: Das Nichts des Menschenlebens im Vergleich zu der Herrlichkeit des Herrn und der Freudenfülle ewiger Seligkeit — dieser Grundgedanke zieht sich in immer neuen Formen und Abänderungen durch alle jene vier grossartig angelegten Sätze, mit immer neuer, sich stetig steigernder Wirkung. Was den nachträglich hinzucomponirten 5. Theil betrifft, so wurde derselbe im Sommer 1868 auf dem Musiksaal beim Frauenmünster in Zürich zum ersten Mal »probirt«. Frau Suter-Weber sang das Sopran-Solo. Mitglieder des Gemischten Chores und des Tonhallen-Orchesters wirkten unter Brahms' Leitung mit.

1. Satz. *»Selig sind, die da Leid tragen«.*

Das Streichorchester besteht in diesem Satze nur aus Bratschen, Violoncelli und Contrabässen (ohne Violinen); daher die sanfte, elegische Klangfarbe. Ruhig und friedlich beginnt der Chor: »Selig sind« und erhebt sich dann in den Worten: »denn sie sollen getröstet werden« in sanftem, weichem Crescendo. Die Stimmung wird bei der Stelle: »die mit Thränen säen« trüber, dafür aber tritt der Ausdruck der Freude (»werden mit Freuden ernten«) desto eindringlicher und ergreifender hervor.

2. Satz. Düster deuten (in B-moll) die Contrabässe mit ihrem Rhythmus auf den Text des Gesangschores hin: »*Denn alles Fleisch es ist wie Gras*«. Dazu erklingt die Melodie eines Trauermarsches (trotz des Dreivierteltaktes!); aus der Ferne naht der Leichenzug, gemessenen, schwebenden Schrittes. Düster, herb und traurig erklingt die Weise des Orchesters, nicht minder des in Dreiklangharmonien sich bewegenden unisono-Choralgesanges:

Ein sich mächtig steigerndes Orchesterzwischenspiel auf das Motiv des Marsches führt zu der ergreifenden und die Nichtigkeit des Menschenlebens mit erdrückender Wucht darstellenden *ff*-Wiederholung des Chorals: »Denn alles Fleisch«. Den Gegensatz dazu bildet der sanfte Gesangssatz: »So seid nun geduldig«, gegen dessen Schluss hin die Worte: »bis er empfahe den Morgenregen« durch eine wundervolle, den »Regen« bezeichnende Tonmalerei musikalisch illustrirt sind (Violinen pizzicato, dazu Harfen und Flöte). Es folgt sodann die Wiederholung des ersten Theils dieser Abtheilung. Der Uebergang von der Klage zum Trost, vom »Diesseits« zum »Jenseits«, also die Worte: »Aber des Herrn Wort« sind von einschneidender Wirkung. Von Posaunen angekündigt und begleitet, ist dieses »Aber« mit einer Entschiedenheit betont, die an Joh. Seb. Bach erinnert. Felsenfest steht der Glauben an des Herrn Wort, das allein uns über die Niedrigkeit des Menschenlebens erhebt. Darum also Jubel und Freude, »ewige Freude«! Mit feurigem Schwunge setzen die Bässe eine Art Fugenthema ein, immer höher schwingt sich der Freudenruf, um plötzlich bei den Worten: »wird über ihrem Haupte sein« herabzusinken und wehmüthig zarten Ausdruck anzunehmen. Ganz besonders charakteristisch ist die folgende Stelle gestaltet: »Freude und Wonne werden sie ergreifen, und Schmerz und Seufzen wird weg müssen«; jedes einzelne Wort ist hier sinngemäss deklamirt und musikalisch ausgedrückt; die Musik spricht hier fast mit der Eindringlichkeit der Geberdensprache!

3. Satz. »*Herr, lehre doch mich,*
dass ein Ende mit mir haben muss«.

In tiefster Beklommenheit erhebt ein einzelner aus der Gemeinde seine Stimme (Bariton-Solo); die Melodie ist unstät, in einzelne Perioden zerrissen und von tiefstem Schmerz durchzittert. Der Chor singt die Worte nach. Ergreifend ist der verzweifelte Aufschrei des Chores: »mein Leben ist« mit dem dumpf zerfallenden, athemlosen Schlusse: »wie nichts — vor dir«. Wehmüthig, in breitem Ergusse strömt sodann die Klage dahin auf den Text: »Ach wie gar nichts«. Alsdann wird die Stimmung wieder unruhiger und erregter; zwischen Zweifel und Hoffnung ängstlich schwankend, singt der Chor: »Herr, wess soll ich mich trösten«? Aber die Wendung nach D-dur bringt die Antwort: »Ich hoffe auf dich«. In jubelndem Crescendo schwingen sich diese Worte auf und leiten zu einem der grossartigsten Sätze der neueren Musik überhaupt über, zu der Chorfuge: »Der Gerechten Seelen sind in Gottes Hand«:

Die feste Grundlage dieses Glaubens an die Sicherheit in Gottes Hand suchte der Tondichter durch ein während des ganzen Satzes erklingendes, mächtiges tiefes D (durch Orgel, Pauken und Posaunen verstärkt) darzustellen. Ueber diesem Ton erhebt sich ein wunderbares Stimmengeflecht mit einem sich freudig aufschwingenden Hauptthema. Diese hochberühmte und bei der ersten Wiener Aufführung gänzlich missglückte Stelle hat dem Brahmsschen Requiem die Signatur gegeben, und »ohne dieses eigenthümliche Tonsymbol der Ruhe und Stetigkeit des göttlichen Thrones« ist das »Requiem« gar nicht mehr zu denken.

4. Satz. *»Wie lieblich sind deine Wohnungen«.*

Ein liebliches, zart empfundenes Tonstück, das den seligen Frieden in den himmlischen Wohnungen preist. Nur in der Mitte ist dem »Verlangen und Sehnen« nach diesem Frieden ein energischerer Ausdruck gegeben; auch das Lob des Herrn (»die loben dich immerdar«) findet lebhaften, begeisterten Ausdruck; sonst athmet Alles in diesem Satze den wonnigen Frieden des Jenseits.

5. (nachcomponirter) Satz. *»Ihr habt nun Traurigkeit«.*

In himmlischen Klängen preist die Stimme eines seligen Geistes (Sopran-Solo) die Freude des Wiedersehens im ewigen Lichte. Der Chor versteht den Sinn dieses Zurufs aus der anderen Welt und singt: »Ich will euch trösten, wie einen seine Mutter tröstet«, genau nach der Weise des Orchester-Vorspiels:

nur in doppelt verlangsamtem Zeitmass. Melodie und Deklamation der Solostimme sind an Schönheiten unendlich reich. Besonders sei auf die Stelle hingewiesen: »und habe grossen Trost funden«, auf die Melodieführung bei »Traurigkeit«, auf das sich wiederholt steigernde: »aber« (beim Tenor-Eintritt, das Hauptthema in Viertelnoten und in Achtel-Bewegung zu gleicher Zeit), endlich auf den Schluss: »wiedersehen«!

6. Satz. *»Denn wir haben hier keine bleibende Statt«.*

Zwischen der Dur- und Moll-Tonart schwankend, unruhig hin und her tastend und damit das »Suchen« versinnbildlichend, beginnt der sechste Satz. Den Irrenden kommt eine tröstende, führende Stimme zu Hilfe: »Siehe, ich sage euch ein Geheimniss« (Bariton-Solo). Eine geheimnissvolle, mystische Stimmung verbreitet sich (Tremolo der Saiten-Instrumente): die Stimme verkündet das Wunder der Erlösung. Staunend, in geisterhaftem Pianissimo spricht der Chor die räthselhaften Worte nach; noch geheimnissvoller wird die Stimmung bei den Worten: »und dasselbige plötzlich, in einem Augenblick, zu der Zeit der letzten Posaune«. Hastig ergreift der Chor das Wort und führt es zu einem tief erschütternden Höhepunkt, der alsbald zu einem Chorsatze im Charakter eines »Dies irae« überleitet. »Hölle wo ist dein Sieg«? Diese Worte ruft der Chor mit Allgewalt den finstern Mächten zu und wendet sich dann zum Preise des Herrn. Hell leuchtendes C-dur tritt ein und eine wirkungsvoll aufgebaute Fuge beginnt: »Herr, du bist würdig« u. s. w. Die episodischen Partien sind in ruhigeren Formen gehalten, zum Theil etwas an Mendelssohn anklingend, namentlich: »Denn du hast alle Dinge geschaffen«.

Schlusssatz. *»Selig sind die Todten, die in dem Herrn sterben«.*

Kräftiger beginnend, geht diese Seligpreisung der Todten allmählich in die wehmüthig friedliche Stimmung des ersten Satzes über. Ja, es erscheinen zuletzt sogar einige Hauptmotive des ersten Satzes in etwas veränderten Formen. Von ergreifender Wirkung ist die Posaunenbegleitung zu der Stelle: »Ja der Geist spricht« mit der darauf folgenden schönen Melodie: »dass sie ruhen von ihrer Arbeit«.

So führt uns denn der Meister in diesem Werke den Weg von der zeitlichen, irdischen Wohnstätte zur eigentlichen Heimath, der Wohnstätte ewigen Friedens. Der Text: »Selig sind, die da Leid tragen«, der erste Satz, knüpft an das Leid unseres irdischen Lebens an; der zweite zeigt uns die Nichtigkeit dieses irdischen Lebens. Dasselbe Loos wie den Abgeschiedenen ist auch uns beschieden, auch wir müssen diesen Weg gehen, trotz unseres Zagens und Entsetzens. Aber die Gerechten ruhen in Gottes Hand, sein mächtiger Schutz umfängt uns (dritter Satz). Bei ihm sind uns Wohnungen bereitet (vierter Satz); dort winkt uns die selige Freude des Wiedersehens, die Niemand rauben kann (fünfter Satz), während uns hier auf Erden keine bleibende Stätte beschieden ist. Allein die Posaune des Gerichtes erweckt einst alle zu neuem Leben; sie verkündet den Sieg des Lebens über Tod und Hölle (sechster Satz). Also wird ein wahres, reines Glück erst beginnen, wenn wir gestorben, und den Gerechten beigesellt sind. Darum: »Selig sind die Todten, die in dem Herrn sterben« (siebenter Satz).

Mit wenigen Worten lapidaren Stiles hat Hanslick die Stellung des »Deutschen Requiems« in der musikalischen Litteratur bezeichnet:

»Seit Bachs H-moll-Messe und Beethovens Missa solennis ist nichts geschrieben worden, was auf diesem Gebiete sich neben Brahms' ‚Deutsches Requiem' zu stellen vermag«.

Giebt es ein Werk in der gesammten Litteratur, das einem über den Verlust eines theuren Wesens trauernden Gemüthe Kraft und Frieden, und damit himmlischen Trost spenden kann, so ist es Brahms' Deutsches Requiem. So lange es Erdenleid und Herzenswehe giebt, so lange wird dies unübertroffene Meisterwerk bestehen und Millionen empfänglicher Seelen die edelste Quelle erquickenden Trostes sein.

Nur die oben bereits behandelte Liederreihe Op. 46—49, sowie Op. 51 (Quartetten) und 52 (Liebeslieder) unterbricht die continuirliche Folge von Compositionen für Chor und Orchester. Als Op. 50 (1869) folgt die Goethesche Cantate »Rinaldo« für Tenor-Solo, Männer-Chor und Orchester. Nicht ganz mit Unrecht fand Billroth das Gedicht »gräulich«. »Aber«, fährt er in einem Briefe an Lübke fort, »Brahms schwärmt dafür, weil es für den Componisten so viel übrig liesse: Schilderung der Zauberinseln, Jammer Armidens« u. s. w. Seltsam, dass Brahms hier nichts weniger als »zu viel«, eher zu wenig gethan hat. Die »Schilderung der Zauberinseln« reducirt sich auf die orchestral sehr reich ausgestattete Stelle: »zeigt ihm den demantnen Schild«; und den »Jammer Armidens« malt einzig und allein ein Orchester-Ritornell (Andante con moto un poco agitato, S. 75 d. Part.), das ziemlich eindruckslos verläuft. Die Chöre sind tüchtig gearbeitet, aber doch wohl etwas farblos gehalten, während die Verwendung einzelner charakteristischer Motive nach Art Beethovenscher oder Weberscher »Leitmotive« die »Cantate« dem Opernstil nähert. Auch die Behandlung der Soloparthie weist dorthin Beethovens »Adelaide« und »Florestan« sind für ihre Ausgestaltung massgebend gewesen.

Noch einen anderen Goetheschen Text, ein »Fragment aus der Harzreise«, hat Brahms in jener Zeit in Tönen nachgedichtet (Op. 53, 1870). Aber entschieden mit weit grösserem Gelingen! Wie Tag und Nacht stehen sich beide, in der ideellen Anlage nahe verwandten Werke fern! Die schwermüthige Klage des selbstquälerischen Jünglings, der, erst verachtet, dann ein Verächter, in dumpfer Abgeschiedenheit sich der Welt verschloss, erweitert und vertieft sich in der Brahmsschen Composition zur ergreifenden Klage der Menschheit:

Und wie der Jüngling »durch Naturbeschauung« und herzliche Theilnahme an der äusseren Welt allmählich zum inneren Frieden und zur Versöhnung mit der Welt gelangt, so klingt auch jedem empfänglichen Gemüthe das von sanften Männerstimmen getragene erlösende Wort: »Ist auf deinem Psalter« wie sanftes Ostergeläute:

»O tönet fort, ihr süssen Himmelslieder: die Thräne quillt, die Erde hat mich wieder.« Der wahrhaft allbezwingenden Macht, die diese Stelle auf gesunde, empfindsame Seelen ausübt, kommt in der gesammten musikalischen Litteratur nur Weniges gleich. Und dies Wenige ist vorwiegend bei Mozart (Don Juan) und Beethoven (9. Symphonie und letzte Quartette) zu finden. — Unvergesslich wird es sein und bleiben, wie die erste und unübertroffene Meisterin deutscher Gesangskunst, Frau Amalie Joachim, die »Rhapsodie« sang! Dichtung, Musik und Kunst des Vortrages vereinten sich hier zu einer Gesammtwirkung, von unbeschreiblicher Grösse, Einfachheit und Erhabenheit. Sehr zutreffend hat Hanslick den eigenthümlichen »ethischen« Charakter dieser Rhapsodie betont und sie dadurch in ein glückliches Parallelverhältniss zum Schicksalsliede (Op. 54, 1871) gesetzt. Kretzschmar[41]) anderseits findet gemeinsame Beziehungen zwischen »Requiem« und »Schicksalslied«. Es sind die uralten Gegensätze, die sich hier begegnen: Erdennoth und himmlisches Glück, oder, nach Hölderlin ins Antike übertragen: fruchtloses, vergebenes, titanenhaftes Ringen und olympische Ruhe und Heiterkeit. Es giebt wohl kein Werk, in welchem diese Gegensätze äusserlich ebenso knapp und concentrirt, als innerlich ergreifend und erschütternd dargelegt wären, als in Brahms' »Schicksalsliede«. Wir betonen Brahms', nicht Hölderlins. Denn während der Dichter sich begnügt, den »schicksallosen« Göttern die vom Schicksal von »Klippe zu Klippe geworfenen«, jählings ins Ungewisse hinabstürzenden Sterblichen gegenüber zu stellen, wendet Brahms sich am Schlusse, in einem der Einleitung entsprechenden klangvollen Orchester-Nachspiel zum Anfang zurück und löst so »das wirre Mühsal des Menschenlebens in seligen Frieden auf«.[42]) Sehr geistvoll bemerkt Hanslick, dass dies ein »merkwürdiges Gegenstück zu dem umgekehrten Vorgang« in Beethovens Neunter sei, und dass sich im Schicksalsliede dieselbe Anschauung »in griechischer Form« wiederhole, die das Requiem nach Stil und Stimmung in christlicher geboten habe.

Ueber den ersten musikalischen Entwurf zum »Schicksalsliede« berichtet Dietrich S. 65:

»Im Sommer (1868?) kam Brahms noch einmal (nach Bremen), um mit Reinthalers und uns einige Parthien in die Umgegend zu machen. Eines Morgens fuhren wir zusammen nach Wilhelmshaven, Brahms interessirte es, den grossartigen Kriegshafen zu sehen. Unterwegs war der sonst so muntere Freund still und ernst. Er erzählte, er habe früh am Morgen (er stand immer sehr früh auf) im Bücherschrank Hölderlins Gedichte gefunden und sei von dem »Schicksalslied« auf das tiefste ergriffen. Als wir später nach langem Umherwandern und nach Besichtigung aller interessanten Dinge ausruhend am Meere sassen, entdeckten wir bald B. in

Verkleinerte Wiedergabe aus »Brahms-Phantasie« von Max Klinger.
Verlag der Hofkunsthandlung Amsler & Ruthardt, Berlin.

weiter Entfernung einsam am Strand sitzend und schreibend. Es waren die ersten Skizzen des »Schicksalsliedes«, welches ziemlich bald (?) erschien. Eine schon geplante Parthie in den Urwald unterblieb. Er eilte nach Hamburg zurück, um sich der Arbeit hinzugeben.«

Wie im Ganzen, so ist auch im Einzelnen die musikalische Darstellung des Gedichts ein Kunstwerk höchster Vollendung, dessen Details zu rühmen man kein Ende finden möchte. Die stimmungsvolle Orchester-Einleitung mit den leisen Paukenschlägen, der Einsatz des Choraltes, der Eintritt des düsteren Allegro: »Doch uns ist gegeben« mit der grossartigen Steigerung auf die in conträrem Rhythmus gehaltenen, zerstückelten Worte: »von Klip-pe zu Klip-pe ge-wor-fen« bis zu dem »durchbohrenden«, niederschmetternden: »Jählings ins Ungewisse hinab«: das Alles hat in der neuen Chorlitteratur nicht seines Gleichen. —

Wir gelangen zum letzten Chorwerk aus dieser an monumentalen Schöpfungen so überreichen Periode: zum »Triumphliede« (Op. 55, 1872) nach Offenbarung Johannis c. 19 für achtstimmigen Chor und Orchester componirt und dem Begründer des Deutschen Reiches, Kaiser Wilhelm I., gewidmet. — Ursprünglich trug der Titel noch die Worte: »auf den Sieg der deutschen Waffen«. Brahms beseitigte sie, um dem Werke eine allgemeinere Geltung zu geben. Der Form nach entspricht das Werk den »Anthems« von Händel, dessen Geist auch sonst in dem Werke lebendig wird. Gleich das erste Motiv zeigt in der Reihenfolge der Noten, allerdings nicht in deren rhythmischer Gliederung, und somit also mehr versteckt als offen zu Tage liegend, eine Anspielung auf die Nationalhymne: »Heil Dir im Siegerkranz«.

In langsam majestätischer Viertel- bezw. Achtelbewegung tritt nach dem ersten brausenden Halleluja dasselbe Motiv in den Singstimmen ein: »Heil und Preis, Ehre und Kraft«. Der zweite Satz, wie der erste eine Lobpreisung enthaltend (»Lobet unsern Gott alle seine Knechte«) bringt — durch Holzbläser eingeführt und wie unter Glockengeläute erklingend — die Choralmelodie: »Nun danket alle Gott«, die der Chor ($^{12}/_{8}$ Takt) mit einem weichen, sanften Thema begleitet.

Der letzte Satz trägt abweichend von den ersten beiden Theilen, einen dramatisch belebten Charakter. Ein Bariton-Solo beginnt: »Und ich sah den Himmel aufgethan, und siehe, ein weisses Pferd; der darauf sass hiess Treu und Wahrhaftig«. Der den Solosänger unterbrechende Choreintritt auf die anfangs pianissimo, dann sich mächtig steigernden, gesungenen Worte: »Und siehe« u. s. w. ist von grossartigster Wirkung und wohl der geistige Höhepunkt des Ganzen. Die höchste Kraftentfaltung freilich bringt erst der in hellstem Jubel und zündender Begeisterung mächtig dahinbrausende, imposante Schluss. — Die ersten Aufführungen des Werkes fanden 1872 in Wien, 1873 in Leipzig und München (unter Wüllner), 1874 beim Niederrheinischen Musikfeste in Köln und 1875 unter Stockhausen in Berlin statt. — Wenn das Werk trotz des Aufgebotes grosser Chormassen und reicher instrumentaler Mittel, und trotz der ausserordentlichen Begeisterung, von der es getragen ist, dennoch nicht die verklärende, erhabene Wirkung des Requiems hervorbringen kann, so liegt dies daran, dass es dem Werke etwas an Abwechselung gebricht. Wohl giebt es neben den wucht- und kraftvollen Stellen viel fein und zart Empfundenes (z. B. das pianissimo-Halleluja vor dem Schlusstheil des ersten Satzes), aber dem Ganzen fehlt es, wie Hanslick[43]) richtig erkannt, an »Ruhepunkten«, die zur Sammlung nothwendig sind und die Empfänglichkeit, die durch die fortwährende und gleichförmige Entwickelung von Tonmassen sehr erheblich geschwächt wird, stets erneuern. —

Das Werk verlangt, wie allgemein bekannt, nicht nur einen sehr stark besetzten, sondern auch gut geschulten Chor, und es klingt deshalb ganz ausserordentlich komisch, wenn Brahms in einem Briefe an Dietrich (Erinnerungen S. 70), schreibt:

»Du weisst wohl, dass ich den Eingangschor zu einem »Triumphlied« an Reinthaler geschickt habe. Er klagt über seinen schwachen Chor. Könntest Du nicht einige Freiwillige von Oldenburg schaffen, die die 8 stimmigen Forte mitsingen? Schwer ist es nicht, nur forte!«

DIE ZEIT
DER GROSSEN COMPOSITIONEN
FÜR ORCHESTER.

Karlsgasse No. 4.

Als Stockhausen im Jahre 1866 die Leitung der Philharmonischen Gesellschaft in Hamburg niedergelegt hatte, wäre auf's neue Gelegenheit gewesen, Brahms dauernd an seine Vaterstadt zu fesseln. Auch diesmal fehlte Joachims mahnende Stimme nicht: er schrieb am 18. Februar 1866 von London aus an seinen Freund Avé Lallemant:

»Deine Sorge um Stockhausens Abgang verstehe ich . . . Dass Ihr Euch nun aufrafft und dem grössten Musiker unserer Tage (ich weiss, was ich schreibe), dem Johannes Brahms aus Hamburg, die gebührende Stellung anweist, ist nach den philharmonischen Antecedentien nicht wohl anzunehmen. Ein Stück Misère und Verkennung scheint zur Entwicklung grosser Geister immer zu gehören und vielleicht hält das Komitee der philharmonischen Gesellschaft es sogar für landesväterliche Verpflichtung . . . der Zukunft von Brahms durch Entsagung ein patriotisches Opfer zu bringen!«

Und in der That, dies Hamburger »Opfer der Entsagung« ist Johannes Brahms vortrefflich bekommen! Nach zweijähriger Trennung war er wieder in sein geliebtes Wien zurückgekehrt, wo inzwischen, wie bereits erwähnt, auch Freund Billroth dauernden Aufenthalt genommen hatte. Wo Billroth war, blieb auch Brahms, zumal sich bald Gelegenheit fand, ihm auch äusserlich eine angesehene Stellung im Musikleben zu verschaffen. Er wurde 1872 zum Leiter der Musikvereins- (Gesellschafts-) Concerte gewählt.

Ganz beglückt schreibt Billroth an Lübke:

»Er bereitet Händels Tedeum und Saul vor, 2 Bachsche Cantaten, sein Triumphlied u. s. w. Vorläufig ist er ganz Feuer bei Leitung des Gesangvereins und ist immer entzückt über die Stimmen und das musikalische Talent des Chors. Sind die Erfolge günstig, so wird er, glaube ich, aushalten; ein Misserfolg kann genügen, ihn zu deprimiren, dass er die Lust verliert.«

Die Erfolge blieben nicht aus. Bereits Ende März berichtet Billroth an seinen Stuttgarter Freund:

»Brahms ist als Musikdirector hier äusserst thätig; er hat unvergleichlich schöne Aufführungen zu stande gebracht und findet bei Allen, die es gut mit der Kunst meinen, vollste Anerkennung. Sein »Triumphlied« ist hier mit Orgel und colossalem Chor zu einer wunderbaren Wirkung gekommen; es gehören grosse Massen dazu, es ist monumentale Musik. Die Wirkung: fortgesetzte musikalische Gänsehaut jeglicher angenehmen Art, dabei Alles so einfach übersichtlich, im grossartigsten al fresco-Stil . . . Im letzten Concerte wagte Brahms eine . . . noch nie aufgeführte Cantate von Bach nach einem Text von Luther.*) Es war verdammt herbe Musik, doch stellenweise von erhabener Wirkung. Die Wiener nahmen aus den Händen eines Dirigenten, den sie so achten wie Brahms, auch das mit liebenswürdiger Empfänglichkeit an. Zwei darauf

Karlsgasse No. 4, III.

folgende Volkslieder a capella**) veranlassten dann freilich einen Beifallssturm, der die Besorgniss des Hauseinstürzens rege machte. Der alte König von Hannover war halb toll vor musikalischem Rausch; . . . man wird wirklich ganz betrunken von der Schönheit der Klangwirkung dieses Chores, dessen An- und Abschwellen, Forte und Piano, wie von Einer Stimme vorgetragen wirkt, Brahms leitete das, wie Renz ein Schulpferd.«

In der That entwickelte Brahms »ganz ungeahnte, schulmeisterliche Talente« als Chordirector und Dirigent. Und so constatirte denn der Freund mit einer gewissen, freilich nicht ganz einwandfreien, freudigen Genugthuung im Juni 1874:

---

*) Die Cantate: »Christ lag in Todesbanden«, für die Brahms die Orgelstimme in ausserordentlich gelungener Weise besonders ausarbeitete.

**) Darunter das herrliche: »In stiller Nacht zur ersten Wacht«.

»Brahms ist so populär und überall (wenn auch mit wenig Verständniss) so gefeiert, dass er leicht ein reicher Mann durch seine Compositionen werden könnte, wenn er es leichtsinnig damit nehmen wollte. Zum Glück ist das nicht der Fall.«

Auch im Winter 1874/75 erfreuten sich die Brahms-Concerte eines grossen Erfolges. Aber die Freude dauerte nicht lange. Billroth schreibt:

»Brahms hatte . . . sehr interessante Programme, ebenso Dessoff. Leider haben wir beide als Dirigenten verloren. Beide sind herausgedrängt, beide durch Herbeck herausgedrängt. Inzwischen ist Herbeck auch gestürzt, und alle Musikinstitute befinden sich wie die Theater in chaotischem Zustande. Ich bin nun schon lange genug in Wien, um daher ganz ruhig zu sein; wenn auch Alles drüber und drunter zu gehen scheint, das rappelt sich Alles wieder zusammen.«

Ein Amt als Dirigent hat Brahms seitdem nie mehr bekleidet. Er passte seiner Natur nach ebenso wenig für ein »Amt«, als Bülow. Im

Karlsgasse No. 4, III.

Genusse vollster persönlicher Freiheit und Unabhängigkeit, in einer Stadt, dessen volksthümlich heiteres Wesen ihm ausserordentlich behagte, im vertrauten Umgang mit einem Kreise von Künstlern und Schriftstellern (Hanslick, Goldmark, Brüll, Nottebohm, Mandycewski, Kalbeck u. a.), die dem Meister sämmtlich in treuer Verehrung zugethan waren, vor allem in intimem Verkehr mit Billroth, in dessen gastlichem Hause die meisten Compositionen für Kammermusik zum ersten Mal gehört wurden, führte er ein ausserordentlich zufriedenes, behagliches Dasein in völlig ungestörter Hingabe an seine Kunst. Ueber das trauliche, aber einfache Junggesellenheim, das er sich in dem Hause: Karlsgasse 4, im 3. Stock begründet hatte, führten treu sorgsame, befreundete und mit der Eigenart des Meisters wohlbekannte Frauenhände die Obhut. Den Frühling pflegte er gern in Italien zuzubringen, den Sommer in der Schweiz (am Thuner See), oder in Ischl, Mürzzuschlag u. dgl.; die zweite Hälfte des Winters, in der Regel von Neujahr ab, nahm er Einladungen zur Aufführung seiner Werke an, wobei er selbst als Dirigent oder Clavierspieler thätig war.

Aber trotz der Verehrung, die man ihm in Wien und anderweitig allenthalben, namentlich in Bremen, Breslau, Berlin, Königsberg, Halle, Hamburg, München (Levi und Wüllner nahmen sich der Brahmsschen Werke eifrigst an) dem Meister zollte, wollte es dennoch mit dem allgemeinen Verständniss und der allgemeinen Anerkennung der ausserordentlichen Bedeutung Brahms' als Componisten nicht vorwärts gehen. Zwar fehlte es nicht an äusseren Anerkennungen. Mit Wagner zu gleicher Zeit erhielt Brahms (Januar 1874) von dem grossherzigen, kunstbegeisterten Könige

Karlsgasse No. 4, III.

Ludwig II. von Bayern den Maximilians-Orden für Kunst und Wissenschaft und im selben Jahre ernannte ihn die Berliner Akademie zu ihrem auswärtigen Mitgliede. Aber die eigentlichen künstlerischen Erfolge waren zum Theil nur Achtungserfolge, jedenfalls nur da spontan und verständnissvoll aufrichtig, wo sich eine »Brahmsgemeinde« befand. Der Antagonismus der sogenannten Wagner-Partei, die gerade in den 70er Jahren in einem Brahms gespendeten Lobe eine Beleidigung ihres Meisters erblickte, mochte das auch, zum Theil wenigstens, verschuldet haben.

Das ungefähr war die Stimmung, als die ersten grossen Instrumental-Compositionen Brahms' erschienen.

Sieht man von den beiden Serenaden (Op. 11 und 16) und dem D-moll-Concerte (Op. 15) ab, so fallen sämmtliche grösseren Orchester-Compositionen in die Reihe der Opuszahlen von 56—102. Das letzte grosse Instrumentalwerk, das Brahms schrieb, war das Concert für Violine, Violoncello und Orchester (Op. 102). Den Anfang machen die Haydn-Variationen Op. 56a, es folgen, (von dem Ouverturen-Paar »Akademische« und »Tragische« Op. 80 und 81 unterbrochen) je ein Symphonien-Paar Op. 68 und 73, und Op. 90 und 98; ausserdem drei Concerte: Op. 77 für Violine, Op. 83 für Clavier (B-dur) und Op. 102 für Violine und Violoncello. Der Zeit nach vertheilen sich diese zehn Orchesterwerke auf einen Raum von 14 Jahren; gewiss ein deutlicher Beweis, wie wenig sich Brahms in seiner »Production« überstürzte! Brahms' Werke wollten eben nicht gezählt, sondern gewogen sein. Ausserdem erschienen in diesem Zeitraum 16 Liederhefte Op. 57—59, 63, 69—72, 84—86, 91 und 94—97, drei Hefte Duetten Op. 61, 66 und 75, drei Hefte Soloquartetten mit Begleitung Op. 64, 65 (»Neue Liebeslieder«) und 92. Drei Werke bringen a capella-Chöre: Op. 62, 74 und 93. Chorwerke mit Orchester schrieb Brahms in dieser Zeit nur zwei: die »Nänie«, auf den Tod Anselm Feuerbachs, und Op. 89 das »Parzenlied« aus Goethes Iphigenie. Reicher, jedoch nicht überreich, ist die Kammermusik vertreten. Zwei Werke für Clavier allein: Op. 76 und die Rhapsodien (Op. 79); zwei Violin-Sonaten (Op. 78 und 100), eine für Violoncello (Op. 99), die beiden Trio in C-dur und C-moll (Op. 87 und 101), ein Streichquartett in B-dur (Op. 67) und das erste Streichquintett (F-dur, Op. 88). Im ganzen genommen also eine höchst respectable Summe schöpferischer Kraft, die Brahms in dieser Periode aufgewendet hat.

Wenden wir uns nach dieser Uebersicht zu einer kurzen Besprechung der einzelnen Werke. —

An Verlockungen und Aufforderungen, das Gebiet der Symphonie zu betreten, hat es bei Brahms nicht gefehlt. Bereits im Januar 1854 schreibt Schumann an Joachim:

»Nun — wo ist Johannes? Ist er bei Ihnen? . . . Fliegt er hoch — oder nur unter Blumen? Lässt er noch keine Pauken und Drommeten erschallen? Er soll sich immer an die Anfänge der Beethoven'schen Symphonien erinnern; er soll etwas Aehnliches zu machen suchen. Der Anfang ist die Hauptsache; hat man angefangen, dann kommt Einem das Ende wie von selbst entgegen . . .«

Brahms war anderer Meinung, als sein schnell begeisterter Freund! Er liess volle 22 Jahre vergehen, ehe er seine erste Symphonie schrieb — oder wenigstens in die Welt schickte. [44]) Ja noch mehr: seine strenge Selbstkritik und die Furcht vor einem Misserfolg, der für ihn stets etwas unendlich Deprimirendes hatte, liessen es ihm gerathen erscheinen, zuvor mit einem kleineren Werke dieser Gattung den Versuch zu wagen. Und so entstanden seine »Variationen für Orchester über ein Thema von Haydn« (Op. 56a, 1874), das Praeludium zu seinen vier Symphonien.

Wir erwähnten bereits oben, dass unter Beethovens Nachfolgern sich keiner auf dem Felde der Variationenform so hervorragend bewährt hat, als Brahms. Aus der gedankenarmen, lediglich zur Entfaltung fader Virtuosenkünste bestimmten Form hatte Beethoven ein poetisches Kunstwerk gemacht, und Brahms wandte die ganze Fülle seiner reichen Phantasie und das mächtige Rüstzeug seiner staunenswerthen Kunstfertigkeit daran, diese Form zu einem Kunstgebilde ersten Ranges zu erheben. Schon der Scharfblick, mit welchem er seine Variationen-Themata wählte, ist bemerkenswerth.

Den Orchestervariationen liegt ein aus einem Haydnschen (ungedruckten) Divertimento für Blasinstrumente stammendes und »Chorale St. Antoni« benanntes Thema zu Grunde.

In der Instrumentation des Themas hat Brahms, der ursprünglichen Form entsprechend, ausser Contrabässen (pizz.) keine

Streichinstrumente verwendet. Die Naivetät und Volksthümlichkeit, welche die Molodie an und für sich charakterisiren, machen durch die überraschende fünftaktige periodische Gliederung des ersten Theils einen noch stärkeren Eindruck. Ueber das Verhältniss des Themas zu den Variationen bei Brahms darf füglich bei dieser Gelegenheit an ein sehr treffendes Wort Bülows erinnert werden: »Das Thema hat nicht viel mehr zu bedeuten, als das Titelblatt eines Buches für den Text.«

Sehr geistvoll verwendet Brahms die letzten Noten des Themas (das fünfmal wiederholte b) in der ersten Variation, um eine glockenartige Wirkung hervorzubringen. Immer neue, reizvolle und durch ausserordentlich feine kontrapunktische Arbeit die Aufmerksamkeit unausgesetzt fesselnde Tonbilder ziehen in den folgenden Variationen in buntem Wechsel der Tonart und des Charakters an uns vorüber: die lebhafte 2. in B-moll, die ausserordentlich liebliche 3., das Oboen- und Hornsolo der 4. ($^3/_8$ Takt), die scherzoartige 5., deren $^6/_8$-Rhythmus (in den Bläsern) sich im 7. und 8. Takt mit einem $^3/_4$-Takt (Achtelbewegung) in den Streichern vereint; die kräftig und energisch gehaltene 6. (Blechinstrumente!) findet ihr liebliches Gegenstück in der folgenden graziösen Sicilienne, (Var. 7), die 8. Variation ist im Charakter eines Moll-Scherzo (Violinen con sordini, Holzbläser und Hörner) gehalten: es sind luftige Schattengebilde, die im schnellen Lauf vorüberziehen. Dem flüchtigen Bilde folgt ein ernstes, streng-gehaltenes: ein auf einen ostinaten, d. h. sich hartnäckig wiederholenden Bass:

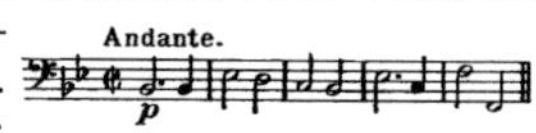

aufgebautes Finale. Allmählich finden sich Anklänge an das Thema ein, immer bestimmter werdend, bis es endlich mit siegender Kraft einsetzt. So gelangt das Ganze zu einem äusserlich glänzend bewegten, innerlich aber tief beruhigenden Abschluss.

Mit dem Erscheinen der ersten Symphonie in C-moll (Op. 68, 1877) erfüllte sich die brennende Sehnsucht und die langjährige Hoffnung der Verehrer des Meisters. Gleich mit seinem ersten Werke erwies er sich, trotz Mendelssohn und Schumann, als den ersten und einzigen der neueren Musiker, der in der Folgerichtigkeit und Struktur des musikalischen Satzes, in der Erfindung und Behandlung des thematischen Materials und in der gänzlichen Verzichtleistung auf das, was auf den Beifall der grossen Menge abzielt und dem Gewöhnlichen sich nähert, mit Beethoven zu vergleichen ist. Dass unter solchen Umständen die Symphonien einen leichten und schnellen Eingang beim grossen Publikum finden würden, erwartete er selbst am allerwenigsten. Ihm genügte es, dass er vor seiner eigenen — sicherlich der strengsten — Kritik bestand. Wenn ihm dann auserlesene, vorurtheilslose Geister zustimmten, so war ihm vorläufig genug geschehen. Und unter diesen Auserlesenen fand sich bald der Auserlesenste, der scharfsinnigste und feinfühligste aller Musiker: Hans v. Bülow, der, seitdem er Brahms' erste Symphonie kennen gelernt hatte, mit einem Mal aus seiner bisher dem

Componisten gegenüber beobachteten Reserve heraustrat und ihn auf den Schild erhob.*) Die höchst interessante, in echt Bülow'schen Gedankensprüngen gehaltene Notiz über den Symphoniker Brahms findet sich in dessen »Reiserecensionen«. Bülow spricht (Ende October 1877) von dem zweiten Violinconcert eines bekannten Componisten, dessen Namen dieselben zwei Anfangsbuchstaben trägt, wie der Name des jüngsten Symphonikers:

»Erst seit meiner Kenntniss der zehnten Symphonie, alias der ersten Symphonie von Johannes Brahms, also erst seit sechs Wochen, bin ich so unzugänglich und hart gegen Br(uch)-Stücke und dergleichen geworden. Ich nenne sie die zehnte, nicht, als ob sie nach der »neunten« zu rangiren wäre; ich würde sie eher zwischen die zweite und die »Eroica«

Bülow und Brahms.

stellen, ähnlich wie ich behaupte, dass unter der ersten (C-dur) nicht die von Beethoven, sondern die von Mozart componirte, unter dem Namen Jupiter bekannte, zu verstehen sei . . . «

Mit seiner ersten Symphonie hat Brahms deutlich gezeigt, dass der absolute symphonische Gehalt nicht mit der »Neunten« erschöpft und eine Rückkehr zur alten vormärzlichen symphonischen Form einen Rückschritt in

*) Dieser an und für sich so selbstverständlichen und ebenso sehr aus Bülow's eigenstem Wesen als aus dem der Brahms'schen Symphonie erklärlichen Thatsache ist neuerdings durch Weingartner (Die Symphonie nach Beethoven, Berlin 1898, S. 34) ein sehr seltsamer Commentar gegeben worden. W. sagt: »Bülow wäre überhaupt nicht dazu gekommen, für Brahms Propaganda zu machen, wenn der für ihn schmerzliche, für die gesammte Entwickelung unserer öffentlichen Kunstpflege so tief beklagenswerthe Bruch mit Wagner nicht erfolgt wäre.« Soviel Worte, soviel Unrichtigkeiten, die niemand energischer und

der Kunst bedeute. Er wies mit jedem Takte seines neuen Werkes nach, dass die alte symphonische Form trotz der Neunten noch lebenskräftig und ausgiebig genug sei, wahrhaft künstlerischen Inhalt in sich aufzunehmen und zu bewahren, vorausgesetzt, dass ein starkes Talent, von Haus aus in den Satzungen der Kunst gebildet, und doch frei und ledig des Zwanges formalistischer Regeln, diese Form überhaupt zu handhaben wisse und nicht vorzöge, sie in eitler Selbstüberhebung zu zerbrechen, ohne aus eigener Kraft — wie es Wagner gelungen war — einen wirklichen Ersatz dafür zu bieten. — Wie ernst es grade Brahms mit seinem symphonischen Erstlingswerke war, dafür legt jede Note ein Zeugniss ab. In keiner anderen Symphonie begegnen wir einer so skrupulös sorgfältigen Wahl der Themen, einer so fein ausgeglichenen Arbeit, einer so sorgsam abgestuften Instrumentation, einem so wohl durchdachten, zielbewussten Streben, einer so consequent durchgeführten Grundidee, wie in dieser. Hört man die Einleitung zum ersten Satze, beobachtet man, wie sich aus vier einzeln nacheinander und zögernd auftretenden Motiven das erste Hauptthema mit eiserner Energie zusammen schliesst, so hat man ein Bild des Künstlers, der vor dem schwierigsten Beginnen stehend, seine ganze Kraft sammelt und im stolzen Selbstgefühl, dass er vollbringen könne, was er wolle, an sein Werk geht:

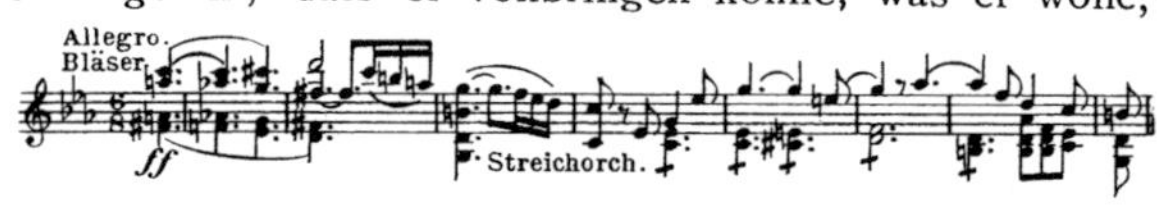

Und leicht hat er sich seine Aufgabe wahrlich nicht gemacht. Nur ein Beispiel davon: das zweite Thema:

findet sich bereits in seinen wesentlichen Bestandtheilen als Bassstimme in der Einleitung zum Hauptthema, während dem Seitenthema hinwiederum das Hauptthema sich als begleitende Stimme beigesellt. Von bezaubernder Anmuth ist das »Andante sostenuto«

mit seinem in reizvoller Mannigfaltigkeit ausgeführten Cis-moll-Mittelsatze; nicht minder das »Allegretto«, bei dessen achttaktigem Hauptthema die letzte Hälfte das Spiegelbild (die Umkehrung) der ersten zeigt. Auffällig ist Brahms' Verzichtleistung auf einen feurigen Scherzo-Satz. Er vermied ihn, um dem Finale die rechte Wirkung zu sichern. Das letztere beginnt in C-moll mit dem Hauptthema, aber in derjenigen Form, die nach den contra-

---

gründlicher zurückgewiesen hätte, als Bülow selbst, wäre er noch am Leben gewesen, als diese Worte gesprochen und geschrieben wurden. Zwischen Bülows Bruch mit Wagner — wenn man das Auflösen persönlicher Beziehungen infolge tragischer Verkettungen mit solchem Ausdruck bezeichnen will — bis zum Erscheinen der Symphonie waren bereits neun volle Jahre verflossen! Die Symphonie erschien 1877; October desselben Jahres hatte Bülow die Partitur erhalten, studirt und sich sofort mit Begeisterung dem neuen Symphoniker, dem neuen Beethoven zugewandt. Die classische Neuheit des aus Beethoven'schem Geiste geborenen Werkes war eine vollkommene Ueberraschung für ihn und Bülows offener, ehrlicher Charakter zögerte nicht, dem Manne, dem er bisher nicht gerade fremd, aber doch mit einiger Reserve gegenübergestanden hatte, seine vollste und aus innerster Ueberzeugung kommende und von persönlichen Rücksichten vollkommen freie Anerkennung auszusprechen. Hatte er selbst doch bereits 1854 (vgl. S. 10) seiner Mutter geschrieben: »J'attendrai ses manifestations.« Die erste Symphonie war diese erste Brahms'sche Manifestation. Im übrigen hat die inneren und innigsten Beziehungen Bülows zu Wagner'scher Kunst — und das ist doch wohl bei solchem Künstler die Hauptsache — nie der Schatten eines Hauches getrübt. Das weiss die ganze Welt; Brahms kann also niemals für Bülow ein — schwächlicher — Ersatz für den »verlorenen« Wagner gewesen sein.

MAX KLINGER, DER BEFREITE PROMETHEUS.

Verkleinerte Wiedergabe aus »Brahms Phantasie«.
Verlag der Hofkunsthandlung Amsler & Ruthardt, Berlin.

punktischen Gesetzen für die Beantwortung eines Fugenthemas massgebend ist:

das Thema lautet nämlich:

Wie in der langen Moll-Einleitung das Horn (mit leisem Anklang an Schuberts C-dur) mit der Dur-Terz einsetzt, wie unter bestrickenden Klangfarben (Violinen und Holzbläser) der allmähliche Eintritt des Hauptthemas sich vorbereitet,

wie dieses endlich selbst in seiner ganzen stolzen Pracht siegesbewusst einherschreitet und immer wieder, nachdem die Motive des stürmischen Seitensatzes es zeitweise verdrängt, mit seiner vollen gesättigten Klangfarbe sich hindurchringt, das ist unvergleichlich gross und edel empfunden und seit Beethoven beispiellos *).

Billroth[45]) spricht sich in seiner anmuthigen Art über das Finale so aus:

»Was nutzt die vollendete klare Schönheit des Hauptmotivs in seiner thematisch geschlossenen Form. Zuletzt kommt doch wieder das Horn mit seinem schwärmerischen Sehnsuchtsschein wie in der Einleitung und alles zittert in Sehnsucht, Wonne und übersinnlicher Sinnlichkeit und Seligkeit.«

Das Bild des befreiten Prometheus und des jugendlichen, kraftstrotzenden Herakles, wie es dem Meistergriffel Max Klingers entstammt, bildet wohl die treffendste Parallele zu diesem Meisterstück der symphonischen Literatur.

Die zweite Symphonie (Op. 73, 1878) reicht bei weitem nicht an die Gedankentiefe und Gewalt der Empfindung in der ersten heran; man könnte sie eher als den Ausdruck ruhiger, behaglicher Freude über das Gelingen der ersten, so hoch pathetischen ansehen.

Wie etwa Beethovens »Eroica« zu der ihr folgenden B-dur-Symphonie, oder zur Pastorale, so verhält sich Brahms' C-moll zur D-dur. Jene ein »Epos«, diese ein »Märchen«. So ungefähr drückt sich recht bezeichnend H. Deiters aus. Die Themen, insbesondere das Hauptthema des ersten Satzes sind weit ausgesponnen.

Damit sind sie in ihrer ganzen Struktur zur contrapunktischen Verwendung minder geeignet; aber der Componist ersetzt diesen Mangel durch um so mannigfaltiger gestaltete Seitenmotive und durch kontrapunktische Verarbeitung einzelner thematischer Bestandtheile sowie durch reizvolle Varianten des Hauptthemas; in der Coda concentrirt sich die ganze Anmuth dieses Satzes zu einem einzigen Gesammtbilde! Man sieht: die zweite Symphonie bewegt sich in einer ganz anderen Sphäre. Auch der träumerische zweite Satz bewahrt im Ganzen einen freundlicheren Charakter, der am schönsten in der Fis-dur-Stelle ($^{12}/_{8}$ Takt) zum Ausdruck kommt. Trotz des oftmaligen rhythmischen Wechsels weht durch das Ganze ein einheitlicher, und zwar traumartiger, ahnungsvoller Zug. Eine von Brahms neu eingeführte Form zeigt der dritte Satz: den Wechsel eines langsamen, menuettartigen

*) Wer je eine Aufführung der C-moll-Symphonie unter der Leitung des mit Brahms'scher Art und Kunst vertrautesten Kapellmeisters, des Generalmusikdirektors Steinbach in Meiningen, gehört hat, wer den geradezu beispiellosen Enthusiasmus erlebt hat, von dem das Publikum — ohne Ansehen der musikalischen Partei — einmüthigst hingerissen wurde, den wird Weingartner's Urtheil über diesen Satz (a. a. O. S. 35) nicht beunruhigen.

Satzes — beiläufig gesagt von bestrickender Grazie — mit einem schnellen, in grader Taktart gehaltenen Satze, dessen Hauptmotiv die Umgestaltung der ersten Melodie ist:

Noch ein zweiter, im $^3/_4$-Takt gehaltener Zwischensatz stellt sich ein, der seinen Ursprung aus der Hauptmelodie ebenfalls nicht verleugnen kann. Leise, aber von grosser innerer Spannung getragen, beginnt das Finale. Nach der überraschend eingeleiteten Forte-Wiederholung des Anfanges folgt ein behäbig heiteres Seitenthema:

das in seinen einzelnen Bestandtheilen und in mannigfaltigster Verwebung mit den anderen Motiven den Hauptinhalt dieses Satzes bildet. Wenn übrigens Bülow einmal (in seinen skandinavischen Concertreiseskizzen) Brahms »den Erben Luigis und Ludwigs«, d. h. Cherubinis und Beethovens nennt, so scheint das erstere mit besonderer Beziehung auf diesen filigranartig, also in Cherubinis Manier, gearbeiteten Satz gesagt zu sein; das andere versteht sich nach dem über die Variationen, die erste Symphonie u. A. Gesagten von selbst. —

Der grosse, allgemeine Erfolg, den diese Symphonie bei ihrer ersten Aufführung in Wien unter Brahms' persönlicher Leitung (am 10. Januar 1878) sich errang, war ein handgreiflicher Beweis gegen die von Seiten Wagnerischer Heisssporne, in völliger Verkennung des Sinnes ihres eigenen Meisters, ausgesprochene und oben bereits erwähnte Ansicht: Seit Beethovens »Neunter« sei der Inhalt der Symphonie erschöpft, und diese selbst ohne Existenzberechtigung. Solche Theoreme konnten nur zur Folge haben, dass sich unausgereifte Componisten-Gemüther auf die »Symphonische Dichtung« stürzten und mit der Verachtung der ewig geltenden, den wahrhaft genialen Künstler keineswegs in beengende Fesseln schnürenden Gesetzen der Kunst die erste grosse Heldenthat vollbracht zu haben glaubten. Sie verachteten, was sie nicht kannten, versuchten, was sie nicht konnten. Ihr übermüthiger Spott über Brahms'sche Symphonien war die kindische Freude der Lehrbuben, die sich Hans Sachsens Wort: »das sagt euch nur, wer nichts weiss von der Tabulatur« in ihrer Weise zurecht gelegt hatten. Mit den beiden ersten Symphonien hat Brahms unbestreitbar seinen grössten »moralischen« Sieg errungen: nicht, wie übereifrige Parteigänger unseres Meisters wähnten, über Wagners Kunst — die einem ganz anderen Gebiete angehört — sondern über die Schmähreden einzelner »Wagnerianer«, die die »Symphonie« seit Beethoven als abgethanes Möbelstück der musikalischen Rumpelkammer überweisen wollten.

Den ersten zwei Symphonien folgte ein Ouverturen-Paar: »Die Akademische« und »Die Tragische« (Op. 80 und 81, 1881). Die Tragische, der Opuszahl nach die spätere der beiden, entstand zuerst. Ihr liegt keine bestimmte tragische Heldengestalt als programmatischer Vorwurf zu Grunde; sie soll nur die im allgemeinen sich gleichbleibende Grundstimmung der Tragödie (etwa im Sinne eines Aristoteles oder Lessing) wiederspiegeln. Grösse, Erhabenheit, tiefer sittlicher Ernst sind Grundzüge eines tragischen Helden; schwere Verkettungen, die ein unerbittliches Schicksal ihm auferlegt, lassen ihn schuldig werden; die Schuld sühnt der tragische Untergang, der als eine »Reinigung der Leidenschaften« erschütternd, Furcht und Mitleid zugleich erweckend, auf die Menschheit wirkt, dem Helden selbst aber Versöhnung und Erlösung bringt. Die tragische Ouverture beginnt mit einem leidenschaftlichen Thema, dessen zweiter Theil (von Takt 5 ab) einen marschartigen Charakter annimmt:

Eine schwermüthig düstere Stelle, lastend wie ein Verhängniss:

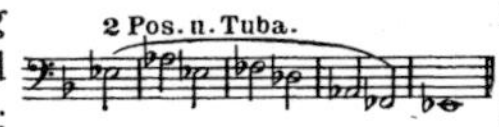

leitet den Seitensatz ein:

dem in üblicher Form die Durchführung folgt. Ganz originell ist die Wiederholung des Anfangs geformt: die zweite marschartige Hälfte des Themas ist weit ausgeführt und führt die Wendung nach der versöhnenden Dur-Tonart herbei. Der mit herbem D-moll scharf und schneidend einsetzende Schlusstheil zeigt uns den Fall des Helden und erweckt jenes Gefühl »tragischer Furcht«.

Wie der Tragödie das Satyrspiel, so folgte der »Tragischen« die »Akademische Fest-Ouverture«. Bei ihrer ersten Aufführung in Breslau (4. Jan. 1881) nahmen Rektor und Senat der Universität, desgleichen die Vertreter der philosophischen Facultät die ersten Saalreihen ein. Brahms dirigirte persönlich sein Werk und stattete damit der Facultät den »geziemenden« Dank für die Ehrenpromotion zum philosophischen Doctor ab.[46]) Genialer hat nie ein Graduirter für eine solche Ehrenbezeugung gedankt. Glänzender hat nie ein Componist gezeigt, dass um ein gutes, Kenner wie Laien gleich fesselndes Kunstwerk hervorzubringen, es weniger einer genialen Erfindungskraft, als einer geschickten kunsterfahrenen Hand und vor allem einer gehörigen Dosis Witz, Schlagfertigkeit und Kunstverstand bedarf. Das Werk beginnt mit einem prickelnden Motiv in C-moll, von Violinen staccato vorgetragen:

Das Motiv verdankt seinen Ursprung den ersten Takten der später eintretenden Melodie des Binzerschen Burschenschafter-Liedes: »Wir hatten gebauet« (= »Ich hab' mich ergeben«). Unmittelbar darauf setzt das erste Motiv mit feurigem Schwunge im vollen Orchesterklange in C-dur ein, kehrt wieder zum Burschenschafter-Liede zurück und geht beim Eintritt des E-dur in die Melodie des »Landesvaters« über: »Hört, ich sing' das Lied der Lieder«; als Seitenthema tritt plötzlich, vollkommen überraschend und durch seinen drolligen Humor (2 Fagotte, von Violoncelli und Bratschen pizzicato begleitet) höchst ergötzlich wirkend, das »Fuchslied« ein: »Was kommt dort von der Höh'«. All diese Lieder oder aus Liedern abgeleiteten Motive werden mit vollendeter Kunst mit einander verbunden und den Regeln der alten Schule gemäss und doch nichts weniger als mit pedantischer Schulfuchserei durchgeführt, bis nach der Steigerung gegen den Schluss hin als allgemeiner Jubel- und Festgesang (in der Weise des »God save the King« in Webers Jubelouverture) das »Gaudeamus« einsetzt, von auf- und abwirbelnden Passagen der Violinen, dann der tiefen Saiteninstrumente begleitet. Brahms hatte gemeinsam mit Joachim die Freuden des Studentenlebens in Göttingen kennen gelernt; aus der Akademischen Fest-Ouverture klingt der Nachhall »alter Burschenherrlichkeit«!

Ein ähnlicher, rüstig heiterer Frohsinn waltet und webt in der dritten Symphonie in F-dur (Op. 90, 1884). Es ist der Frohmuth des leidenschaftlich erglühenden Künstlergemüths, das im Vollgefühle seiner Kraft und in der Freudigkeit künstlerischen Schaffens der Welt die reichen Schätze seines Innersten offenbart. Die Themen sind weiter ausgesponnen, in grossen schwungvollen Linien gehalten, trotzdem aber ausserordentlich prägnant und von blühender Gestaltungskraft. Zwei präludirende Takte, die in der weiteren Entwicklung das Gegengewicht zu dem feurigen Hauptthema bilden und in ausgiebigster Weise zu thematischer Aus- und Durchbildung kommen,

geben dem ganzen ersten Satze das Gepräge einer edlen, hochgemuthen und selbstbewussten Empfindung.

Mit dem Starken verbindet sich das Zarte:

und das Anmuthige:

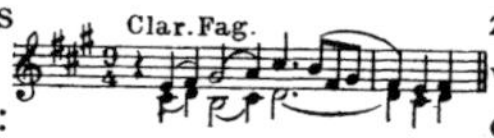

zu wundervoller Harmonie. In der Durchführung sinkt ein leiser Moll-Schleier über dieses heitere, farbenprächtige Bild; das Horn mit den ersten beiden Takten des Hauptmotivs ist hier wie in der C-moll-Symphonie der Wecker zum Streit, der mit einer genial eingeleiteten Wiederholung des Hauptthemas siegreich beendigt wird. Ganz herrlich und reich an Ueberraschungen ist der auf jene beiden oft erwähnten Takte ausklingende Schluss. — Einfach und schlicht giebt sich der Anfang des »Andante«. Gänzlich leidenschaftslos beginnt er:

Auch der Mittelsatz verläuft ohne Erregung. Eine harmonisch sehr interessante Stelle:

klingt wie verstecktes heimliches, neckisches Liebesgeflüster. Auch der dritte Satz (Poco Allegretto) darf nicht zu trüb und ernst gefasst werden.

Es ist eine Liebeswerbung, bald schmeichelnd und zärtlich, bald glühend leidenschaftlich und — Erhörung erwartend.*) Es ist mit Nachdruck zu betonen, dass Bülow diesen Satz stets in ziemlich lebhafter Bewegung nahm. Das »Finale« beginnt phantastisch:

Wieder sind es luftige Spukgestalten, die vorüberziehen; Choralgesang ertönt aus der Ferne (Posaunen), dann aber entbrennt wilder Kampf, der sich in grotesken, kurz abgerissenen und eigenartig zersplitterten Motiven in den Violinen am deutlichsten ausspricht; dazwischen immer wieder das Motiv der Posaunen in gewaltiger Steigerung, die zu einer endlichen Lösung hindrängt. In einer Hornfanfare:

kündigt sie sich an! Die beiden Hauptthemen streifen plötzlich beim Eintritt eines »Sostenuto« ihren wilden Charakter ab und erscheinen friedlich und verklärt wie sanftes Abendroth nach dem Sturme des Tages. Ihnen gesellt sich das Motiv der ersten Takte des ersten Satzes bei, das dementsprechend das Alpha und Omega dieser Symphonie ist. Am 3. Februar 1884 wurde sie unter des Componisten Leitung in Meiningen zum erstenmal (zweimal an demselben Abend!) aufgeführt.

Einfacher in ihren Grundgedanken, übersichtlicher in der Gruppirung, nicht so hinreissend in ihrem Schwunge, aber abgeklärter und tiefer

*) Weingartner meint (a. a. O. S. 39), dieser Satz sei in der Erfindung nichtssagend, unbedeutend und erinnere oft an die »schwächeren Mendelssohn'schen Lieder ohne Worte«. Das klingt genau so, als wenn Hanslick Tannhäusers Lied im Venusberg einen »schwächlichen Bänkelsang« nennt.

in ihrem Empfindungsgehalt ist die Vierte Symphonie in E-moll (Op. 98, 1886).*) Wiederum ein Werk für wenige, aber auserlesene und verständnissvolle Hörer! In balladenartigem Tone beginnt sie:

Schmetternde Hornfanfaren und Schmerzensrufe unterbrechen die Erzählung, die in eine sehr innige Seiten-Melodie (H-dur, Violoncelli) übergeht. Die Motive, namentlich das fanfarenartige, wechseln Farbe und Gestalt. Das letztere »bald kräftig, gebietend, bald kosend, zärtlich, neckisch und heimlich, bald fern, bald nah, bald eilig, bald sich ruhig ausbreitend — immer kommt es überraschend und stets willkommen, bringt es Freude und giebt dem Gang des Satzes dramatischen Schwung«[47]). Auch den zweiten Satz beherrscht ausschliesslich — in mannigfaltigen Veränderungen wiederkehrend — ein Motiv:

aus dem die Hauptmelodie:

wie die Staccato-Figur der Bläser und die daraus wieder abgeleitete Gesangsmelodie der Violoncelli ihren Ursprung nehmen. Das folgende »Allegro giocoso« spielt mit alterthümlichen Harmonien, die nicht zu ernst zu nehmen sind.

Anders ist es mit dem Finale, einer kunstgerechten Ciacona alter Form, aber — im guten Sinne — modernen Inhalts. Die ersten acht Takte geben das »Titelblatt« der Ciacona. Alles Folgende sind Variationen zu dem Grundthema; bei den ersten drei dominiren die Bläser, dann treten Streichinstrumente ein; die Bewegung wird lebhafter, Clarinette und Oboe leiten nach E-dur über und nun folgt der weihevolle Höhepunkt dieses Satzes, die Posaunenstelle:

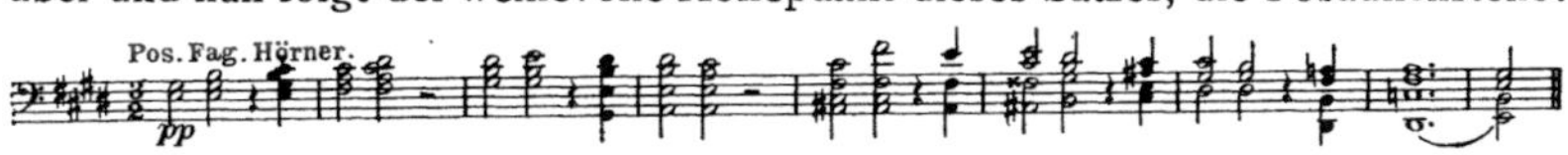

Nach der Fermate tritt das alte Thema wieder ein und steigert sich zu höchster Kraft, die in dem Più Allegro des Schlusses ihren Ausdruck findet. —

Den Symphonien des Meisters schliessen sich mühelos, weil gänzlich wesensverwandt, die Concerte an, die man ja häufig genug und mit vollem Rechte »Symphonien« mit einer Principal-Solostimme genannt hat. In der chronologischen Reihenfolge zunächst: das Violinconcert (Op. 77, 1879) nicht bloss in der Tonart, sondern auch im Geiste des Beethoven'schen Violinconcertes gehalten und doch absolut selbständig nach Inhalt und Form. Auch wenn man nicht wüsste, was auf dem Titelblatt zu lesen ist: »Joseph Joachim zugeeignet«, — das aufmerksame Studium der Principalsstimme würde sofort erkennen, mit welch sicherer Hand die Anlage des Ganzen, wie die Ausführung im Einzelnen Joachims Eigenart angepasst ist. Wie Hanslick ungemein zutreffend sagt, ist das Werk »eine reife Frucht der Freundschaft zwischen Joachim und Brahms«. Am Neujahrstage 1879 wurde es im Leipziger Gewandhause zum ersten Male zu Gehör gebracht. — Wie das

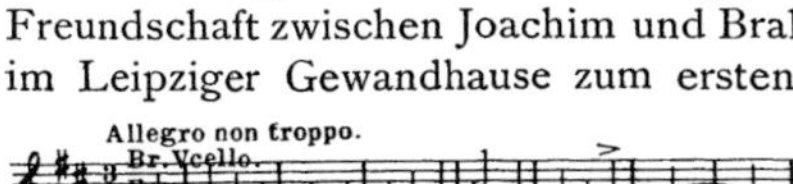

herrliche erste Thema mit etwas pastoraler Färbung, welches zuerst in der Orchester-Einleitung erklingt, dann im

*) Für Weingartner (a. a. O. S. 43) ist die IV. Symphonie »ein leeres Tongerüst«. An die etwas ausgeklügelten Beziehungen zu zwei Takten aus Händels Messias, die Hugo Riemann dem ersten Satze vindicirt (vergl. seine Analyse dieses Werkes), kann ich nicht recht glauben.

Verlauf der Einleitung durch andere Motive verdrängt wird, und erst in der grossartig entwickelten Einleitungscadenz der Solo-Violine allmählich in den Holzbläsern und Streichern sich durchringt, bis es endlich, von dem Solisten in der höchsten Lage aufgenommen, zu schönster Geltung gelangt, — das allein schon verräth die Hand des Meisters. Aus dem reichen thematischen Material seien hier nur zwei Motive als wichtige, formbildende Elemente erwähnt, ein schmeichelnd zartes:

und ein straff rhythmisirtes energisches:

Der Satz schliesst mit einer dem Spieler offen gelassenen Cadenz, die in das Hauptthema überleitet und schliesslich in einer kurzen Stretta verläuft. Ein Satz von seltener Klangschönheit und Innigkeit ist das Adagio, im Charakter eines Serenaden-Satzes. Das lang ausgesponnene, zuerst von Holzbläsern gebrachte Thema:

wird von der Violine ganz eigenartig variirt, indem sie den ersten Takt zu einem Doppeltakt erweitert:

Der in Fis-dur gehaltene Mittelsatz ergeht sich breit in einer elegisch gefärbten, ausdrucksvoll colorirten Cantilene. Die Rückwendung nach der Haupttonart bringt dann auch das Hauptthema (s. oben) wieder. Der Schluss verhaucht im leisesten Pianissimo. Der letzte Satz, ein Rondo, beginnt in übermüthigem »Allegro giocoso«:

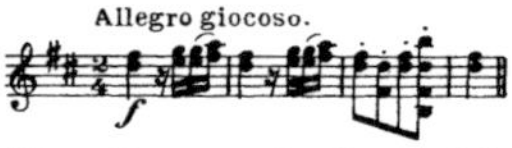

Als Alternativ hierzu tritt, von der Principal-Violine intonirt, das Motiv ein:

das alsbald (von Fagotten und Contrabässen) mit der Umkehrung beantwortet wird und den eisernen Bestand der Durchführungssätze bildet. Ganz überraschend wirkt die originelle Umgestaltung des Hauptthemas zu einer sehr zarten Cantilene:

Die Coda endlich zeigt dasselbe Motiv in einer dritten Gestalt ($^6/_8$-Takt). Man sieht auch hier wieder die erstaunliche Umbildungsfähigkeit Brahms-scher Themen und die sich nimmer erschöpfende Gestaltungskraft des Meisters.

Die Anforderungen, die das Concert an die Technik des Spielers, namentlich im doppelgriffigen Spiel, stellt, sind enorm; nicht minder gross die Schwierigkeiten hinsichtlich des richtigen Verständnisses und der Auffassung. Deshalb allein ist das Werk immer noch eine Seltenheit auf unsern Concertprogrammen. Nächst Joachim sind Halir, Marie Soldat, Brodsky u. a. diejenigen Künstler gewesen, die das Concert wiederholt mit grossem Erfolg gespielt haben. Leichter verständlich und deshalb auch öfter gespielt ist das zweite Clavierconcert (Op. 83, 1882), »seinem theuren Freunde und Lehrer Ed. Marxsen zugeeignet« — der Dank des Schülers an den Lehrer! Am zweiten Weihnachtsfeiertage 1880 spielte es der Componist zum ersten Mal in einem Philharmonischen Concert in Wien. Später nahm es Bülow, als Intendant der Meininger Hofcapelle (seit 1. October 1880), unter seinen besonderen Schutz und spielte es wiederholt ohne Dirigenten. Beide Concerte, D-moll und B-dur, kamen, von Bülow unter des Componisten Leitung gespielt, in einem »Brahms«-Concerte der Berliner Philharmonie mit ungeheurem Erfolg zur Aufführung. Wie das D-moll-Concert, so ist sein jüngeres Geschwister eine Symphonie mit obligatem Clavier. Hierfür spricht die Vermehrung der üblichen drei Concertsätze auf vier, vor allem aber die durchaus dem Ganzen sich unterordnende und niemals durch Bravour-Passagen sich hervordrängende Principalstimme. Der erste Satz entquillt fast ganz dem Anfangsmotiv des Hornes:

die folgenden zwei Sätze: Allegro passionato (in D-moll) und Andante (B-dur) sind strenge Gegensätze. Jener trägt nicht bloss die Tonart, sondern auch den aufgeregt leidenschaftlichen Charakter des ersten Clavierconcertes, dieser, von einer Violoncello-Cantilene eingeleitet, ist ein Friedensgesang, der seine schönste Entwicklung in einem sanften, weichen Ges-dur-Mittelsatze nimmt. Das letzte Rondo (in B-dur) mit seinem pikanten ungarischen Nebenthema (in A-moll) ist von zündender Wirkung.

Zwischen dem ersten und zweiten Clavierconcert liegen 22 Jahre. Damals kämpfte Brahms mit allen Bitternissen des Lebens; die ärgsten Enttäuschungen und Schicksalsschläge hagelten auf den Jüngling nieder, der einer Riesenkraft bedurfte, um angesichts der hohen Mission, die ihm Schumann vor aller Welt angewiesen, nicht zaghaft zusammen zu brechen. Dem Brahms des B-dur-Concerts war bereits in schönstem Maasse zu Theil geworden, was er damals entbehrte und ersehnte; »ohne die kleinste Untreue gegen sich selbst zu begehen, war er nicht bloss ein grosser, sondern ein verehrter und geliebter Künstler geworden, ein verehrter und geliebter Mensch. Daher jener glückliche und beglückende warme Sonnenschein, der nunmehr aus seiner Musik hervorbricht . . .« (Hanslick.)

Billroths Bericht über das Concert in einem Briefe an Lübke darf an dieser Stelle nicht fehlen:

»Das Concert ist von grossartiger Schönheit, mit colossalen figuralen Schwierigkeiten, doch lang, vier lange Sätze. Der zweite Satz: Allegro appassionato in D-moll könnte nach meiner Empfindung ganz gut fortbleiben; so schön und interessant er ist, scheint er mir doch nicht nöthig. Ich habe ihn darüber interpellirt; er sagte, der erste Satz schiene ihm gar zu simpel, er brauche vor dem ebenfalls einfachen Andante etwas kräftig Leidenschaftliches. Nun, Du wirst ja die Simplicität des ersten Satzes hören. Freilich ist das Anfangsmotiv einfach, aber was wird daraus! Es bäumt sich zu einem Gebirge auf! Der letzte Satz ist besonders interessant; es stecken, wie auch so oft bei Schubert, ungarische Motive darin, eine Menge neuer melodischer und rhythmischer Motive. Er hat das Concert für zwei Flügel gesetzt. Brüll vertrat auf dem zweiten Flügel das Orchester; Hanslick und ich waren die Zuhörer.«

Das Doppelconcert für Violine und Violoncello (Op. 102, 1888) ist wohl die schwerste Kost, die Brahms auf dem Gebiet symphonischer Musik uns vorgesetzt hat. Den concertirenden Instrumenten (im Brahmsschen, nicht im gewöhnlichen Sinne gesagt) steht die Wucht des Orchesters gegenüber; so discret es auch behandelt sein mag und so viel Spielraum auch der Entfaltung des polyphonen Satzes, in welchem die Solo-Instrumente sich bewegen, nach Brahmsschen Verhältnissen gegeben ist, es ist fast zu viel Polyphonie, und die Stimmung wird auf die Dauer dunkler und trüber, anstatt dass sie sich erhellt. Zwar wirkt der zweite Satz (Andante D-dur, $^3/_4$-Takt) aufklärend und auch dem dritten mit dem zierlichen vom Violoncello intonirten Thema sind hellere Lichter aufgesetzt (die C-dur Stelle in Doppelgriffen, später in A-dur wiederholt und zu einem stimmungsvollen Poco meno Allegro erweitert), aber die Klangfarbe bleibt immer etwas grau in grau und dementsprechend die Stimmung.

Etwas mehr als die Hälfte aller Brahmsschen Lieder für eine Singstimme und Clavier (im Ganzen etwa, einschliesslich der »Mondnacht« 196) fallen in die soeben behandelte Blüthezeit seines künstlerischen Schaffens, in die Jahre 1882—1888. Es sind 98 Lieder auf 16 Hefte vertheilt. Die Reihe eröffnen zwei Hefte Daumerscher Poesien (Op. 57, 1871). Lieder »ungemessner« Sehnsucht und heisser Liebesqual, an künstlerischer Vollendung durchweg den Magelonen-Romanzen ebenbürtig, an tiefgehender Wirkung im Einzelnen ihnen noch überlegen. Erwähnt seien nur als äusserste Höhepunkte: »Wenn du nur zuweilen lächelst«, »Ach wende diesen Blick« mit dem in grossartigem, tragischem Stil gehaltenen Mittelsatze: »wenn einmal die gequälte Seele ruht«; ferner das in wilder Leidenschaft erglühende: »In meiner Nächte Sehnen«, sodann: »Unbewegte laue Luft«, das letztere mit einer wahrhaft entzückenden Detailmalerei in der Begleitung (»durch die stille Gartennacht plätschert die Fontäne nur«). Op. 58 (1871) enthält ausser Gedichten und Uebersetzungen von A. Kopisch (unter denen »Während des Regens« ein wirklich unbeschreiblich genial ausgeführtes Tonbild ist), M. Grohes liebeglühende Poesie: »O komme, holde Frühlingsnacht«, ein schwermüthig düsteres Gedicht von C. Candidus, zwei Gedichte Hebbels: »In der Gasse«, ein Seitenstück zu Schuberts »Doppelgänger«, und »Vorüber«, durch wundervollen Stimmungswechsel ausgezeichnet; und als letztes A. Schacks Serenade: »Leise, um dich nicht zu wecken«, ebenfalls mit entzückend ausgeführtem Stimmungswechsel (»Ist denn, liebliche Dolores»). Op. 59 (1874) beginnt mit Goethes »Dämmerung senkte sich hernieder«. Es folgen Simrocks freundlich heiteres »Auf dem See« und das »Regenlied« von Claus Groth, nebst dessen »Nachklang«; die letzteren beiden Compositionen von unübertrefflich zarter Empfindung und fascinirender Tonmalerei in der Begleitung.[48]) Das zweite Heft enthält Mörickes »Agnes«, mit dem nach dem Vorbild alter deutscher Lieder wechselnden $^3/_4$ und $^2/_4$-Takt:

Daumers »Eine gute, gute Nacht« und die beiden Daumer, wie es scheint, nachempfundenen Grothschen Gedichte: »Mein wundes Herz« und »Dein blaues Auge hält so still«, ausnahmslos Perlen deutscher Poesie und Musik in glücklichstem, harmonischem Zusammenklange.

An Kraft der Ausführung, wenngleich nicht an Eindringlichkeit der musikalisch poetischen Wirkung, wird Op. 58 noch von den beiden Liederheften Op. 63 (1874) übertroffen. Das erste Heft enthält Schenkendorfsche Gedichte, unter denen das erste: »Frühlingstrost« (»Es weht um mich Narzissenduft«) schon wegen seines complicirten Rhythmus ein musikalisches Meisterwerk genannt zu werden verdient. Das zweite Heft enthält als No. 1 und 2 »Junge Lieder« von F(elix) S(chumann), von denen »Meine Liebe ist grün« im Sturm aller Herzen gewonnen hat; sodann drei Heimweh-Lieder Claus Groths und das liebliche, an Schuberts Müller-Lieder gemahnende: »Wie traulich war das Fleckchen«, sowie (als letztes): »Ich sah als Knabe«, insbesondere aber: »O wüsst' ich doch den Weg zurück«, das zu dem Rührendsten, Ergreifendsten gehört, was Brahms geschrieben hat. —

Mit Op. 69 (1877) wendet sich Brahms wiederum dem Genre des Volksthümlichen zu. Ueber dieses und die folgenden Liederhefte spricht sich Billroth[49]) in Briefen an Hanslick so originell und zutreffend aus, dass man ihm das Wort lassen muss:

12. October 1877.

»Je öfter Du die neuen Lieder von Brahms vernimmst, um so lieber werden sie Dir werden; einige werden Dich sofort in Fesseln schlagen.

Op. 69, Heft 1 und 2, sind Mädchenlieder, blond und brünett von 16 bis 25 Jahren. Für die schönsten halte ich No. 2, 4, 8, 9. Das Gedicht No. 2 ist herrlich; es ist die schönste resignirte Trauer in Poesie und Musik.

Das Mädchen ist wohl 26 Jahre alt; Strophenlied im Volkston, es muss »gesungen«, nicht »vorgetragen« werden. Meine beiden Mädel sangen es prächtig, wenn wir Abends beim Spaziergange vom Königssee nach Hause kamen. Ich möchte statt des »con moto« lieber »commodo« oder »andante« setzen. Der Auftact muss, breit und schön klingend, wie eine süsse Erinnerung an schöne Stunden herauskommen. Das Lied muss ganz durch sich selbst, nicht durch die Sängerin wirken; es gehört volle Naivität dazu; ich möchte es nicht im Concertsaal hören.

No. 4. Achtzehnjährig, blond, üppig, die Sinnlichkeit nur als Naturnothwendigkeit, nur halb bewusst empfindend. Von bezaubernder Wirkung ist, wie der vierte Vers das Zwischenspiel nicht mehr abwarten kann, sondern in dasselbe voll Zuversicht hineinjubelt. Man vergisst diese Lieder nicht, wenn man sie einmal gefasst hat.

No. 8. Ein originelles, sechzehnjähriges, schwarzäugiges Mädchen, toll, übermüthig; sehr rasch, sehr leicht, mit natürlicher Grazie und sprudelndem Uebermuthe herauszujubeln! Die Sängerin darf keine Empfindung davon haben, wie schwer das Lied, zumal im zweiten Theile, ist; daher besser, erst ohne Begleitung zu singen, dann auswendig.

No. 9. Ein furchtbar sinnlich leidenschaftliches Lied; es muss mit Wollust gesungen werden, der Csardas immer toller und toller. Wenn das Mädchen nach diesem Lied ihren Jaro trifft, umarmt sie ihn, dass ihm alle Rippen krachen! Ich habe das Lied anfangs ernst und tragisch genommen, doch ist es nicht so gemeint, sondern der Ausdruck glühendster Sinnlichkeit, die nach »Genüge« (wie es in einem anderen Liede von Brahms heisst*) ringt.«

Von Billroth nicht erwähnt, aber doch sehr erwähnenswerth sind No. 5: »Tambourliedchen« mit dem humoristisch gehaltenen, zu sanftem Trommelwirbel gesungenen: »Blaugrau, blau sind Liebchens Aeugelein«; die erschütternde Klage um »verlorenes Glück«: »Ich rufe vom Ufer«, deren Begleitung man mit No. 9 (»Das ist ein Flöten und Geigen«) aus Schumann-Heines »Dichterliebe« vergleichen möge. Volksthümlich, aber mit feinsinniger Harmonisirung ist C. Lemckes »Ueber die See« gehalten. —

»Op. 70 und 71. Lieder für Tenor, den Verstandeskräften eines Mittelbegabten angemessen.

Op. 70, No. 1. Sehr schön im Genre der »Maiennacht«. Adelaide ist wohl der Typus dieses Genres, No. 2 phantastisch reizend, No. 3 entzückend graziös (nicht zu rasch).

Op. 71, No. 3 von zartestem Liliendluft. Mondschein.

Diese Lieder müssen mit schön hinströmenden Stimmen nicht nur gesungen, sondern »vorgetragen« werden.

Ebenso No. 4, womit ein einigermassen koketter Tenorist (es giebt solche) den meisten weiblichen Wesen den Kopf verdrehen kann, wenn er es versteht und sich das Lied auswendig begleiten kann (solche giebt es nicht). Was ich von No. 5 (Minnelied) sagen soll, weiss ich kaum. Wenn jemand wissen will, was man musikalisch süss ohne Süsslichkeit, empfindungsvoll ohne Sentimentalität nennt, so muss er dies Lied hören. Nimm Schumanns und Brahms' Schönstes zusammen, so kommt dies heraus. Sinnige Empfindung oder bewusste Sinnlichkeit, Verklärung der ersten Liebesschwärmerei; willst Du Dich berauschen, so spiele Dir das Lied einige Male vor dem Schlafengehen, es wird Dich im süssesten Traume begleiten und Dir die glücklichsten Stunden Deiner Jugend zurückrufen.«

In dem nächstfolgenden Liederwerk (Op. 72, 1877) gebührt No. 1, »Alte Liebe« (»Es kehrt die dunkle Schwalbe«), Ged. v. C. Candidus einem elsässischen Dichter und kunstgeübten Dilettanten, der Preis. Die traumhaft ängstliche Spannung: »Es ist, als ob mich leise wer auf die Schulter

*) Vgl. »Unbewegte laue Luft« (Daumer) in Op. 57.

schlug«, die dynamische Steigerung dieser ganzen Stelle bis zu dem langsamen Herabsinken bei: »ein alter Traum erfasst mich« mit dem sich weit ausbreitenden Schluss übt eine unbeschreiblich ergreifende Wirkung aus. Es folgen: »Sommerfäden« eine ziemlich unverständliche Poesie von demselben Dichter mit seiner wie Goldfäden fein gesponnenen Begleitung; das träumerisch düstere: »O kühler Wald« (C. Brentano), das ungestüm erregte: »Ich sitz am Strande« und schliesslich Goethes launiges Trinklied: »Hab' ich tausendmal geschworen.« — Op. 84 (1882) enthält ausschliesslich Dialoge; und zwar vier Gedichte von Hans Schmidt und zwei niederrheinische Volkslieder, unter denen das »Vergebliche Ständchen« für Brahms geradezu typisch geworden ist. Auch die Lieder in Op. 85 (1882) sind

Aus: »Brahms-Phantasie« von Max Klinger. Verlag der Hofkunsthandlung Amsler & Ruthardt, Berlin.

unter sich sämmtlich stimmungsverwandt: »Sommerabend«, »Mondenschein« (H. Heine), beide nach Dichtung und Composition unzertrennlich aneinander gekettet; »Mädchenlied« (»Ach, und du, mein kühles Wasser«), »Ade« (»Wie scheinen die Sterne hell«, von S. Kapper), »Frühlingslied« von E. Geibel und »In Waldeseinsamkeit«. Es sind Offenbarungen einer von dem Zauber der Natur übermächtig ergriffenen Seele, die sich nicht jedem erschliessen. Sie gewähren einen wunderbar tiefen Blick in das Innere dieses Künstlergemüthes, in dem sich die oft und viel besungenen Schönheiten der Natur (Sommerabend, Waldesrauschen u. dgl.) in ganz neuen Farben und Lichtern wiederspiegeln: viel inniger, tiefer und beschaulicher als sonst irgendwo, und darum nur dem in ihrer ganzen Pracht sich erschliessend, der dem Oberflächlichen ebenso abgewandt ist, als der »Liederdichter« Brahms. Op. 86

(1882) enthält ausser der durch Hermine Spiess bekannt gewordenen, volksthümlich heiteren »Theresa« die »Feldeinsamkeit« (H. Allmers), Brahms' Lied der Lieder, dessen Lob nimmer ausgesungen wird, und das erst vergessen werden wird, wenn der letzte Liedermund sich schliesst. Ferner: M. Kalbecks traumversunkener »Nachtwandler«, Th. Storms tief tragisches »Ueber die Haide«, Felix Schumanns schwärmerisches »Versunken«, Schenkendorfs »Todessehnen« — das herrliche Seitenstück zur »Feldeinsamkeit«.

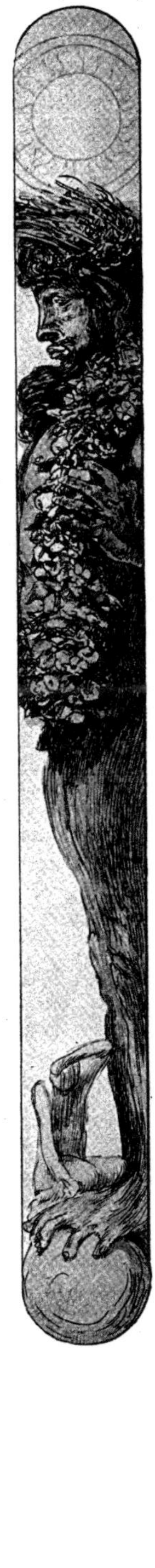

Eine ganz reizvolle Unterbrechung der langen Reihe Lieder am Clavier bildet Op. 91 (1884), zwei Gesänge für Altstimme mit Bratsche und Pianoforte: »Gestillte Sehnsucht« (»In goldenen Abendschein getauchet«) von F. Rückert und das »Geistliche Wiegenlied« (nach Lope de Vega von E. Geibel), zu dem Brahms in sehr sinniger Weise die alte Melodie: »Josef, lieber Josef mein« benutzt hat. Das letztgenannte Lied entstand schon 1864. Es war ein Glückwunsch für das Ehepaar Joseph und Amalie Joachim zur Geburt ihres ersten Sohnes, der Brahms zu Ehren Johannes getauft wurde.

»Feldeinsamkeit« aus »Brahms-Phantasie« von Max Klinger. (s. S. 70.)

In Op. 94 (1884) sind die ersten drei Lieder: »Mit vierzig Jahren« von F. Rückert, »Steig' auf, geliebter Schatten« von F. Halm und »Mein Herz ist schwer« von E. Geibel, ungefähr in der Stimmung der »Winterreise« gehalten; H. Schmidts »Sapphische Ode« — poetisch nicht ganz unanfechtbar — ist durch Brahms' wunderherrliche Composition vollkommen rehabilitirt. Das folgende Heft enthält sieben Lieder zum Theil volksthümlichen Charakters: »Das Mädchen« und »Vorschneller Schwur«, serbisch, von S. Kapper, Heyses »Italienisches Mädchenlied«, mit seiner höchst intricaten, übermüthigen Melodie; und den »Jäger« von F. Halm. Von den übrigen: »Beim Abschied«, (»Bei dir sind meine Gedanken«) von demselben Dichter, und »Schön war's, das ich dir weihte« von Daumer ist das zweite mit seiner lauschig heimlichen Begleitung das echteste! Vorwiegend Heinesche Texte liefert Op. 96 (1886), darunter das berühmte: »Der Tod das ist die kühle Nacht«, zu dem das Daumersche: »Wir wandelten wir zwei zusammen« den denkbar lieblichsten Gegensatz bildet. Ausserordentlich ergiebig ist wieder Op. 97 (1886): Zwei Gedichte C. Reinholds (»Nachtigall« und »Ein

Vögelein fliegt über den Rhein«) machen den Anfang, beide mit reizender Tonmalerei ausgestattet. Es folgt W. Alexis' allzu geharnischt auftretende »O Lady Judith« und neben Klaus Groths zartem, kleinem Stimmungsliede: »Warum denn warten« zwei der herzigsten Volkslieder, denen Brahms eigene Weisen verliehen hat: »Dort in den Wiesen« und »Dort unten im Thale«. Das letztere freilich erreicht nicht ganz die Wirkung der Original-Melodie, die Brahms in seinen deutschen Volksliedern (H. I, No. 6) mit Clavierbegleitung versehen hat.

Zwei- und mehrstimmige Gesänge mit Clavierbegleitung.

Die vier Duetten (Op. 61, 1874) enthalten ausnahmsweise keine Wechselgesänge wie Op. 28; selbst die Stimmführung ist nicht einmal polyphon. Vielmehr bewegt sich der Zwiegesang fast durchweg in paralleler Melodieführung. Dafür ist aber die Detailausführung der Gesangs- wie der begleitenden Clavierstimme von um so grösserer Feinheit. Am beliebtesten und bekanntesten sind die »Schwestern« mit ihrer einschmeichelnden, wehmüthig-heiteren volksthümlichen Melodie. Demnächst wohl das »Klosterfräulein«, der sentimentale Gegensatz zu den tragikomischen »Schwestern«. Von ganz besonders tiefem, des Dichters (Goethe!) würdigem Ausdruck ist »Phaenomen«, dessen jugendfrisches Gegenstück wiederum »die Boten der Liebe« (aus dem Böhmischen von J. Wenzig) bilden.

Ganz anders geartet sind die fünf Duetten in Op. 66 (1875). Sie beginnen mit zwei elegischen Poesien Claus Groths: »Klänge«. Im ersten ist die Melodie so geformt, dass die zweite Stimme (Strophe 2) einen Canon »in motu contrario« in der Unterquinte dazu anstimmen kann. Das zweite Duett: »Wenn ein müder Leib begraben«, auf das Hauptmotiv des Andante der 2. Sonate (Fis-moll) aufgebaut, ist ebenso feinsinnig in der Arbeit als tief bewegend in dem Ausdruck herben Schmerzes! No. 3: »Am Strande«, mit einem reizenden Canon im Mittelsatze, und das schalkhafte No. 5: »Hüt' du dich« entsprechen den Duetten in Op. 61, während das »Jägerlied« No. 4 (von Carl Candidus) ein überaus charakteristisch gestalteter Wechselgesang ist. Den Höhepunkt in dieser dramatisch belebten Duetten-Gattung erreicht Brahms im »Edward« (Op. 75, No. 1, 1878) für Alt und Tenor, dem er als lustiges Gegenstück den »Guten Rath« (aus »Des Knaben Wunderhorn«, für Sopran und Alt) folgen lässt. Ein herziges, fröhliches und volksthümliches Wanderlied ist No. 3 (für Sopran und Tenor): »So lass uns wandern« mit seinem leidenschaftlichen Schlusse: »die grossen freien Wälder«. Den Beschluss bildet W. Alexis' groteske »Walpurgisnacht«: »Lieb Mutter, heut' Nacht heulte Regen und Wind« in wild phantastischer musikalischer Ausführung.

Vierstimmige Gesänge mit Clavier-Begleitung enthalten — abgesehen von der neuen Folge Liebeslieder (Op. 65, 1875): Op. 64 (1874) und Op. 92 (1884). Im erstgenannten Werke ragt Schillers »Abend« (»Senke, strahlender Gott«) durch bewundernswerthe Formvollendung und Klangschönheit hervor, während Daumers »Fragen« (»Mein liebes Herz, was ist dir? »Ich bin verliebt, das ist mir«) durch das Hervortreten der die Fragen beantwortenden Tenorstimme ein ganz besonders lebendiges Colorit gewinnen. Das zweite Werk enthält vier Gesänge Daumers: »O schöne Nacht«, ein erotisches Stimmungsbild mit (an Wagners »Johannisnacht« gemahnenden) Tonmalereien («Im Fliederbusch schlägt die Nachtigall« und »Zu seiner Liebsten sacht«), Allmers' »Spätherbst«, Hebbels »Abendlied« mit dem wundervoll verklingenden Schlusse und Goethes »Warum«.

Kammermusik. Op. 76 (1879) und Op. 79 (1880) sind Clavierstücke. Nach langer Pause wandte sich Brahms endlich wieder der Claviermusik zu. Welche technische Vollendung und künstlerische Reife er inzwischen erreicht hatte, springt mit desto auffallenderer Deutlichkeit in die Augen. Op. 76 enthält »Capriccios« und »Intermezzos«; jene, ihrem Charakter entsprechend, mit allen contrapunktischen Feinheiten ausgestattet und an Spieler wie Hörer bedeutende Anforderungen stellend, diese im Charakter ruhig beschaulicher poetischer Stimmungsbilder gehalten und durchweg von köstlichem melodischen Reiz. Von den beiden »Rhapsodien« (Op. 79) urtheilt Billroth sehr treffend:[50])

»In beiden Stücken steckt mehr vom jungen himmelanstrebenden Johannes, als in den letzten Werken des vollendeten Mannes«.

Aber neben dem »Himmelstürmer« blickt auch der blonde Johanneskopf hervor: das schmachtende, am Schlusse zart verhauchende D-moll-Thema und das à la Musette gehaltene, melodische Trio der ersten Rhapsodie sind solche Momente.[51])

Unmittelbar vor den »Rhapsodien« erschien die erste Violinsonate, Op. 78 (1880). Auch über dieses Werk und das der Sonate zu Grunde liegende »Regenlied« liegt ein ungemein zutreffendes Urtheil Billroths aus einem Briefe an Hanslick vor:

»Brahms' neue Violinsonate kenne ich aus dem Manuscript. Es ist ein eigenes Stück; schwärmerisch, elegisch in allen Sätzen, in Stimmung und Motiven ein Nachklang von dem »Regenlied« (Op. 59, Heft 1 No. 3 und 4). Du solltest dir das Lied vorher ansehen, wenn du es nicht hast, will ich es dir schicken. Mir ist es unendlich lieb; die Poesie ist herrlich; eines von den Liedern, in welchen, Gott sei dank, nicht von Liebe und Frauenzimmern die Rede ist und doch ein echtes Tenorlied. Die Erinnerung an unschuldsvolle Jugend ist zu einer Weise erhoben, die fast an religiöse Schwärmerei grenzt. Hat man sich das Hauptmotiv zu eigen gemacht, so kann man es nie vergessen. Ich kenne keinen Sänger, der das Lied so singen könnte, wie ich es mir denke; würde das Lied so gesungen, wie es sich in unserem geistigen Ohr gestaltet, wir würden der Thränen nicht Herr werden. Die Sonate in drei Sätzen besteht nur aus den Motiven des Liedes. So sehr ich mich freue, sie bei mir zu hören, im Concertsaal kann ich sie mir vorläufig nicht denken; die Empfindungen sind zu fein, zu wahr und warm, die Innerlichkeit zu herzlich für die Oeffentlichkeit.«

Hanslick[52]) vergleicht die Sonate mit dem F-moll-Quintett Op. 34:

»Während wir dort, von finsteren Gewalten getrieben, in der Sturmnacht umherirren zwischen Felsen, Abgründen und rauschenden Wasserfällen, führt uns die Sonate in eine friedlichere Landschaft, wo wir mit einer Art wehmüthigen Behagens ausruhen. Statt der Stürme im Herzen ein versöhntes Resigniren, statt der schroffen Felsen ein trauliches Dörfchen, statt der donnernden Wasserfälle das leise Rieseln eines warmen Sommerregens . . . Eigentlich beginnt schon der erste Satz (G-dur) mit den drei gleichen Anfangsnoten des Liedes, gleichsam den ersten langsam ans Fenster pochenden Regentropfen; dies Motiv wird aber nur flüchtig angedeutet. Desto bedeutungsvoller sehen wir das Regenlied-Thema in dem Finalsatz sich ausbreiten . . .

u.s.w.

Es liegt hier keineswegs eine buchstäbliche Wiederholung des Liedes vor; wie sie Schubert in bekannten Instrumentalcompositionen mit seinen Liedern: »Der Wanderer«, »Die Forelle«, »Der Tod und das Mädchen« vorgenommen hat. Brahms überlässt sich gleichsam unbewusst einer in ihm fortarbeitenden Erinnerung und schafft in derselben Stimmung aus dem gleichen Hauptmotiv Neues . . .«

Man hat gemeint, in dieser Violin-Sonate nordisch-heimathliche Klänge zu entdecken. Weit gefehlt! Diese erste Violin-Sonate (eigentlich die zweite, die erste stand in A-moll und ist verloren!) ist ein Tongedicht, durchaus in mild verklärter, zuletzt in sanfte, schmerzliche Resignation übergehender Stimmung, ebenso klar gedacht, als anmuthig geformt, ebenso concis als zurückhaltend im Ausdruck. In der ganzen Musik-Literatur findet man — ausser der Schwester-Sonate in A-dur, Op. 100 — kein Werk von so rein intimem Charakter, wie diese Sonate. Der erste Satz ist von entzückender, milder, pastoraler Heiterkeit und zeigt nur ganz vorübergehend eine erregtere Stimmung. Tiefer taucht die Seele im Andante hinab in die Räthsel der Gedanken- und Empfindungswelt. Und das Resultat ist —: der letzte Satz, jene mild schmerzliche Resignation, jenes Lächeln unter Thränen, wie es uns aus Claus Groth's Regenlied und — noch viel ergreifender — aus der Brahms'schen Weise dazu entgegenklingt.

Die zweite Sonate (Op. 100, 1887) ist die leibliche Schwester der ersten. Sie heisst auch die »Thuner«-Sonate, weil sie am Thuner See im Sommer 1886 von Brahms componirt wurde. Dieselbe zarte, intime, »himmlisch zufriedene« Stimmung, dasselbe wie aus silbernen Tonfäden gewebte, durchsichtig klare Gespinnst, dieselbe Innigkeit und Schönheit der melodischen Gestaltung, dieselbe Knappheit und Ebenmässigkeit in der Form, bei aller Einfachheit im Einzelnen. Zwar contrastiren die einzelnen Sätze in dieser Sonate noch weniger untereinander, als in der ersten; dafür ist die wohlige, behagliche Grundstimmung um so einheitlicher festgehalten. Der erste Satz mit seinem reizenden Anfangsthema, und dem entzückenden zweiten Thema, das »wie fernes Grüssen über den abendlichen Thuner See herüberklingt«, schlägt diese Stimmung an; der zweite Satz setzt sie in einer edlen Cantilene fort (D-dur). Da, wo die Stimmung zu ernst zu werden droht, stellt ein unvermuthet eintretendes »Vivace« das seelische Gleichgewicht wieder her. Noch einmal versucht die Violine in die elegische Stimmung einzulenken: Vergebens; die leicht beschwingten Geister des »Vivace« flattern dazwischen und verscheuchen jede Spur von Ernst und Grübelei. In wohliger Behaglichkeit beginnt nun das Finale (Andante grazioso quasi Allegretto). Die leisen Anklänge darin an das wunderherrliche Lied: »Meine Liebe ist grün wie der Fliederbusch«, deuten am sprechendsten auf die aussergewöhnlich glückliche Stimmung des Componisten hin, in der er sich bei der Composition dieser Sonate befand. Näheres darüber, wahrhaft entzückende Einzelheiten, giebt J. V. Widmann in dem Capitel: »Die drei Sommer in Thun«, seiner »Erinnerungen«.

Den vollkommensten Gegensatz zu den beiden Violinsonaten bildet die Sonate für Violoncello in F-dur (Op. 99, 1887). Sie trägt — wenigstens in den drei ersten Sätzen — einen durchaus leidenschaftlichen Charakter. Wäre die Tonart F-moll, man würde sicher den Anfang des ersten Satzes ein Plagiat aus der »Appassionata« Beethovens genannt haben. Das »Adagio affettuoso« hält im Ausdruck der Klage und tiefer Trauer die leidenschaftliche Stimmung fest, die in dem Scherzo (»Allegro passionato«) nunmehr als ein stürmisches, fast beängstigendes Auf- und Niederwogen erscheint und erst in dem Finale sich — wenigstens stellenweise — zu sonniger Heiterkeit hindurchringt.

Von den beiden Clavier-Trios dieser Schaffenszeit: Op. 87 (1883) und Op. 101 (1887) steht vielleicht das erste (C-dur) gegen das zweite (C-moll) etwas zurück. Im ersten Satz des Op. 87 scheinen etwas zu heterogene Stimmungen aneinandergeschweisst, auch der Variationensatz (Andante con moto) mit seinem magyarisirenden Thema wirkt etwas schwerfälliger. Dagegen ist das »Scherzo« (in C-moll!) voll Feuer und Gluth, bald widerstandslos hervorbrechend, bald sich still und heimlich in herber Selbstqual verzehrend. Das »Finale« stellt die Kunst des Ausführenden auf eine harte Probe: Es ist ein »Allegro giocoso«, schaut aber bei oberflächlicher Betrachtung der blossen Noten so grämlich, trüb und düster aus, dass nicht bloss viel Temperament, sondern auch eine ungeheure Technik dazu gehört, die »Drolerie der Stimmung« in diesem Satze gehörig zum Ausdruck zu bringen.

Das C-moll-Trio (Op. 101) ist unstreitig Brahms' Meisterstück auf diesem Gebiete. Die gedrungene, imponirende Kraft des mächtig einherschreitenden Hauptthemas im ersten Satze, der geniale Uebergang zu dem Seitensatz mit seinem breiten Melodienstrom, die Energie und die Präcision der Durchführung und die originelle Coda sind unübertroffen. Ganz phantastischen Charakter zeigt das durchaus leise und schattenhaft gehaltene »Presto non assai«, mit seinem ganz originellen Mittelsatze (die gehaltenen, traumhaften Accorde des Claviers, dazu die Pizzicati der Streichinstrumente, dann ihr angstvoll bebendes Seufzen beim Eintritt des F-moll!) — ein Satz von ganz neuer, noch nie dagewesener und allbezwingender Wirkung. Wie lieblich, schlicht und treuherzig singt dagegen das »Andante grazioso« mit seinem dem Volksliede abgelauschten Wechsel von $^3/_4$- und $^2/_4$-Takt:

Das Finale schlägt am Anfang mehr den Ton eines leidenschaftlich-trotzigen Scherzo an, aber die Entwicklung dieses mit Beethovenscher Kühnheit und Formensicherheit modellirten Satzes mit seiner grossartig aufgebauten Coda zeigt bald die wirkliche Bedeutung dieses Satzes. Man beachte insbesondere das edle, kraftvolle Motiv im Basse des Claviers beim Eintritt des C-dur.

Das Quartett für Streichinstrumente No. 3 (Op. 67, 1876) macht im Verhältniss zu den ersten beiden Quartetten einen freundlicheren und gewinnenderen Eindruck. Der erste Satz ist am kunstvollsten gearbeitet, namentlich ist er reich an rhythmischen Combinationen, zu denen das fanfarenartige Hauptmotiv ($^6/_8$-Takt) Veranlassung giebt. Das Seitenthema hat $^2/_4$-Rhythmus und den Charakter eines graziösen ländlichen Tanzes. Im Durchführungssatz tritt besonders eine zarte Stelle, in Fis-dur beginnend, hervor; die leise verhauchend zu dem Seitenthema, jetzt ebenfalls in Fis-dur, überleitet. Das »Andante« (F-dur) ist ein von Wohlklang gesättigtes schwärmerisches Gesangsstück mit einem energisch einsetzenden Mittelsatz in D-moll, der nach mannigfaltiger Entwickelung sich nach D-dur wendet und — ganz verschleiert und in einzelne Motive aufgelöst — die träumerische Wiederholung des Hauptthemas bringt; ein ungemein sinniger und echt poetischer Zug! Das »Agitato« (Allegretto non troppo) mit seiner phantastischen Tanzmelodie (Bratsche) gehört wieder in die Kategorie der Brahmsschen Moll-Scherzi. Der letzte Satz enthält Variationen über ein reizendes, merkwürdig knapp und kurz, und doch im Ausdruck sehr abwechselungsvolles Thema, denen beim Eintritt des »Doppio Movimento« die Verwendung des Hauptmotivs aus dem ersten Satze ein ganz besonderes Interesse verleiht.

Ein Werk von seltener Klarheit und Tiefe der Empfindung ist das Streichquintett in F-dur (Op. 88, 1883). Auch hier sind, wie in der Violinsonate Op. 100 der zweite und dritte Satz (Grave und Presto) zu einem einheitlichen Ganzen verschmolzen, so dass das Werk, äusserlich betrachtet, nur aus drei Sätzen besteht. Das Thema des ersten Satzes hat ein edles, volksthümliches Gepräge, während der dazu gehörige Seitensatz (in A-dur) mit einer sich steigernden viertaktigen Melodie (Bratsche) anhebt, die bei der Wiederholung als reizender Zwiegesang zwischen erster und zweiter Violine erscheint. Der Form nach zeigt dieser erste Satz, wie überhaupt das ganze Werk, die direkte Einwirkung der letzten Quartetten Beethovens.

An Chorcompositionen aus dieser Epoche sind zunächst die »7 Lieder für gemischten Chor« (Op. 62, 1874) zu erwähnen. Sie bestätigen, was oben gelegentlich der »deutschen Volkslieder für gemischten Chor« gesagt war, und tragen eine naive Herzlichkeit und Frische des Ausdrucks an sich, die unwiderstehlich wirkt. Die Form ist überall da etwas archaisirend, wo der Text selbst die Veranlassung dazu bietet, z. B. bei den beiden Texten aus »Des Knaben Wunderhorn«: »Rosmarin« (»Es wollt' ein Jungfrau früh aufstehn«) und »Spazieren wollt ich reiten« mit dem entzückenden Refrain: »Trab, Rösslein, trab«; ebenso: »Vergangen ist mir Glück und Heil«. Ihnen gegenüber tragen die vier Gedichte aus P. Heyses »Jungbrunnen« ein ganz modernes Gepräge und entwickeln neben der tiefen Innigkeit der Melodie einen Klangzauber, der in No. 3 (»Waldesnacht, du wunderkühle«) und No. 6 (»Es geht ein Wehen«) — so verschieden auch der Charakter dieser beiden Lieder unter sich sein mag — mit sanfter Gewalt den Hörenden fesselt.

Noch sind die »Lieder und Romanzen für gem. Chor a capella« (Op. 93a) zu erwähnen, die ein Rheinisches Volkslied: den »bucklichten Fiedler«, zwei serbische Volkslieder: »Stand das Mädchen« und »Hebt ein Falke sich empor« enthalten; ausserdem ein Lied von L. Achim v. Arnim (»O süsser Mai«), Rückerts »Fahr wohl« und Goethes »Beherzigung« (»Feiger Gedanken bängliches Schwanken«), letzteres in vierstimmigem Doppelcanon.

Es folgen »Zwei Motetten«, Ph. Spitta gewidmet (Op. 74, 1879), über deren erste sich Billroth ebenso sachkundig als begeistert in einem Briefe an Hanslick ausspricht (December 1878):

»Auf Brahms' Veranlassung schicke ich Dir seine Motette »Warum?« Nächst dem Requiem ist es wohl das Schönste, was er erfunden hat. Vor allem der Text. So menschlich und so göttlich zugleich und doch confessionslos. Im Concertsaal kann es kaum eine grosse Wirkung haben. Kindliche Fragen und Greisenweisheit und Manneszweifel, alles ist darin. Denke dir das im Lateran von schönen Knaben- und Männerstimmen gesungen. Du sahst von oben herab auf Rom, auf die Campagna. Die Sonne sank. Alles wird ruhig; Du suchst den Weg vom Hügel herab nach Rom. In der Laterankirche erklingt Musik; Du trittst ein. Halbdunkel erfüllt den Raum, einige Kerzen am Altar. »Warum?« erklingt es; der ganze Raum, der hier die Welt bedeutet, erklingt: »Warum?« Die Klangwirkungen erinnern mich an Lotti, Palestrina, dann auch wieder ganz an Brahms. Giebt es eine unsinnliche Geistesschöne in der Musik, dann ist sie hier zur Offenbarung gekommen. Wir sahen in Perugia erst den ganzen Perugino in seinen Fresken, daran denke, wenn Du die Motette hörst. Oder denke

Dich ganz allein in der Sixtina, ganz eins in Gedanken mit Michelangelos Propheten und Sybillen, ganz Mensch, Gott, Welt, Alles in Eins. — Wäre ich der König von Bayern, ich liesse mir das von einem verdeckten Chor vorsingen, neidisch auf jeden Ton, der durch die Kirchenthür zu den Profanen dringt. Ach, und das soll nun den vierunddreissig Karyatiden im dumpfen Musiksaal erklingen, die fast ebenso wenig dabei empfinden werden, wie das hochgeehrte Publikum und Adel!«

Die zweite Motette ist eine Bearbeitung des alten, berühmten Adventsliedes: »O Heiland, reiss die Himmel auf«, in derselben Manier, wie die Motette Op. 29, No. 1: »Es ist das Heil uns kommen her«, nur noch viel kunstvoller und vollendeter in der Form. Man würde thatsächlich keinen Takt unerwähnt lassen dürfen, wollte man alle Feinheiten und Schönheiten der kontrapunktischen Technik dieses Werkes gebührend hervorheben.

Verhältnissmässig gering ist die Anzahl der Chorcompositionen mit Orchesterbegleitung aus dieser Periode. Nur zwei sind zu verzeichnen: Schillers »Nänie« (Op. 82, 1881), ein Immortellenkranz auf das Grab des von Brahms hochverehrten und ihm auch persönlich nahestehenden Malers Anselm Feuerbach. Das Werk ist der Mutter des Künstlers gewidmet, der Herausgeberin des »Vermächtnisses Anselm Feuerbachs.« Das Buch enthält ausser Briefen und Aphorismen des Künstlers das Fragment einer Selbstbiographie und zeigt, welch eifriger und ernster Musikfreund Feuerbach war. Doch war es, nach Hanslick, weniger die Musikliebe, als »vielmehr die Aehnlichkeit in der ganzen Kunstanschauung«, die Brahms so eng an Feuerbach fesselte. Aus der künstlerischen Richtung dieses den Geist der Antike durch moderne, vornehme Auffassung und Empfindung neubelebenden und verklärenden Künstlers erklärt sich auch die ungemein treffliche Wahl der Schillerschen »Nänie« zu einer Trauerode für jenen. Der edle, dem reinsten Ideale zugewandte Geist Schillers und Feuerbachs konnte auf dem Gebiete der Musik keinen besseren Interpreten finden, als die denselben Idealen in derselben Weise zustrebende Kunst unseres Meisters. Nach einer längeren, elegischen Instrumentaleinleitung setzen die Singstimmen nach einander in kunstvollen Imitationen ein. Als Gegenstrophe hiezu folgt in der Dominantentonart: »Einmal nur erweichte die Liebe«. Dann wird die Stimmung etwas belebter (»Nicht stillt Aphrodite«) und strebt in gross angelegtem Crescendo dem Mittelsatz in feierlich-majestätischem Fis-dur zu: »Aber sie steigt aus dem Meere«, um sich dann bei den Worten: »Auch ein Klaglied zu sein im Mund der Geliebten ist herrlich« dem Anfange wieder zuzuwenden. Das Ganze verklingt in sanften, wehmüthigen Harmonien auf ein dreimaliges »herrlich«!

Aeusserlich nicht in gleichem Masse fesselnd wie das Schicksalslied, an poetischer Kraft und Grösse der Empfindung diesem aber zum mindesten vollkommen ebenbürtig ist der Gesang der Parzen (Op. 89, 1883) aus Goethes »Iphigenie«, dem Herzog von Meiningen gewidmet.

»Vor meinem Ohre tönt das alte Lied —
Vergessen hatt' ich's und vergass es gern —
Das Lied der Parzen, das sie grausend sangen,
Als Tantalus vom goldnen Stuhle fiel:
Sie litten mit dem edlen Freunde;

Grimmig war ihre Brust und furchtbar ihr Gesang.
In unsrer Jugend sang's die Amme
Mir und den Geschwistern vor,
Ich merkt es wohl . . .«

Es scheint für den ersten Augenblick befremdlich, dass Brahms diesem Liede der Amme die Form eines sechsstimmigen Chorsatzes mit Orchesterbegleitung gegeben hat. Allein wie in der Rhapsodie die Klage des weltflüchtigen Jünglings sich durch die Macht der Töne zu einer allgemeinen Klage des Menschengeschlechtes erweitert, so ist auch hier das grause Geschick des Tantaliden-Hauses zu einem typischen Vorbild des Menschenlooses überhaupt geworden und dadurch unserem Empfinden näher gerückt. Der kalte, erbarmungslose, grausame Neid der olympischen Götter gegen das ihrer blinden Willkür rettungslos preisgegebene Menschengeschlecht, dieser blöde, unselige Fatalismus hat in der antiken Vorstellung etwas so unendlich Niederdrückendes und Vernichtendes, dass er uns mit Grausen und Abscheu erfüllt. Soll er unserem menschlichen Verstehen und Empfinden nähergerückt werden, so bedarf es eines versöhnenden, vermittelndes Gliedes zwischen Göttern und Menschen. Sind die Götter mitleidslos, so darf es die Menschheit in ihrer Allgemeinheit nicht sein. Nur wo Mitleid die Kluft zwischen dem unerbittlichen Geschick und dem erbarmenswerthen Menschenloose überbrückt, da keimt der Hoffnung grüne Saat, da erwacht das reine, edle Menschenthum und zeitigt seine schönste Blüthe: die Kunst.

Wenn nun Brahms den »Gesang der Parzen« mit einem einschneidenden, die furchtbare Schicksalsmacht in ihrer unerbittlichen Strenge darstellenden Thema beginnen lässt, wenn dann der Chor, in bekannter Weise zwischen Frauen- und Männerchor wechselnd, in dumpfer Resignation recitirt: »Es fürchte die Götter das Menschengeschlecht«, wenn dann der volle Chor sich vereint bei den Worten: »der fürchte sie doppelt, den je sie erheben« und der Sturz der Empörer in die nächtliche Tiefe mit tief erschütterndem Ausdruck musikalisch dargestellt wird; wenn endlich als Gegensatz zu diesem Loose der Sterblichen die erhabene Ruhe der Olympischen in dem wohlig behaglichen Thema (F-dur) auf die Worte: »Sie aber, sie bleiben in ewigen Festen« geschildert wird, so erscheint dies alles bei einem Künstler wie Brahms an und für sich selbstverständlich. Ganz anders verhält es sich mit dem Mittelsatz in D-dur auf die Worte: »Es wenden die Herrscher ihr segnendes Auge«. Grade der Höhepunkt des Schreckens und der Erbarmungslosigkeit dargestellt durch einen wundervoll mild und weich gehaltenen, wahrhaft rührenden Chorsatz? Die Lösung für dies Räthsel liegt, wie Hanslick meint, in dem musikalischen Bedürfnisse des Tondichters, also in dem Verlangen nach einem rein musikalischen Gegensatz zu dem düsteren Tongemälde, das die erste Hälfte dieses Tonstückes bietet. Aber in diesem Falle deckt sich wohl das »musikalische Bedürfniss« mit dem ethischen Verlangen nach einem Ausblicke auf Versöhnung, Hoffnung und Rettung aus dem Elend des Menschenlebens. Das mag Brahms empfunden haben, und so gab er jenen strengen Worten den tiefsinnigen Ausdruck des Mitleids. Das Mitleid, der Jammer der Menschheit, ergreift selbst die unerbittlichen Parzen, und während ihr Mund noch von den Göttern spricht,

wendet sich ihr Herz den Menschen zu und beklagt im Geheimen ihr armseliges Loos. Brahms fügt dem Schlusse des Parzenliedes noch die Goetheschen Verse hinzu:

»So sangen die Parzen;
Es horcht der Verbannte in nächtlichen Höhlen,
Der Alte die Lieder,
Denkt Kinder und Enkel
Und schüttelt das Haupt.«

Während im Orchester ganz gedämpft und verschleiert das Parzenmotiv als Nachspiel erklingt, recitirt der Chor eintönig diese Verse in einem Tone, der die ganze Scene nachträglich in die Beleuchtung einer Vision rückt.[53])

DIE LETZTEN WERKE.

Op. 103—121.

Das Ende.

In den achtziger Jahren verlief das äussere Leben des Meisters in ungestörter Gleichmässigkeit. Der Winter war regelmässig Compositions-Arbeiten und -Concerten gewidmet. Allenthalben in Deutschland und der Schweiz hatten sich an bestimmten Bildungs- und Kunstcentren Freunde und Verehrer der Brahms'schen Muse enger an einander geschlossen, und es war dem Meister immer eine Herzensfreude, jene Kunststätten zu besuchen, und sei es als Pianist oder als Dirigent der Aufführungen seiner Werke mit thätig zu sein. Zu den Orten, die er gern und oft besuchte, gehörten Berlin, Basel, Zürich, Köln, Düsseldorf, Crefeld, Breslau, Baden-Baden, Budapest u. A., vor allen aber Meiningen, die Residenz des durch seinen Kunstsinn hochberühmten edlen herzoglichen Paares. In Wien selbst hatte sich ein Kreis auserlesener Geister um ihn geschaart: theils Musiker, wie Johann Strauss, Goldmark, Dvořak, theils musikalische Schriftsteller, wie Hanslick, Kalbeck, Mandyczewski, theils Private bezw. ihm in treuester Anhänglichkeit ergebene Familien wie Fellinger, Faber, Conrat, Miller v. Aichholz u. A., vor allen natürlich wieder Billroth, in dessen Haus so viele seiner Kammermusikwerke zum ersten Male gespielt wurden.

Wenn Brahms im Sommer nach der Schweiz ging, oder nach Ischl, oder nach irgend einer andern Sommerfrische, so pflegte er in Ruhe und Zurückgezogenheit zu arbeiten. Aber er sah dabei auch gern ihm angenehme Persönlichkeiten um sich. Von Thun aus, wo er die Sommer 1886—88 zubrachte, besuchte er oft J. V. Widmann, mit dem er ebenso wie mit Billroth und Simrock wiederholt Reisen nach Italien und Sizilien — zum letzten Mal im Jahre 1893 — machte. In Zürich war er viel mit Hegar und Gottfried Keller zusammen. Für Letzteren hegte er eine ausserordentlich grosse Sympathie, die von dieser Seite vollkommen erwiedert wurde. Die Thatsache ist leicht begreiflich, wenn man die Entwickelung und das innerste Wesen dieser beiden Kraft- und Kernnaturen in Erwägung zieht. Durch eigene Kraft, im Kampf gegen die widerstrebende feindliche Welt waren beide gross geworden und zu dem ruhigen und massvollen Selbstbewusstsein grosser Künstlernaturen und damit zu dem überlegenen Sicherheitsgefühl, das die Meisterschaft giebt, gelangt. Das enge Freundschaftsband, welches im Laufe der siebziger Jahre unseren Meister mit Anselm Feuerbach verband, war bekanntlich schon 1881 durch Feuerbach's Tod getrennt. Aber dem Freunde bewahrte Brahms Zeitlebens die innigste Verehrung.

Wir wenden uns nach dieser kurzen Uebersicht über das äussere Leben unseres Meisters zu der Darstellung der in den letzten zehn Jahren seines künstlerischen Wirkens geschaffenen Werke. Es sind ihrer nur neunzehn. Unter ihnen befindet sich weder ein grösseres symphonisches, noch ein Chorwerk mit Orchester. Am reichsten, und zwar mit neun Werken, ist die Kammermusik vertreten; Compositionen für Gesang erschienen zehn, darunter vier Hefte Lieder (Op. 105, 106, 107 und 121), zwei Hefte Vocal-Quartetten mit Begleitung (Op. 103 und 112) und vier Werke für a capella-Chor. Ausnahmslos zeigen alle diese Werke die höchste geistige Reife, und in jeder Gattung findet sich mindestens ein Werk, das man überhaupt zu den besten des Meisters rechnen muss. So unter den »Liedern« die Liederhefte Op. 105 bis 107, namentlich aber die »vier ernsten Gesänge«; unter den Quartetten die Zigeunerlieder«; unter den Chorcompositionen die »Fest- und Gedenksprüche«, die er dem Hamburger Bürgermeister Petersen als Dank für die Ernennung zum Ehrenbürger seiner Vaterstadt widmete. Unter den Werken für Kammermusik bilden die Claviercompositionen Op. 116—119, vor allem aber das Clarinetten-Quintett wahrhafte Höhepunkte Brahms'scher Künstlerschaft.

Strauss und Brahms.
Nach einer Photographie aus dem Atelier Rud. Krziwanek, Wien.

Wie am Anfange, so sollen auch jetzt zum Schlusse, dem Gesetze musikalischer Symmetrie entsprechend, die Werke ihrer chronologischen Folge nach besprochen werden. Es ergiebt sich so am besten und leichtesten ein Bild der Thätigkeit des Künstlers in seinem letzten Lebens-Decennium.

Die »Zigeunerlieder« (Op. 103, 1888) weisen auf die »Liebeslieder« zurück, denen sie an Frische und unmittelbar zündender Wirkung überlegen, an Feinheit der musikalischen Arbeit zum mindesten ebenbürtig sind. Brahms war gelegentlich ein Heft »Ungarischer Volkslieder« in die Hände gefallen, das von Hugo Conrat einer grösseren Sammlung solcher National-Gesänge (von Nagy Zoltán) entnommen und bei Rózsavölgyi in Budapest herausgegeben worden war. Das Heft enthält 25 ungarische Lieder in deutscher Uebertragung, mit der Clavier-Begleitung Nagys. Die Texte gefielen ihm ausnehmend, und so componirte er im Ganzen 15 davon neu. 11 Lieder erschienen als Op. 103, die vier übrigen folgten später in Op. 112. Die Lieder bilden einen Cyklus von Gesängen, deren Inhalt das alte und ewig neue Thema »Liebe« in mannigfaltiger Weise modulirt. Sie sind nach Zigeunerart in Musik gesetzt, jedoch nicht so, dass die Art, wie Zigeuner Musik machen, einfach copirt wäre. Das Wesentliche dieser aufregenden, wild leidenschaftlichen Musik ist beibehalten, alles übrige aber auf das schönste und herrlichste idealisirt. Das schwirrende Getöse der »Originalzigeunerbanden« ist in vollkommenste Klarheit verwandelt, das Gehämmere der Cymbals in edle, musikalisch saubere Form gebracht, der widerliche Ton der quiekenden Es-Clarinetten mit ihren unleidlichen Vorschlägen zu vornehmen Klanggebilden umgestaltet und aus dem harmonischen Durcheinander ist ein mit schönster Feinheit gearbeitetes harmonisches Gewebe geworden. Ueber die Lieder im einzelnen mag auch hier wieder Hanslick das Wort haben:

Die »Zigeunerlieder« sind ein kleiner Roman, dessen Begebenheiten uns nicht erzählt, dessen Personen uns nicht genannt werden, und den wir dennoch prächtig verstehen und nie wieder vergessen.

Mit wildem Ruf beginnt das erste Stück: »He, Zigeuner, greife in die Saiten ein, spiel' das Lied vom ungetreuen Mägdelein!« Der Tenor singt vor, das Quartett wiederholt die Strophe, gegen den Schluss immer heftiger aufflammend. In dem folgenden Quartette »Hochgethürmte Rimaflut« klingt die leidenschaftliche Stimmung noch nach. Doch scheint der Zigeunerbursch' bald ein anderes Liebchen gefunden zu haben: fröhliches D-dur folgt auf die Moll-Tonart, auf die zornige Klage leichtblütige Verliebtheit: »Wisst ihr, wann mein Kindchen am allerschönsten ist?« Hierauf nimmt sie das Wort in ebenso heiterer Stimmung: »Lieber Gott, du weisst ja« — worauf sich alle Stimmen in übermüthiger Lust vereinigen: »Brauner Bursche führt zum Tanze sein blauäugig schönes Kind.« Nun folgen zwei der allerschönsten Nummern, zwei Cabinetstücke, das eine neckisch scherzhaft, das andere überquellend von ernster tiefer Empfindung. Giebt es etwas Zierlicheres, als das Lied vom »schönsten Städtchen Kecskemet« — etwas Seelenvolleres, als das sich anschliessende: »Täusch' mich nicht, verlass' mich nicht«? Ein Nachhall dieser Stimmung weht durch die melancholische Weise in G-moll: »Horch, der Wind klagt« die mit dem Segensspruch »Gott schütze dich«! so treuherzig in die Dur-Tonart einlenkt. Auch das nächste Stück bringt den gleichen Wechsel zwischen G-moll und G-dur, aber wieder in ganz anderen Farben. Stürmisch wild beginnen alle Stimmen unisono: »Weit und breit schaut niemand mich an«; aber die Stimmung, die so rasch umschlägt bei Naturkindern, springt mit einem Satz (»Nur mein Schatz, der soll mich lieben«) in den hellsten Czardasjubel. Wieder gewinnt Sehnsucht und Herzeleid die Oberhand; ein inniges, starkes Gefühl zittert durch das Lied: »Mond verhüllt sein Angesicht«, dessen Begleitung wie von ferne an das stählerne Rauschen des Cymbals mahnt. Und nun stehen wir vor dem elften, dem letzten Stück der Sammlung: »Rothe Abendwolken ziehen«. In süssem sehnsüchtigen Verlangen stürmt diese Melodie dahin, nach jedem Absatz von zwei starken trotzigen Accordschlägen gleichsam vorwärts gestossen. Ein unvergleichlich poetischer Abschluss.

Den Zigeunerliedern folgten »Fünf Gesänge f. gem. Chor a Capella« (Op. 104, 1889): »Nachtwache«, zwei Gedichte von Rückert, das erste (»Leise Töne der Brust«) eine der zartesten Liebesklagen, die je in Tönen gedichtet wurden; das andere in feierlichem Tone, wie Hörnerklang, beginnend (»Ruhn sie? rufet das Horn des Wächters«), dann sich in milden Frieden weich und voll ergiessend. In Kalbecks »Letztem Glück« ist der Ton sanfter Resignation (»wie bei einem letzten Glück, einem süssen hoffnungslosen«) wundervoll getroffen. Und wie ganz anders ist wieder dieselbe Stimmung in Wenzigs »Verlorener Jugend« aufgefasst! Dem canonisch gehaltenen G-moll-Satz (Sopran und Alt) folgt ein kurzer harmonisch gestalteter in G-dur. Die zweite Strophe wiederholt den Satz in G-moll, nur dass die canonische Führung jetzt dem ersten Bass und Sopran zufällt. Das letzte Lied, nach einem Gedichte Claus Groths (»Ernst ist der Herbst«) könnte man »Wonne der Wehmuth« nennen. Es ist das harmonisch interessanteste Lied dieser Sammlung.

Die Lieder mit Clavierbegleitung (Op. 105—107) sind wie kaum andere Lieder unseres Meisters in kürzester Zeit Eigenthum der musikalischen Welt geworden. Nicht als ob der Componist mit diesen Liederschöpfungen dem Publikum auf halbem Wege entgegengekommen wäre. Im Gegentheil; fast ausnahmslos gehören diese Lieder zu Brahms' vornehmsten und zurückhaltendsten Schöpfungen. Aber der Stil des Meisters, das Verständniss für die Tiefinnerlichkeit seines Wesens und die Empfänglichkeit für seine geheimnissvoll verschleierten Weisen waren bereits in weitere Kreise gedrungen. Dazu kam allerdings, dass einzelne Lieder in diesen Heften eine ganz besonders tiefe Wirkung ausüben. So gleich das erste in Op. 105 »Wie Melodien zieht es« (Cl. Groth). Ein Duft von Frühlingsblumen ist über dieses Lied gebreitet; die zauberhaften Harmonien zu den Terzenfolgen der Begleitung, namentlich am Schluss bei den Worten: »den mild aus stillem Keime ein feuchtes Auge ruft« mit der chromatischen Gegenbewegung in der linken Hand gehören zu dem Köstlichsten, was je an Clavierbegleitung ersonnen ist. Es folgt: »Immer leiser wird mein Schlummer« (Herm. Lingg) mit dem unübertrefflichen Ausdruck himmlischer Sehnsucht am Schluss: »Willst du mich noch einmal seh'n, komm', o komme bald!« Die »Klage«, ein niederrheinisches Volkslied, ist dem schlichten Tone dieses Gedichtes vortrefflich angepasst, während das Lied »Auf dem Kirchhofe« (D. v. Liliencron) sogar dem modernen, affectirten Pessimismus wirklich poetische Seiten abzugewinnen weiss. Den Schluss dieses Heftes bildet »Verrath« (C. Lemcke), für eine Baritonstimme geschrieben, eine düstere, blutrünstige Liebes- und Mordgeschichte in prächtigem, echtem Balladenstil.

Op. 106 (1889) beginnt mit dem F. Kuglerschen Ständchen (»Der Mond steht über dem Berge«), ein kleines, aber entzückendes Genrebildchen, der Liebling aller Welt durch seine graziöse Melodie mit ihrer guitarrenartigen, ebenso lustigen als geistvollen Begleitung. Dagegen macht »Auf dem See« (C. Reinhold) zunächst mehr den Eindruck eines Kückenschen, denn eines Brahmsschen Liedes. Aber in der sinnigen Auffassung der letzten Strophe, wo der Barcarolen-Rhythmus in Achtel-Bewegung übergeht (»der glückliche Schiffer will noch nicht landen, er geizt mit jeder Minute«, schreibt Hanslick) erkennt man den Geist des Meisters.

Das dritte Lied: »Es hing der Reif im Lindenbaum« (Cl. Groth) — eine »Winterreise« in Brahms' ureigenster Manier. Dem kleinen, unscheinbaren Gedichte A. Freys, »Meine Lieder« (»Wenn mein Herz beginnt zu klingen«) hat Brahms die Krone der Unsterblichkeit verliehen. Süsser hat weder er, noch sonst ein anderer Componist, wer er auch sei, das traumverlorene, leise dämmernde Ahnen des Herzens in Tönen ausgedrückt, als in diesem kleinen Liede geschehen ist. Der »Wanderer«, das letzte Lied dieses Heftes, gehört wieder zur Brahmsschen Gattung: »Winterreise«. An Tiefe, nicht an Energie des Ausdrucks, steht es manchem andern dieser Art nach.

Das letzte der drei Hefte enthält in seinen fünf Liedern ebenso viel Perlen ersten Ranges, die man eigentlich nur aufzählen darf. Ueber ihren

Werth hat längst die gesammte musikalische Welt mit seltener Einmüthigkeit ihr Urtheil gefällt: »An die Stolze« (P. Flemming), »Salamander« (C. Lemcke), »Das Mädchen spricht« (O. F. Gruppe), »Maienkätzchen« (D. v. Liliencron) und das »Mädchenlied« (P. Heyse).

Die dritte Sonate für Violine (Op. 108, 1889) ist »seinem Freunde Hans v. Bülow« gewidmet. Brahms war dem einzig genialen Manne durch eine Einladung nach Meiningen näher getreten, die ihm im Herbst des Jahres 1881 zugegangen war. Billroth schreibt hierüber an Lübke (29. October 1881):

»Es war ein hübscher Zug von Bülow, dass er Brahms nach Meiningen einlud, damit er dort mit aller Musse sein Concert mit dem dortigen Orchester studiren könne, ohne Publikum und ohne Rücksicht auf Concert. Brahms kam denn auch ganz entzückt von Bülow und vom Herzog zurück« . . .

Seit jenem Jahre kam Brahms fast alljährlich nach Meiningen, ein stets willkommener und gern gesehener Gast eines der kunstsinnigsten und kunstverständigsten deutschen Fürsten.[54]) Wie wohl sich Brahms am Hofe des Herzogs fühlte, hat in geradezu bezaubernder Weise J. V. Widmann in seinen »Erinnerungen« (S. 106 u. flg.) geschildert. Nur eine kurze Stelle aus jenem Capitel sei hier mitgetheilt:

». . . seine Aufgeräumtheit und seelische Heiterkeit kannte in Meiningen keine Grenzen, und da die hohen Herrschaften daselbst dies wohl bemerkten und ihrerseits glücklich waren, einem solchen Meister frohe Stunden zu bereiten, war über diese Meininger Tage ein Sonnenschein ausgegossen, wie aus dem goldenen Zeitalter, von dem die Prinzessin im »Tasso« zwar sagt, dass es nie gewesen, ein holder Trug der Dichter sei, aber auch zugiebt, dass die Guten es zurückbringen können, »wo sich verwandte Seelen treffen an und theilen den Genuss der schönen Welt«.

Von Meiningen ging dann auch die grosse Brahms-Propaganda aus, die nunmehr Bülow in Scene setzte. »Beethoven und Brahms« wurde die Parole und das Feldgeschrei, mit dem die herzoglich Meiningische Hofcapelle unter der genialen Leitung ihres Kapellmeisters Sieg auf Sieg an allen grösseren Kunststätten Deutschlands errang. Brahms' Clavierconcerte, seine Symphonien, die Ouverturen nebst den Haydn-Variationen bildeten den eisernen Bestand des Concertrepertoires Bülows und seiner »Meininger«. Wie hoch Bülow Brahms verehrte, lehrt am deutlichsten eine Stelle in seinen Skandinavischen Concertreiseskizzen[55]). Er beklagt es da als eine empfindliche Lücke der Skandinavier, dass sie mit Johannes Brahms' Werken gänzlich unbekannt sind:

»Es wird aber hohe Zeit,« fährt er in halb ernstem, halb sarkastischem Tone fort, »bezüglich des Erben Luigis und Ludwigs zu etwas mehr Mitwelt-Bewusstsein zu gelangen: der grosse Meister hat vor acht Tagen sein 49. Jahr vollendet. Ich muss es mir an dieser Stelle versagen, selbst nur andeutungsweise von der unermesslichen Tragweite der Consequenzen zu sprechen, welche aus einem rationellen Brahms-Cultus für die musikalische Entwickelung des so hoch begabten Volkes sich ergeben würden. Das hätte den Gegenstand eines »Essay« zu bilden, zu welchem ich mich in Anbetracht meiner Schwerfälligkeit heute noch nicht herangereift empfinde. Mir geht es nach zwölfjährigem, eifrigem Studium des grossen Meisters wie dem Maler Cornelius bezüglich der Stadt Rom. Von einem Gaste aus der Heimath interpellirt, wie viel Zeit von nöthen sei, um diese ewige Stadt recht gründlich kennen zu lernen, erwiderte er ärgerlich: »Da müssen Sie einen Anderen fragen als mich, denn ich lebe erst seit 25 Jahren hier . . .«

Mit besonderer Vorliebe erzählte Bülow noch in den letzten Jahren seines Lebens, wie ihm Brahms den schlagenden Nachweis geführt habe, dass Beethoven nirgends sich so spartanisch streng »an die musikalischen

Formengesetze gebunden habe, als grade in den phantasievollsten und originellsten letzten Sonaten und Quartetten«.

Diese enge Freundschaft zwischen dem schaffenden und dem ausübenden Künstler erhielt durch die D-moll-Sonate für Violine seitens des Componisten auch eine äussere Beglaubigung. Nach ihrem innersten Wesen steht diese Sonate etwas abseits von ihren Vorgängerinnen, den Sonaten op. 79 und 100. Sie hat vier Sätze und ist weiter und ausführlicher angelegt, ohne den intimen Reiz der andern. Nur der dritte Satz hat etwas von dem sanften lieblichen Wesen jener, während durch das »Adagio« (D-dur) ein grosser, stiller und doch leidenschaftlicher Zug geht. —

Bülow war es übrigens auch gewesen, auf dessen Anregung Brahms im Jahre 1889 den Ehrenbürgerbrief Hamburgs erhielt. Herr Musikdirektor Spengel, der mit Bülow bei der Ueberreichung des Bürgerbriefes zugegen war, berichtet hierüber: Brahms habe in seiner schlichten Entgegnung im wärmsten Ton von dem Glück des Mannes gesprochen, »der in Liebe und Achtung seiner Heimath und seiner Eltern gedenken dürfe«. Den Dank in Tönen für die ihm widerfahrene hohe Auszeichnung boten die »Fest- und Gedenksprüche für achtstimmigen Chor, Sr. Magnificenz dem Herrn Bürgermeister Dr. Carl Petersen gewidmet« (Op. 109, 1890). Sie wurden bei dem von Bülow im Sommer 1889 veranstalteten Hamburger Musikfeste zum ersten Male (unter Spengels Leitung) aufgeführt. Die Festsprüche, wie die unmittelbar nach ihnen erschienenen drei Motetten für 4- und 8stimmigen Chor (Op. 110, 1890) zeigen Brahms als den Meister der Polyphonie und den berufensten Nachfolger Bachs und der alten Italiener in der Kunst des Vocalsatzes, und zwar sowohl hinsichtlich der technischen Durcharbeitung, als der wirkungsvollen Stimmengruppirung. Das erstere erinnert mehr an die Kunst Bachs; das andere hat Brahms den alten Italienern im Wesentlichen abgelauscht, aber im Einzelnen selbständig und aus sich umgeformt.

Unter den Compositionen von Op. 103 bis 110 überwiegen die vocalen bei weitem. Von nun ab gewinnt die Kammermusik die Oberhand, und zwar ist gleich das erste Werk dieser Gattung, das zweite Streichquintett (Op. 111, 1891) ein Meisterstück ersten Ranges. Gleich der Anfang des ersten Satzes zeigt eine staunenswerthe Kühnheit und Sicherheit des Entwurfes: Wie das Violoncello zu der schwebenden Figuration der andern Instrumente mit dem kühn aufstrebenden Thema einsetzt, das verräth einen grossen, genialen, seiner Kraft sich bewussten Meister. Der von den beiden Bratschen eröffnete Seitensatz deutet auf Schubert, die unglaublich kühne Durchführung offenbart Beethovensche Züge. Das »Adagio« mit der elegischen, aber warmblütigen Melodie der ersten Bratsche ist in seiner Knappheit und mit seinen leisen ungarischen Anklängen ganz Brahms; nicht minder das »Un poco Allegretto« mit dem reizenden, sich zum Schluss wiederholenden Doppelduo zwischen Bratschen und Violinen im Trio (G-dur). Auch das Finale (»Vivace ma non troppo presto«) ist bis auf den Seitensatz stark »alla Zingarese« gehalten und geht zum Schluss in eine richtige »Friska« über.

Aus Op. 112 (1891), das »sechs Quartette« mit Pianoforte enthält, haben wir nur noch der ersten zwei Gesänge: »Sehnsucht« und »Nächtens« von F. Kugler zu gedenken. Sie stellen an die Ausführenden weit höhere Anforderungen als alle anderen ähnlichen Gesänge. Von kostbarer Wirkung ist die Entfaltung der Hauptmelodie des ersten Quartettes am Schlusse, nach dem stark chromatischen Mittelsatze. Das zweite Quartett, »unruhig bewegt« und im $^5/_4$-Takt gehalten, ist ein düsteres, melancholisches Tongemälde. No. 3 bis 6 sind die oben bereits erwähnten »Zigeunerlieder«.

In Op. 113 (1891) sind 13 drei- oder zweistimmige »Canons« für Frauenstimmen enthalten, zum Theil drollige Volks- und Kinderlieder: »Sitzt a schöns Vögerl auf'm Dannabaum«, »Wille, wille, will der Mann ist kommen« u. a. Am häufigsten sind Rückertsche Texte benutzt, unter ihnen das: »Ans Auge des Liebsten fest mit Blicken dich ansauge.« Brahms veröffentlichte diesen Canon zuerst als Festgabe im 100. Heft der Zeitschrift »Nord und Süd«.

Mit Op. 114 (1892) beginnt (durch einige Hefte Claviercompositionen unterbrochen: Op. 116—119) eine Reihe von Kammermusikwerken für Clarinette und begleitende Instrumente. Bei seinem mehrfachen Aufenthalte in Meiningen hatte Brahms die Kunst des Clarinettisten der Hofcapelle Mühlfeld kennen und bewundern gelernt. Wiederholt hatte er sich von ihm auf seinem Instrumente vorspielen lassen, vor allem Etuden und Stücke, aus denen er so recht die Eigenart dieses Instrumentes kennen lernen konnte. Die Frucht dieser »Studien« war zunächst das Trio in A-moll (Op. 114, 1892) für Clavier, Clarinette (oder Bratsche) und Violoncello, ein Werk von ungemeiner Klarheit und Durchsichtigkeit des Baues und Schlichtheit der Empfindung, das freilich, ganz ebenso wie die beiden Sonaten (in F-moll und C-dur Op. 120) für Clavier und Clarinette, durch das Clarinetten-Quintett Op. 115 in Schatten gestellt wird. Am 24. November 1891 wurden Op. 114 und 115 zum ersten Male von dem Componisten, unter Mitwirkung von Joachim, Wirth, Hausmann und Mühlfeld am Meininger Hofe zu Gehör gebracht.

So viel Werke für Kammermusik Brahms auch geschaffen hat, keines ist so durchtränkt von Wohlklang wie das Clarinetten-Quintett.*) Schon die Art und Weise, wie Brahms die Clarinette in das Gefüge des Streichquartetts eintreten lässt: bald melodieführend, bald begleitend, bald als Grundstimme, hat einen ganz eigenen Reiz. Dazu kommt die unvergleichliche, dem Charakter des Instrumentes auf das genaueste entsprechende Ausführung dieser Stimme: da fehlt keine Nuance, keine Ausdrucks- und Vortragsform, die nicht beweist, wie eingehend der Meister dies Instrument auf seine künstlerische Verwendbarkeit geprüft, und wie er ihm alles auf das Feinste abgelauscht hat, was es Schönes und der Kunst Würdiges in den Händen eines vollendeten Meisters leisten kann. Die zarten, verhauchenden Gesangsstellen des ersten und des Adagio-Satzes, in diesem namentlich der wundervoll colorirte, phantastische Mittelsatz — eine farbenprächtige Puszta-Idylle — der verhauchende Schluss, das alles übt einen unvergleichlichen Zauber aus. Dem gemächlichen Andantino-Thema folgt ein daraus abgeleitetes Presto non assai, ma con sentimento, ein Moll-Scherzo mit jenem echt Brahmsschen, verschleierten Tonklange und filigranartiger Technik, am Schlusse sich beruhigend und zum behaglichen Frieden des Anfangs zurückkehrend. Der letzte Variationensatz zeigt wieder Brahms' höchste Meisterschaft auf diesem Gebiete. Nach der Variation in H-dur intonirt die Clarinette zur wehmüthig klagenden Melodie der Bratsche das Motiv des Anfangs des ersten Satzes

*) Weingartner (a. a. O. S. 43) bezeichnet es als »leeres Tongerüst«.

und hält es auch in der folgenden, letzten Variation fest. Schliesslich in Achtelbewegungen übergehend und zu einer aufwärtsstrebenden Cadenz erweitert, verhallt es allmählich, immer langsamer werdend.

Mit der nun folgenden Reihe von Clavierwerken (Op. 116—119, 1892 und 1893) schliesst sich der Kreis der Brahmsschen Werke für Kammermusik. Die »Fantasien« Op. 116, zwei Hefte, enthalten vier Intermezzos und zwei Capriccios. Brahms hat diese allgemeinen Bezeichnungen vorgezogen; er hätte diesen Charakterstücken ebenso gut auch poetische Deutungen geben und dadurch die in diesen Stücken vorhandenen inneren Beziehungen zu Schumannscher Tonpoesie auch äusserlich deutlich hervortreten lassen können. Aber Brahms theilte im wesentlichen Hanslicks Meinung, dass die Musik unfähig sei, bestimmte Empfindungen auch nur mit einiger Deutlichkeit auszudrücken und hielt daher poetische Titel zum mindesten für überflüssig. Man könne Niemanden zwingen, gerade das, was man durch den Titel bezeichnet, sich bei dem betreffenden Musikstück auch zu denken; um so weniger, als die Musik eben nicht im Stande sei, concrete Gefühle und Empfindungen irgend welcher Art nach Art des Wortes auch nur annähernd deutlich auszudrücken. Nur einmal macht er in diesen Stücken eine Ausnahme: dem ersten Intermezzo in Op. 117 sind als Motto Verse aus einem schottischen Volksliede (nach Herder) vorgesetzt: »Schlaf sanft, mein Kind, schlaf sanft und schön! Mich dauert's sehr, dich weinen sehn«. Op. 118 und 119 enthalten ebenfalls überwiegend Intermezzi, ausserdem eine Ballade, eine Romanze und eine Rhapsodie. Wunderbar und im Innersten tief ergreifend quillt ein Strom des Wohllauts aus diesen Stücken. Und mit diesem Wohllaut verbindet sich eine beispiellose Kenntniss des Claviersatzes und der verborgensten und herrlichsten Wirkungen, denen dieses »Hausinstrument« fähig ist. Allerdings können nur tief beanlagte, sinnige und warm empfindende Gemüther all' den Tonzauber, der in diesen Stücken verborgen liegt, richtig erfassen und vollständig begreifen. Ein vortreffliches Bild zeigt uns den Meister sinnend — wie er es liebte — am Fenster sitzen und in die Mondscheinnacht hinausblickend, tief versunken in die Betrachtung der mondbeglänzten Landschaft vor ihm: dies Bild giebt annähernd die Stimmungen wieder, denen diese Clavierstücke ihr Entstehen verdanken.

Photogr. v. Maria Fellinger.

Ehe mit Brahms' letztem Werke, den »Vier ernsten Gesängen« die Betrachtung seines künstlerischen Schaffens abgeschlossen wird, sei hier noch kurz derjenigen Werke gedacht, die ohne Opuszahl erschienen, die also, zum grösseren Theil wenigstens, bis jetzt noch nicht erwähnt werden konnten. Der thematische Brahms-Catalog führt unter diesen Werken zuerst »51 Uebungen für das Pianoforte« in zwei Heften auf, 1893 erschienen.

Die erstaunliche Mannigfaltigkeit dieser Uebungen bekunden einen unglaublich ausgebildeten Formensinn und eine wahrhaft unergründlich tiefe Kenntniss der Methodik des Clavierspiels. Sie sind den ersten Uebungswerken aller Zeiten an die Seite zu stellen.

Demnächst erwähnt der Catalog die 1894 erschienenen »Deutschen Volkslieder«, im ganzen sieben Hefte mit 49 Liedern. Das letzte Heft nach altem norddeutschen und speciell dithmarsischen Brauch für »Vorsänger und kleinen Chor«. In demselben befindet sich u. a. auch — als ein sinniges Gedenken an sein erstes Jugendwerk, das ihm Schumanns Liebe und Freundschaft erwarb, das Lied: »Verstohlen geht der Mond auf«. Die von Brahms den Original-Melodien zugefügte Begleitung ist von unendlich feiner Ausführung. Nur so, durch wahre und reine Kunst in zurückhaltender, aber doch wieder wohlüberlegter und richtiger Nachempfindung der wahren Volksseele, kann das dem allgemeinen Volksbewusstsein entschieden immer mehr und mehr schwindende Volkslied der deutschen Nation in seiner ganzen Schönheit verständlich gemacht, und der werthvolle Schatz an Volksmelodien als ein Nationalgut gewahrt bleiben. Es ist eine ganz falsche Annahme, das Volkslied müsse eine aus den simpelsten Dreiklangsfolgen bestehende Begleitung ohne jede Figuration und musikalisches Detail haben, um in seiner Einfachheit richtig zu wirken. Brahms' Volkslieder sind der beste Beweis, wie absurd diese Annahme sogenannter »Musikgelehrter« ist. Will man das »Volkslied« bewahren, so verpflanze man es an die Stätte der Kunst. Der Volksgesang unserer Tage ist entweder »Bänkelsang« oder »Tingeltangelei«. Die zarte, richtige Blüthe des Volksliedes kann nur da bewahrt werden, wo die wahre Kunst gepflegt wird, jene reine Kunst, der das Volkslied entstammt, das leider dem Allgemein-Empfinden des Volkes immer mehr entschwindet. Und so sind denn Brahms' Volkslieder gleichzeitig eine ernste Mahnung an die deutsche Nation: eines ihrer heiligsten und edelsten Güter zu pflegen!

Ueber Zweck und Ziel seiner »Volkslieder« spricht sich Brahms in einem Briefe an den Keller-Biographen Bächtold in höchst bemerkenswerther Weise aus:

»Ich hoffe, dass Sie für einiges, jedenfalls unklare Geschwätz über Ihre Arbeit und Ihren Helden Ersatz finden in einigen Noten, die ich Ihnen (ausnahmsweise mit besonderem Vergnügen) zusenden werde. Es ist eine Sammlung deutscher Volkslieder mit Clavier. Ich glaube, sie wird Ihnen Neues bringen; denn falls Sie sich für die Musik unserer Volkslieder interessirt haben, werden Erk und jetzt Böhme Ihre Führer gewesen sein? Diese gaben sehr lange den (sehr philiströsen) Ton an und meine Sammlung steht ihnen gradezu entgegen«. . . .

Dem Kenner des deutschen Volksliedes und seiner Geschichte wird selten ein Urtheil so aus der Seele geschrieben sein, als diese scharfe aber gerechte Kritik der Erk-Böhme'schen Sammlungen durch Brahms.

Ueber die vierstimmig gesetzten »Volkslieder« und die einstimmigen »Volks-Kinderlieder« ist bereits oben gesprochen.

Ganz allein für sich stehen zwei Compositionen kleineren Umfangs für Orgel: eine Fuge in As-moll, als Beilage zu der Allgem. musikalischen Zeitung (No. 29, 1864) erschienen, und ein Choral-Vorspiel nebst Fuge über »O Traurigkeit, o Herzeleid«, eine Beilage zum Jahrgang 1881 des Musikalischen Wochenblattes. Beides sind köstliche Werke im edelsten

Orgelstil gehalten. Die As-moll-Fuge namentlich ist interessant durch die Beantwortung des Themas in der Umkehrung und die als zarte Klanggebilde von dem strengen Fugensatz sich abhebenden und dem zweiten Clavier überwiesenen Zwischensätze. Das Choral-Vorspiel wirkt tiefergreifend in der Schlusswendung, vor Beginn der auf den Cantus firmus des Pedals aufgebauten Fuge.

Demnächst erwähnt der Catalog die »Studien für Pianoforte« (1869 und 1879 erschienen). Es sind dies Paraphrasen über die F-moll-Etude Chopins (die Melodie in Sexten!), das Finale der C-dur-Sonate Webers, vulgo »Perpetuum mobile« genannt; bei Brahms übernimmt die linke Hand die Original-Parthie der Rechten. Man darf hierbei an Marxsens Etuden für die linke Hand denken.[56]) Ferner ein Presto von J. S. Bach in doppelter Bearbeitung, die Bachsche Chaconne, ebenfalls als Etude für die linke Hand gesetzt, und Glucks liebliche Gavotte (1871), die seit Clara Schumann eines der beliebtesten Repertoirstücke der Clavierspieler geworden ist.

Den Beschluss der Werke ohne Opuszahl bilden die von Brahms vierhändig gesetzten »Ungarischen Tänze«, von denen die ersten zwei Hefte 1869, die letzten zwei — nach Bülows richtigem Urtheil den ersten an Feinheit weit überlegen — 1880 erschienen. Niemals ist bessere Musik populärer geworden, als diese »Ungarischen Tänze«! Schon als vierhändige Clavierstücke an und für sich betrachtet, zeigen sie eine Fülle neuer technischer und klanglicher Erscheinungen, einen Claviersatz von solch frischer Originalität, dem unter gleichartigen Compositionen nichts an die Seite zu stellen ist; nicht einmal das »Divertissement à la hongroise« von Schubert. Liszts Rakoczy-Marsch-Paraphrase steht ebenso wie seine Rhapsodien in erster Reihe ganz auf dem Boden des Virtuosenthums. Hier sind Originaltänze ungarischer Componisten[57]), deren Namen dem grossen Publikum völlig unbekannt geblieben sind, lediglich durch die geniale künstlerische Ausstattung unsterblich geworden. Das Wesentlichste und Echte der Zigeunermusik ist ihnen geblieben, das Rohe, Unkünstlerische, Brutale, Abgeschmackte und Sinnlose ist ihnen genommen, und so sind diese Tänze ganz allein durch Brahms in die Sphäre reiner Kunst gehoben worden, so dass sich jeder, der ernste Künstler, wie der einfache Laie, daran ergötzt. Auf die unwürdigen Vorwürfe einzugehen, die man Brahms gemacht hat, als habe er sich das geistige Eigenthum an diesen Werken angemasst und sich auf Kosten armer »Fahrender« bereichert, halte ich für völlig überflüssig. Die von F. Simrock verfasste und mit Documenten beglaubigte Abfertigung jener gehässigen Schmähungen thut ein Uebriges. Brahms schwieg — und das war die beste Antwort.

Brahms' letztes Werk waren die »Vier ernsten Gesänge« (op. 121, 1896). Sie sind Max Klinger zugeeignet. Der geniale Zeichner hatte in einer Reihe von Radirungen den Eindruck wiedergegeben, den Brahms' Kunst auf ihn gemacht. Der Meister fand grosses Gefallen an den herrlichen Kunstblättern und widmete dem Künstler sein Werk, nichts weniger als in der »dunklen Ahnung«, dies Werk werde sein letztes sein, noch viel weniger als Todtenklage oder Trauergesänge um Frau Clara Schumann († 20. Mai 1896). Max Klinger selbst schreibt über die Angelegenheit in einem Privatbriefe Folgendes:

»Brahms hat mir seine letzten Gesänge gewidmet. Ein Theil der Musikpresse hat nun verbreitet, dieselben seien aus Anlass des Todes der Frau Dr. Clara Schumann entstanden. Das ist aber durchaus unrichtig. Als die Gesänge entstanden, lebte die Schumann noch. Einem seiner nächsten Freunde hat Brahms die Lieder bereits an seinem letzten Geburtstag gezeigt (10. Mai). Diesem Herrn gegenüber bezeichnete Brahms die Lieder als das Geburtstags-Geschenk, welches er sich gemacht hätte. Mir theilte Brahms die Widmung im Juni mit . . .

»Dem Brahmsschen Briefe an mich nach verdanken die Lieder ihre Entstehung rein persönlichen Beziehungen zwischen uns, und ich bin viel zu stolz darauf, um nicht diese vorgenannte Legende als solche zu bezeichnen.

»Auch würde Brahms in unzweideutiger Form eine derartige Entstehungsursache, wie der Tod seiner nächsten Freundin war, kennbar gemacht haben, wie er es bei der Widmung der »Nänie« an Frau Feuerbach gethan hat.«

Es ist ein tief und schmerzlich bewegender und doch wieder erhebender Gedanke, dass Brahms sich mit diesen Gesängen — gleichviel ob bewusst oder unbewusst — sein Sterbelied gesungen hat. In einem einzigen, engen Rahmen fassen diese vier Gesänge eine ganze Welt: jene ganze, grosse reiche Welt, wie sie in Brahms selbst lebte und webte. Eine Welt ernster und strenger Wirklichkeit, nicht traumseliger Sentimentalität, eine Welt, deren höchstes, einziges Gut die Arbeit ist, und die dem Menschen sonst nichts weiter bietet als Zweifel und dumpfe Ungewissheit, Thränen und Elend. Darum sind die Todten zu preisen, mehr als die Lebendigen: »und der noch nicht ist, ist besser als alle beide«. Nur dem, »der ohne Sorge lebt«, ist der Tod bitter; wie wohl dagegen »thust Du dem Dürftigen — wie wohl thust Du!« Aber über Elend und Tod siegt und bei allem Wechsel besteht die Liebe. Durch sie werden wir verklärt und den Geistern höherer reiner Erkenntniss zugesellt: »Nun aber bleiben Glaube, Liebe, Hoffnung, diese drei, aber die Liebe ist die grösseste unter ihnen.« Diese vier Gesänge sind ein zweites »deutsches Requiem«, und hätte Brahms ausser diesen Liedern kein anderes geschrieben, er wäre durch diese allein einer unserer grössten Liederdichter geworden.

Ehe die Sonne versank, strahlte sie noch einmal im höchsten, schönsten Glanze. Dann senkte sich ein dunkler Schleier auf das so hell und freundlich strahlende Auge und das heitere, allzeit für Menschennoth und Elend so warm schlagende Herz erkaltete im Tode. Aus der Fülle seines Innersten ertönte dieser sein letzter Sang. Kaum war der letzte Ton verklungen, da zeigte sich der unheimliche Gast, der am Leibe des bisher in bester und unerschütterter Rüstigkeit und andauernder Gesundheit Blühenden nagte. Während seines Sommeraufenthaltes in Ischl machten sich die ersten beunruhigenden Anzeichen bemerkbar. Die Aerzte erkannten noch nicht die Gefährlichkeit der Krankheit und sandten ihn zur Heilung seines »Leberleidens« nach Karlsbad. Hier traf der Meister Ende August 1896 ein, körperlich schon sehr angegriffen und leidend, aber sonst noch frisch und voll guten Humors.

»Ich bin meiner Gelbsucht dankbar«, schreibt er anfangs September an Hanslick, »dass sie mich endlich in das berühmte Karlsbad bringt. Es begrüssten mich auch gleich so herrliche Tage, wie wir sie den ganzen Sommer nicht hatten. Dazu habe ich eine überaus reizende Wohnung bei allerliebsten Leuten, sodass ich höchst vergnügt bin . . .«

Zu diesem Brief steht in seltsamem Gegensatz das Schreiben und sachkundige Gutachten des den Meister in Karlsbad behandelnden Arztes, der

»nach wiederholter genauer Untersuchung« und auf Grund einer dreiwöchentlichen Beobachtung eine bedeutende Leberschwellung »mit vollständigem Verschluss der Gallengänge« constatirte. Von einer Neubildung der Leber sei allerdings noch nichts zu merken.

Der Bericht des Arztes zeigt die enorme Gefahr, in der der Meister schwebte, von der ihm selbst aber Niemand sprechen durfte. Brahms' Vater war am Leberkrebs gestorben: das Leiden hatte sich offenbar auf den Sohn vererbt. Die Wiener Aerzte, welche nach Brahms' Rückkehr (etwa Mitte Oktober) consultirt wurden, erkannten die Krankheit, »wenn sie auch den trostlosen Namen nicht aussprechen mochten«, um den so leicht erregbaren Kranken zu schonen. Zwar unternahm er noch seine gewohnten Spaziergänge, aber die Haltung des Körpers wurde gedrückter, der Gang schwankender. Noch besuchte er am 2. Januar 1897 das Concert des Joachim-Quartetts, in dem sein G-dur-Quintett einen ausserordentlichen Erfolg hatte; ja selbst am 7. März erschien er noch im »philharmonischen Concerte«, das einen denkwürdigen Verlauf nahm:

»Man begann«, erzählte Hanslick, »mit B.'s 4. Symphonie in E-moll. Gleich nach dem ersten Satz erhob sich ein Beifallssturm, so anhaltend, dass B. endlich aus dem Hintergrund der Directions-Loge hervortreten und sich dankend verneigen musste. Diese Ovation wiederholte sich nach jedem der vier Sätze und wollte nach dem Finale gar kein Ende nehmen. Es ging ein Schauer von Ehrfurcht und schmerzlichem Mitleid durch die ganze Versammlung, eine deutliche Ahnung, dass man die Leidensgestalt des geliebten kranken Meisters in diesem Saale zum letzten Mal begrüsse . . .«

Nicht lange dauerte es, und der Meister war nicht mehr im Stande, seine gewohnten Spaziergänge zu machen; die Füsse trugen nicht mehr. Von den rührend sorgfältigen Händen seiner Freunde Arthur Faber und Dr. Fellinger, sowie deren Frauen unausgesetzt auf das beste gepflegt und bewahrt, hielt man alles geflissentlich von ihm fern, was ihm die Hoffnung auf Genesung hätte rauben können. Noch vier Tage vor seinem Ende schrieb Brahms mit Bleistift eine Karte an seine Stiefmutter, in der er ihr seine Krankheit mittheilte, aber hinzufügte, es sei nicht so schlimm, man solle sich nicht ängstigen. (S. Anhang 3.) Am 2. April verlor er das Bewusstsein und am folgenden Tage, früh $9^3/_4$ Uhr, entschlummerte der Meister sanft und friedlich. Seine Seele entschwebte zu den lichten Räumen, in die kurze Zeit nacheinander und vor ihm Theodor Billroth, Hans v. Bülow und Clara Schumann, also die drei Menschen, die seinem Herzen und seiner Kunst am nächsten standen, eingegangen waren. — Drei Tage nach dem Tode am 6. April, bestattete man die sterbliche Hülle zur ewigen Ruhe. In unmittelbarer Nähe von Beethovens Grabe und unfern von dem Schuberts war dem Meister ein Ehrengrab bestellt. Hier fand sein Leib den seligen Frieden des Todes, dem kein deutscher Componist schönere und tiefer zu Herzen gehende Töne verliehen hat, denn er. An der offenen Gruft widmete Dr. Richard von Perger, der Dirigent des Wiener Singvereins, dem Geschiedenen die folgenden, ebenso wahren, als herzbewegenden Worte:

»Dieser geheiligte Platz, dieses grünende Mausoleum deutscher Tonkunst, es wird nun auch die sterblichen Reste unseres erhabenen Zeitgenossen in seinen stillen, kühlen Grund aufnehmen. Er, der die ganze Welt so reich beschenkt und beglückt hat, was ist er zunächst uns Musikern gewesen! In dem Lichte, welches sein schöpferisches Genie, sein durchdringender Kunstverstand ausstrahlt, konnten wir so recht emporschauen zu seiner unvergleichlichen Meisterschaft, zu seiner hohen, unbeugsamen, künstlerischen Gesinnung; durch zahllose Wege und Irrwege, welche heute das Reich der Tonkunst durchkreuzen, leitete uns die Fackel, welche ihr erster Priester hoch und fest in Händen hielt. Würdige geistige Brüder fand er freilich erst heute an dieser Ruhestätte, in dieser Nachbarschaft, aber seinen mitlebenden Berufsgenossen war er trotz des grossen Abstandes, der ihn über sie erhob, stets der einfache, theilnehmende Freund und Berater, ein Förderer aufstrebender Talente, ein sicherer und treuer Helfer in Noth und Bedrängniss. Unsere Pflicht ist es, das heilige Vermächtniss des Meisters treu zu bewahren; geloben wir in seinem Sinne zu wirken, wie zu streiten. Seine Werke, schon jetzt Eigenthum der kunstliebenden Menschheit, sollen durch unsere Arbeit immer mehr zu Ohren und Herzen dringen. Hier ruhst du nun, du Gottbegnadeter, in dieser grossen, ernsten Welteinsamkeit; die Lichtwolken ziehen über dir hinweg und dein Unsterbliches zieht selig mit ihnen dahin durch ewige Räume!«

JOHANNES BRAHMS ALS KÜNSTLER UND MENSCH.

Die Stellung, welche Brahms in der Musikgeschichte einnimmt, hat Hans v. Bülow ebenso kurz als treffend damit bezeichnet, dass er Brahms einfach den »Klassikern« beizählt, und zwar den Klassikern im Gegensatz zu den modernen Romantikern wie Berlioz, Saint-Saëns u. A. Die Richtigkeit dieses Urtheils ist unumstösslich; es wird sich nur fragen, in welchem Sinne und in welchem Umfange dies Wort seine volle Gültigkeit hat. —

Man braucht nicht ein klassisches Kunstwerk als ein solches zu definiren, »dem die vernichtende Macht der Zeit nichts anhaben kann«, um aus der Unsterblichkeit Brahmsscher Compositionen rückschliessend Brahms als Klassiker zu demonstriren. Wohl galten »alle echten Klassiker« ihrer Zeit als Neuerer, keineswegs aber bezeichnete man sie als »Romantiker«. Ein wesentliches Merkmal eines »Klassikers« liegt in der Entwicklung eines eigenartigen, echten Künstlergeistes nach den Grund-Prinzipien, welche die historische Entwicklung der Kunst im Allgemeinen als »Zwölftafel-Gesetz« in Stein und Erz für alle Zeiten eingegraben hat. Nicht in dem Sinne, als sollten sich in der Musikgeschichte »Gesetz und Rechte wie eine ewige Krankheit« forterben. Die musikalischen Gesetze, selbst die fundamentalen, sind entwickelungsfähig; sie müssen es sogar sein, sonst wäre ein Fortschritt unmöglich. Nicht der todte Buchstabe beherrscht sie, sondern der Geist des mit der Zeit lebenden und den Geist der Zeit in sich aufnehmenden und in neuer künstlerischer Form wiedergebenden Künstlers. Gesetz und Form sind nicht dasselbe. Ein und dasselbe Gesetz kann die mannigfachsten Formen hervorbringen, ja es kann selbst eine althergebrachte Form zerstören und eine neue an deren Stelle setzen. Das Formlose allerdings hat ebenso wie das rein Formale keinen Antheil an der Kunst. —

In Brahms' Werken herrschen vom ersten bis zum letzten die Gesetze der Klassiker von Bach bis Beethoven als formenbildende Elemente. Wie kein Meister vor ihm besass er die Gabe, sich das Wesen und den Stil der »Klassiker« zu eigen zu machen, es ganz und gar in sich aufzunehmen und durch die eigene Individualität umgeformt als eigenstes Kunstwerk zu produciren. Und so waren seine Werke im Geiste und nach den Gesetzen der Alten geschaffen, und doch, wie Brahms' eigenste Persönlichkeit, ganz modern und neu, nicht bloss in der Stimmung und in dem Empfindungsausdruck, sondern auch in der Form, — in letzterer Hinsicht natürlich nur insoweit, als gewisse gesetzmässig in ihren allgemeinen typischen Grundzügen feststehende Normen von ihm streng und gewissenhaft bewahrt wurden. Dieses Festhalten an den alten klassischen Gesetzen, oder wie man häufig, aber nicht ganz richtig, sagt: an der »alten Form«, hat Brahms von vornherein in eine gewisse gegensätzliche Beziehung zur neudeutschen und insbesondere zur Wagnerschen Kunst gebracht. Allein dieser Gegensatz wäre an sich und im Princip kein unlösbarer und unversöhnlicher gewesen. Denn auch die Wagnersche Kunst beruht in ihrem innersten Wesen auf den Principien einer naturgemässen, historischen Entwickelung. Er ist es leider geworden in Folge von Hetzereien und fortgesetzten Schmähungen der Freunde Wagners gegen Brahms.

Brahms und Wagner sind die Vertreter zweier verschiedenen, aus ein und derselben Wurzel entstandenen Richtungen. Die eine, die Wagnersche, wendet sich nach aussen, zieht alle Künste und Mittel der Darstellung in ihren Bannkreis und schafft so ein bewundernswerth einheitliches und doch ungemein complicirtes dramatisches Gesammtkunstwerk.

Die andere, Brahmssche, wendet sich contemplativ nach innen, ist der Welt abgekehrt und nimmt als Mittel der Darstellung nicht mehr in Anspruch und nicht weniger, als nothwendig ist, die beabsichtigte rein musikalische und ganz innerliche Wirkung zu erzeugen. Damit ist nicht gesagt, dass diese Mittel beschränkt wären. Sie enträth nur der nicht rein musikalischen Mittel, nimmt dagegen im höchsten, ja in noch viel intensiverem Masse als jene alles das in Anspruch, was zu einer rein musikalischen Darstellung gehört.

Wagners traurige Lebensschicksale, die Verbannung und mannigfache Noth des Lebens, das vergebliche Bemühen, seinen Werken schnell Eingang auf den Bühnen zu verschaffen, das Bestreben, die Kunstwerke ihres Meisters in das hellste Licht zu setzen, hatten seine Anhänger zu einer unerlaubten und unwürdigen Propaganda verleitet. Wie dies immer in ähnlichen Fällen geschieht, beschränkte man sich nicht darauf, die neue Kunst im Uebermass zu loben; man wähnte, am nachdrücklichsten für sie einzutreten, wenn man die ganze sogenannte klassische Richtung in den »Froschpfuhl« verdammte. So entstand jene erste Friction, die in einer von Brahms, Joachim, Grimm und B. Scholz unterzeichneten, in ihren Folgen aber wohl unterschätzten Erklärung ihren Ausdruck fand.[58]) Damit hatte sich ein Riss für alle Zeiten zwischen Wagner und Brahms aufgethan. Als Wagner durch die Gnade des kunstbegeisterten Bayernkönigs rehabilitirt war, und es der Zufall fügte, dass beide Künstler gleichzeitig mit einer hohen bayrischen Ordensauszeichnung bedacht wurden, da brach allmählich die so lang verhaltene bittere Stimmung wieder durch. Wagner sprach und schrieb mehrfach recht wegwerfend über

Brahms: »er sei kein deutscher Geist«; was zu Quintetten u. dgl. tauge, werde von ihm als »Symphonie servirt«; Brahms biete »zähe Melodik«, »kleinliches Melodien-Häcksel«, und »das Eigenthum der Einfälle Brahms'« sei oft zum mindesten verdächtig. Am rücksichtslosesten sprach er seine Abneigung gegen Brahms in folgenden Worten aus: »Ich kenne berühmte Künstler, die Ihr bei Concert-Maskeraden heute in der Larve des Bänkelsängers, morgen mit der Halleluja-Perrücke Händels, ein anderes Mal als jüdischen Czardas-Aufspieler und dann wieder als grundgediegenen Symphonisten, in eine No. X verkleidet, antreffen könnt« . . . Höhnische Bezeichnungen, wie: der »ernste Musikprinz«, eine Verspottung des Breslauer Doctordiploms, in welchem Brahms als »artis musicae severioris nunc princeps« bezeichnet worden war; ferner: Brahms sei der »Componist des letzten Gedankens« Schumanns, wie Reissiger der Webers, trugen natürlich dazu bei, die gegenseitige Stimmung zu verbittern. Brahms antwortete auf diese Angriffe mit keinem Worte. Mied er auch jedes persönliche Zusammentreffen mit Wagner und Wagnerscher Kunst, so war er doch mit Wagners Werken ebenso wenig unbekannt, als anderen begeisterten Freunden und Anhängern des »Meisters«, sobald sie nur Ehrlichkeit und Freundschaft gegen ihn bewiesen, aufrichtigst zugethan. Das erhebendste Beispiel hierfür ist die Freundschaft, die Brahms mit dem zu früh verstorbenen Tausig verband. Dabei scheint Brahms doch stets empfunden zu haben, dass er ebenso wenig auf dem Gebiete der Oper sein Glück machen werde, wie Wagner auf dem Gebiete der Symphonie und Kammermusik mit ihm in die Schranken treten könne.

Karl Tausig.

Was nun jenes Urtheil Wagners, als einer Autorität, über Brahms' Werke betrifft, so wird zunächst die bei Wagner durch Zuträger genährte feindliche Stimmung gegen diesen in Erwägung zu ziehen sein; demnächst aber die Thatsache, dass Wagner viel zu sehr mit sich selber und seinen eigenen Werken beschäftigt war, als dass er Musse und Ruhe gefunden hätte, sich eingehend mit denen von Brahms zu beschäftigen.[59]) Der genialere von beiden Meistern ist zweifellos Wagner; er zerbricht die Form und schafft sich »bewusstvoll unbewusst« eine eigne neue. Brahms hütet das alte formenbildende Gesetz treu und ehrlich und zaubert aus ihm eine unendliche Fülle neuer und mannigfacher Gestalten von minder in die Sinne fallender, nicht berauschender, aber tief ergreifender Schönheit.

Aber trotz dieses inneren Gegensatzes war, wie gesagt, Brahms nicht blos ein ausserordentlicher Kenner, sondern auch Verehrer der Werke des Bayreuther Meisters. Am deutlichsten tritt dieser Zug in einem Briefe an J. V. Widmann (Erinnerungen S. 82) hervor. Zwischen den beiden Freunden hatte die Controverse über eine Rede Kaiser Wilhelms II. zu Frankfurt a. O. zu unerquicklichen, politischen Erörterungen geführt, die sich in dem darauf folgenden Briefwechsel fortgesetzt zu haben scheinen. Brahms, der mit grosser Energie und Begeisterung die deutsch-nationale Partei vertrat, schrieb an Widmann am 20. August 1888:

»So übt man eben Kritik über Alles, was aus Deutschland kommt; die Deutschen selbst gehen aber darin voran. Das ist in der Politik, wie in der Kunst. Wenn das Bayreuther Theater in Frankreich stände, brauchte es nicht so Grosses, wie die Wagner'schen Werke, damit Sie ... und alle Welt hinpilgerten und sich für so ideal Gedachtes und Geschaffenes begeisterten.«

Ja, nicht einmal die Person des Meisters war Brahms im Grunde genommen unsympathisch. Als man einmal von den Ehrenbezeugungen sprach, die Wagner wie einem Fürsten zu Theil geworden waren, fand Brahms dies ganz in der Ordnung: der ganze Stand der Musiker, sagte er, sei durch ihn gehoben worden, »und wenn er vor uns allen reichlich eingeheimst hat, so ist es doch auch Allen zu gute gekommen.« (Widmann a. a. O. 109.)

Bei der grossen Bewunderung und tiefen Verehrung, die Brahms für die Werke Richard Wagners empfand — die Partitur der »Meistersinger« hatte er stets zur Hand — und bei der überaus strengen Selbstkritik, die Brahms an sich und seinen Werken übte, ist es wohl erklärlich, dass er sich geflissentlich von dem Unterfangen, eine Oper zu componiren, fern hielt. Wohl hat es nicht an Verlockungen und heimlichen Wünschen gefehlt, den heissen Boden dieser Musikgattung zu betreten, deren Erfolg so oft von zweifelhaften und unberechenbaren Factoren abhängig ist. Aber Brahms hat allen Versuchungen dieser Art zum Glück widerstanden. Dass er es fühlte und im Innersten empfand, wie schwer es sei, auf Wagners eigenstem Gebiete einen seiner selbst würdigen Erfolg zu erreichen, dafür spricht eine Mittheilung Widmanns, der erzählt: Brahms habe das »Durchcomponiren« des Textes für unnöthig gehalten, sogar für schädlich und unkünstlerisch (?). »Nur die Höhepunkte und diejenigen Stellen der Handlung, bei denen die Musik ihrem Wesen nach wirklich etwas zu sagen haben, sollten in Töne gesetzt werden.« . . . Mit welcher Peinlichkeit vermeidet es also Brahms, in die gefährliche Sonnennähe Wagnerscher Kunst zu gerathen! Grade daraus aber scheint mir mit Evidenz hervorzugehen, dass Brahms nie ernstlich daran gedacht hat, eine wirkliche Oper, sondern vielmehr ein Werk etwa im Stile des Schumann'schen Manfred zu schreiben, dessen grosse Wirkung von der Bühne herab ja längst erprobt ist. Allerdings besass er schon, wie es scheint, seit der Karlsruher Zeit ein Opernlibretto: Calderon's »Lautes Geheimniss«, das ihm sein Freund Algeier angefertigt hatte. Aber er hat wohl niemals ernstlich daran gedacht, es zu componiren. Als Brahms die drei Sommer am Thuner See zubrachte, in der Nähe seines Berner Freundes J. V. Widmann, des Verfassers des Textbuches zu Götz' »Bezähmte Widerspenstige«, »Francesca da Rimini« u. s. w., war in Zeitungen viel davon die Rede, dass Brahms an einer Oper arbeite. Auf eine diesbezügliche vorsichtige Anfrage Widmanns, der die Bemerkung beigefügt war, es sei doch eigentlich schade, dass jenes Gerücht grundlos bleiben müsse, antwortete Brahms am 7. Januar 1888:

»Habe ich Ihnen nie von meinen schönen Principien gesprochen . . . .? Dazu gehört: Keine Oper und keine Heirath mehr zu versuchen. Sonst glaube ich, würde ich gleich zwei vornehmen, nämlich Opern, nämlich »König Hirsch« (nach Gozzi) und »Das laute Geheimniss« . . Wenn Sie, lieber Freund, nun recht liberale Anschauungen und Grundsätze haben, so können Sie sich klar machen, wie viel Geld ich spare und für eine italienische Reise übrig habe — wenn ich zum Sommer nicht heirathe und mir keinen Operntext kaufe! Können wir dafür nicht zusammen laufen? In Italien kann ich's nicht gut allein . . .« (Widmann, Erinnerungen S. 45.)

Wie der Oper so ist Brahms auch dem Oratorium fern geblieben, augenscheinlich aus einem ähnlichen Grunde. Die Hochschätzung der Meisterwerke Bachs, Händels und Mendelssohns auf diesem Gebiet, noch mehr aber die vollständige Unmöglichkeit einen Text zu finden, der den hohen Ansprüchen, die er an einen solchen stellte, vollkommen genügte, sind die leicht begreiflichen Gründe dafür gewesen.

Unter allen Meistern der Tonkunst stand dem persönlichen wie künstlerischen Empfinden Brahms, Niemand so nahe, wie Schumann. Und doch hat seine Musik, von den wenigen oben bezeichneten »Schumann-Werken« abgesehen, nur äusserst geringe Berührung mit der Schumanns. Wohl ist ihm dieser echteste »deutsche Romantiker« in der kleinen poetisch-musikalischen Form überlegen; aber was Brahms vor Schumann auszeichnet, ist der strengere und energischere Anschluss an Bach, die grössere Plastik und der breitere, vollere Fluss seiner Melodien, die grössere Präcision und Knappheit in der Form und die bei weitem reichere Mannigfaltigkeit im Ausdruck. — Was Brahms mit Bach und Beethoven vereint, ist oben im Einzelnen ausführlich dargelegt worden. Es ist die formale Sicherheit, die Kraft, der Adel und die Energie des Ausdrucks, verbunden mit dem denkbar reichsten thematischen Leben. Dazu tritt das titanenhafte Ringen mit dem Stoff, der Kampf des Geistes mit der Materie des Tones! Existirten Brahms'sche Skizzenhefte, wie solche von Beethoven existiren, sie müssten ähnlich wie diese aussehen!

Phot. v. Maria Fellinger.

Mozart hatte in Brahms einen glühenden Bewunderer; aber ihn nachzuahmen erklärte Brahms sich ausser Stande. »So schön wie Mozart können wir nicht mehr schreiben,« sagte er; »was wir jedoch können das ist uns bemühen, ebenso zu schreiben, wie Er schrieb.« »Figaros Hochzeit« galt ihm als das schönste, als ein unbegreifliches und unnachahmliches Kunstwerk. Von Haydn entnahm Brahms den leichten Fluss und die prickelnden Rhythmen in seinen Prestosätzen im $^2/_4$-Takt; von Schubert die weit ausholenden schön und edel geformten Melodien und deren unerschöpfliche Fülle, den Ausdruck des Lieblichen, Anmuthigen und Heiteren, wie des breiten und behaglichen Sich-Ergehens in Klang- und Melodienfülle.

So weisen denn alle diese allgemeinen Hauptzüge Brahmsschen Stiles auf die »klassischen« Meister zurück.

Aber Brahms ist kein schwächlicher Nachahmer, kein »Epigone« der Klassiker, wie Tageskritiker mit der musikalischen Einsicht einer Eintagsfliege wiederholt versichert haben; er ist eine starke, selbstbewusste und ureigene Individualität, der durchaus originell aus sich schafft nach uralten und ewigen Gesetzen der Kunst. Der »Epigone« schafft unfrei, weil sein Gesichtskreis auf seine Vorbilder beschränkt, seine Hand an einen bereits zur Höhe entwickelten Stil gefesselt, sein Empfinden unselbständig und durch seine »Meister« gebunden ist. Dieser Unfreiheit kann Brahms nur von dem schuldig gesprochen werden, der nicht bloss mit Brahmsscher Eigenart, sondern auch mit der Entwickelungsgeschichte und den formenbildenden Gesetzen der Musik überhaupt unbekannt, sich in beschränkte Einseitigkeit verliert. Wer überhaupt den Lyriker Brahms nach dem Massstabe des Dramatikers Wagner messen will, handelt ebenso thöricht, wie einer, der etwa über Goethesche Lyrik auf Grund Shakespearescher Dramen ein vernichtendes Urtheil fällen wollte! Mit einigen Anklängen an Motive klassischer Meister, wie wir sie oben gewissenhaft gebucht haben, ist noch nicht bewiesen, dass Brahms ein »Epigone« der Klassiker sei. An Reichthum und Mannigfaltigkeit der von ihm neu eingeführten und ausgebauten Formen übertrifft er bei weitem die Klassiker, Mozart nicht ausgenommen. Denn bei Brahms kommen noch die Bachschen Formen dazu, die von den Klassikern nur mit geringen Ausnahmen gepflegt wurden. Und Brahmssche Form ist kein todtes Gebilde, keine Formel: sie bewegt ein lebendiges Gesetz des Geistes, das alles Schablonenhafte in nebelgraue Ferne bannt und jene innere Schönheit und Harmonie herstellt, die stets das Kennzeichen eines Meisters — aber niemals eines »Epigonen« gewesen ist. Brahms ist, um es kurz zu sagen, der Meister der musikalischen Renaissance; er ist der Bramante der Musik.

Wenden wir uns nach diesen allgemeinen Ausführungen den hauptsächlichsten Gebieten zu, auf denen Brahms schöpferisch thätig war. Brahms' Lieder-Compositionen bezeichnen vielleicht nicht bloss einen Glanzpunkt, sondern möglicherweise den Höhepunkt seines Schaffens überhaupt. Im Ganzen sind von ihm (einschliesslich der »Mondnacht«) 196 Lieder für eine Singstimme und Clavier erschienen, nicht gerechnet die 49 Volks- und 14 Volks-Kinderlieder ohne Opuszahl. Die Texte sind — die Tieckschen Magelonen-Romanzen abgerechnet — 59 verschiedenen Dichtern entnommen. Bei weitem in der Mehrzahl sind Daumersche Poesien von Brahms componirt worden, im Ganzen 54 Lieder. Goethe-Texte componirte Brahms 13, einschliesslich des »Rinaldo«, des »Parzenliedes« und der »Rhapsodie«. Von Heyse wurden 8, von Eichendorff 10, von Cl. Groth 12 von L. Uhland (einschliesslich der Volkslieder) 7, von C. Lemcke 11, von Heine 6, von Geibel 3, von Schenkendorf 5, von Wenzig 7, von Platen 5 in Töne gesetzt. Deutsche Volksliedertexte wurden etwa 56 zu Liedern für eine Singstimme benutzt, davon 6 aus »Des Knaben Wunderhorn«. Dazu wären die 49 Volks- und 14 Volks-Kinderlieder zu zählen, im Ganzen also etwa 119 Volksliedertexte. — Die Zahlen reden eine deutliche Sprache; sie zeigen, dass Brahms ein eminent deutscher Liedercomponist ist, und dass er das unbestreitbare grosse, ja einzige Verdienst hat, die deutsche Nation wieder mit einem ihrer werthvollsten nationalen Schätze bekannt gemacht zu haben. Dies Verdienst wäre an sich schon riesengross selbst wenn die 196 anderen Lieder nicht existirten, die Brahms als Liedercomponisten zweifellos den Rang unmittelbar neben Schubert einräumen. Schumann übertrifft ihn wohl in einigen seiner allervornehmsten und edelsten Lieder, im Ganzen aber trägt Brahms vor seinem Meister den Preis davon durch die unendlich reichere Mannigfaltigkeit der zu musikalischer Darstellung gelangten lyrischen Stimmungen, durch die zumeist viel feinere Ausführung im Einzelnen und durch die Sicherheit, mit welcher die lyrischen Stimmungsbilder entworfen sind. Brahms ist etwas realistischer als Schumann, der im Ausmalen lyrischer Stimmungen mitunter das Gebiet des Transscendentalen streift. Seine Sinnlichkeit ist gesunder, üppiger, blühender; Lebenslust und Lebensfreude findet bei ihm einen naiveren, ungeschminkteren und darum so recht lebenswahren Ausdruck. Das Finstere

Dämonische dagegen wirkt bei Brahms kräftiger durch die Knappheit und Energie des Ausdrucks.

Die Begleitung ist klarer, einfacher und viel durchsichtiger — für den, der sich auf Brahms' Stil versteht — als bei Schumann. Sie ist vollkommen selbständig gearbeitet und umkleidet die an und für sich völlig intact bleibende und ein Eigenleben führende Gesangsmelodie; ohne sich je vorlaut vorzudrängen, schmiegt sie sich, auf das kunstvollste ausgeführt, dem Gesange an, ohne ihn zu erdrücken, überall die verlangte Stimmung ganz von selbst gebend, aber nicht bewusst und absichtlich Stimmung machend. In ein wundervolles figuratives Geflecht von Tonfäden löst sie die starken auserlesenen harmonischen Säulen auf, ohne dass ihrer harmonischen Tragkraft Eintrag geschieht. Festgefügt und doch leicht und gefällig, voll und doch klar, unendlich reich und doch einfach und anmuthig, stets alles und nie zu viel sagend, zu rechter Zeit sich selbständig erhebend und wieder zurücktretend; das, alles in allem genommen, ist Brahms'sche Liederbegleitung — an und für sich schon ein Wunderwerk ohne Gleichen.

Phot. v. Maria Fellinger.

Die verhältnissmässig zahlreichen Compositionen a capella haben fast alle ihre Wurzel in Bach oder im deutschen Volksliede, das bekanntlich Meister des XVI. Jahrhunderts mit besonderer Vorliebe zu kunstvoll gearbeiteten Tongebilden benutzten. Und doch finden wir bei keiner einzigen Chorcomposition ein unfreies, unselbständiges Schaffen oder ein schwächliches Anlehnen an bestimmte Vorbilder. Brahms archaisirt gern, weil er den Geist der »Antike« — im musikalischen Sinne gesprochen — voll in sich aufgenommen hat, aber er ist niemals archaistisch, sondern immer in gutem Sinne modorn, frei, und seine Individualität ist so gross und stark, dass vor der Macht seiner ureigensten, tonkünstlerischen Phantasie selbst das sprödeste Material — die alten complicirten Kunstformen — biegsam werden wie weiches Wachs in den Händen des Bildners. —

Was von der Clavierbegleitung zu den Liedern gesagt ist, gilt übrigens von dem Clavierstil des Meisters überhaupt. Anfangs allerdings war der Brahms'sche Claviersatz stellenweise etwas Schumannisch angeglüht; aber die dem verehrten Meister entliehenen Farben verglommen bald. Die eigne starke Individualität liess sie verbleichen. Auch das Orchestrale trat etwas, wenn auch nicht ganz, zurück, dagegen wuchs und erstarkte immer mehr das Bach'sche Element. Spuren des Einflusses dieses Meisters wird man in jedem Clavierstück, in jeder Clavierparthie seiner Kammermusikwerke nachweisen können. Dazu kommt jene reiche harmonische Ausgestaltung, der feine Sinn für die subtilsten, zartesten Klangwirkungen, der überschwängliche Reichthum an schönster und edelster Figuration. Brahms'sche Clavier- und Kammermusik musste man von Brahms selbst vortragen hören. Wie er Clavier spielte, genau so componirte er für das Instrument. Er war kein Pianist im Sinne Liszts, Rubinsteins, nicht einmal Bülows, wiewohl er mit letzterem die überaus klare thematische Darlegung der Polyphonie eines Musikstückes gemein hatte. Aber bei Bülow überwog die Zeichnung, bei Brahms die Farbe; Bülow portraitirte, Brahms malte. Dass Brahms' Technik nicht immer zuverlässig war, ist oft bemerkt worden; dafür war sein Anschlag um so zarter, sein Vortrag um so hinreissender; und wer je das Glück hatte, ihn Schubert'sche oder Strauss'sche Walzer spielen zu hören, wird diesen unbeschreiblichen Eindruck nie vergessen! —

Auf eine ungeahnte Höhe der Vollkommenheit ist durch Brahms die Kammermusik gehoben worden. Sie wurde nicht bloss in ihrem Formenbestand erheblich bereichert — man denke an das Horn-Trio, die Werke mit obligater Clarinette, die Umgestaltung der Scherzo-Form, des Adagio-Satzes, die Einführung volksthümlicher Weisen und Rhythmen, an die von allem Bisherigen abweichende Form der ersten und zweiten Violin-Sonate: sondern sie gewann auch durch die idealste Ausbildung des polyphonen Stiles nach zwei verschiedenen Seiten hin an Tiefe und Innerlichkeit des Ausdrucks. Das F-moll-Clavier-Quintett, das C-moll-Clavier-Trio, das H-dur-Trio, die beiden Sextetten und das Clarinetten-Quintett sind hierfür unumstössliche Beweise. Vermag ein »Epigone« solche Höhe der Meisterschaft zu erreichen? —

Was Brahms als Symphoniker betrifft, so könnte man sich bei Bülows bekanntem Urtheil über Brahms und der heiligen Begeisterung, mit der er für den »grossen Meister« eintrat, beruhigen. Aber man hat Brahms Schumann'sche »Dickflüssigkeit und Instrumentirung« vorgeworfen und damit ein Urtheil Bülows über den ihm minder sympathischen Schumann auf seinen hoch und innig verehrten Freund übertragen. Grade die durchsichtige, klare der Polyphonie seines symphonischen Stiles entsprechende filigranartige Instrumentirung liebte Bülow so ausserordentlich an Brahms. Niemals sind bei unserem Meister die Instrumente als blosse Füllstimmen betrachtet oder, wie ein Terminus technicus sagt, dick aufeinander »gepackt«, sondern, so weit als dies bei der Natur der einzelnen Instrumente möglich, selbständig behandelt. Man verfolge die Parthien der Clarinetten, Flöten, Hörner, Oboen, Fagotte in seinen Symphonien: nirgends lästige Verdoppelung, überall thematisches Leben und symphonische Polyphonie. Ein — oft complicirtes Neben-, niemals ein Aufeinander!

Aber auch die Form der Symphonie ist durch Brahms erweitert: der Andante-Satz in der ersten, das mit dem Presto abwechselnde Menuett in der zweiten, der Schluss des Finales der dritten, auch das Andante der dritten, die Ciacona in der vierten: das alles sind Neuerungen, Umgestaltungen und ganz eigenartige Erweiterungen der symphonischen Form. Also ist auch der Symphoniker Brahms kein Epigone, sondern Klassiker durch und durch. Und der Componist des »deutschen Requiems«, des »Schicksalsliedes«, der »Rhapsodie«, des »Gesanges der Parzen«? Wo hat man vordem einen solchen ganz neuen Stil, eine solche ganz eigene Art der Chorbehandlung für sich, wie in Verbindung mit dem Orchester gehört und erlebt? »Ehrt eure deutschen Meister!« ruft Wagner am Schlusse seiner »Meistersinger« als ernste Mahnung den Deutschen durch den Mund seines Hans Sachs zu. Befolgen seine Nachfolger und Anhänger diesen Rath, wenn sie offen ihre Unbekanntschaft mit den Werken Brahms' eingestehen und ihn als »Epigonen« abzuthun versuchen? —

Wie doch Hass, Neid und Eigensucht den Geist verkümmern und das seelische Auge trüben! Aber man darf dessen gewiss sein: die Welt wird an dem Urtheil Jener lautlos vorübergehen, während sie Brahms' Meisterwerken zujubeln wird, so lange es Musik giebt. Die Himmelstürmerei eines Kraftgenies, das laute, pomphafte Auftreten eines Welt- und Kunstverbesserers und die Heeresfolge geharnischter Vorkämpfer für seine Sache fehlte ihm! Still, in ernster, verschwiegener Arbeit suchte und fand er sein Glück. Den eigenen Werth richtig, jedoch ohne Selbstüberhebung, erkennend und in diesem Sinne auch Anerkennung und Glauben suchend und verlangend, schuf er Werk auf Werk. Was ihm minderwerthig schien und die strengste und herbste Selbstkritik, die je ein Künstler an sich geübt, nicht bestand, wurde unbarmherzig vernichtet. Und so kommt es, dass in seinem Nachlasse von Skizzen, Entwürfen oder sogenannten »hinterlassenen« Werken, ausser 11 Choralvorspielen für Orgel, auch nicht eine Note vorhanden ist, trotzdem sicher beglaubigt ist, dass er noch im letzten Jahre an einem Clavier-Quintett arbeitete.

Aber in diesem unerbittlich strengen und aussergewöhnlich ernsten Künstler lebte ein Kindergemüth, voll Milde, Güte und sonniger Heiterkeit. Wohl war er leicht erregbar, schroff und abweisend.[60]) Weil er selbst gegen andere, ihm ferner Stehende stets die grösste Zurückhaltung beobachtete, forderte er sie auch von anderen gegen sich, und so kam es bei dem allgemein üblichen Herandrängen kleiner Geister an einen Grossen gar oft zu unerquicklichen, oft mit bitterem Sarkasmus gewürzten Abweisungen. Wo er sich aber verstanden sah und warme, aufrichtige Sympathie fand, da war er der Treueste der Treuen. Daher auch die wahrhaft rührende Liebe und Zuneigung, die er bei allen denen genoss, die mit ihm in näherem und stetem Verkehr standen.[61])

Vor allem verband ihn die innigste Liebe und Hingebung — nach dem Tode seiner Eltern — mit der Stiefmutter und deren Sohne erster Ehe. Eine Anzahl Briefe, die im Anhang mitgetheilt sind, geben, ganz abgesehen von der innigen Verehrung, mit der ihm heute noch diese Verwandten zugethan sind, den schönsten Beweis dafür. Bekannt und viel gerühmt ist Brahms' Zuneigung zu Kindern und sein theilnehmender Sinn für alles rein Menschliche, mochte es Freuden oder Leiden des Lebens betreffen. Von gewinnender Bescheidenheit und aufrichtigster Achtung war er gegen Künstler, die ihm Achtung zollten, erfüllt. Auf den Fächer der Frau Joh. Strauss schrieb er unter die ersten Tacte des »Donau-Walzers« die Worte: »Leider nicht von Brahms.« Dafür aber traf bittere Satire und beissender Witz Männer, die sich in stolzer Ruhmredigkeit und Eitelkeit über ihren wahren Werth erhoben. Ein bekannter rheinischer, recht mittelmässiger, aber von Eitelkeit strotzender Componist brachte bei Gelegenheit eines rheinischen Musikfestes einen Toast auf Brahms als »den Componisten der Gegenwart« aus. Das ungebührliche, nach Brahms' Empfinden übertriebene Lob, das ihm aus solchem Munde gespendet wurde, reizte den Meister zu einer kurzen Erwiderung, die in dem satirischen Toaste gipfelte: »Es lebe der Componist der Vergangenheit, Herr F . . . H . . .!«

Arme, strebsame und tüchtige Künstler fanden in ihm den edelmüthigsten Beschützer und Helfer. Einst klagte ihm ein solcher Künstler, dass ihm Geld fehle, um seine Oper aufführen zu lassen. Nach kurzer Zeit erhielt er von

Brahms die Mittel dazu mit den kurzen Worten: »Sie können es mir bei Gelegenheit wiedergeben.« Als die Cholera in Hamburg 1891 ausgebrochen war, sandte er an den Bürgermeister die Summe von 500 Mark zur Unterstützung armer, des Ernährers beraubter Musikerfamilien.[62])

Sein im Laufe der Jahre erworbenes stattliches Vermögen verwaltete sein vertrauter Freund und Verleger F. Simrock. Er selbst lebte als Junggeselle in seiner bescheidenen Wohnung so wie es ihm behagte.[63]) Alljährlich im Sommer reiste er nach der Schweiz, im Frühling häufig nach Italien. Billroth, J. V. Widmann, Simrock u. A. waren öfters seine Begleiter. Italien überhaupt war das Land seiner immer wieder neu und ungestüm erwachenden Sehnsucht. Die Kunstschätze Italiens immer wieder zu sehen und sie Anderen zu zeigen, an den Schönheiten der südlichen Natur sich zu erlaben, das heitere und ungezwungene Leben der Südländer mit zu geniessen, war ihm höchste Lebensfreude. Es sei gestattet, hier eine Stelle aus einem Briefe Billroths an Hanslick zu citiren. Wie kein Anderer giebt Billroth ein deutliches Bild jener selig-vergnügten Reisestimmung. Er schreibt aus Sicilien:

»Taormina! Ja weisst du, was das bedeutet? Träume, Träume! Und denke dir das Schönste! Ich sage dir, es ist gar nichts! Fünfhundert Fuss über rauschendem Meer! Vollmond! Berauschender Duft von Orangenblüthen! Rothblühender Kaktus an pittoresken kolossalen Felsen in solchen Massen wie bei uns das Moos! Palmen-, Orangen-, Citronenwälder! Maurische Burgen! Ein sehr schön erhaltenes griechisches Theater! Dazu die breite, lange, schneebedeckte Fläche, der Aetna, Feuersäule! Dazu ein Wein aus der Nähe von Syrakus, genannt Monte Venere! Dazu Johannes in Schwärmerei! Ich in trunkener Frechheit ihm aus seinen Quartetten vorphantasirend. Märchen aus »Tausend und Eine Nacht«! Es giebt Augenblicke im menschlichen Leben! Ach wärst du bei uns, du lieber Hans! — Mit einiger Mühe habe ich Brahms bis nach Sicilien geschleppt. Nottebohm, Goldmark und ich, wir waren in seligem Dolce far niente in Rom, jeder doch in seiner Art etwas Rechtes, nur du hast gefehlt! — Nottebohm (il giovanastro nennt ihn Brahms) und Goldmark (il rè di Saba) hatten keine Courage, die Fahrt durch die Scylla und Charybdis zu machen . . .«

Im Uebrigen war er für gerne gemächlich Reisende kein angenehmer Reisebegleiter. Er liebte es früh aufzustehen und forderte unbarmherzig, dass man sich seiner Art, auf Reisen zu leben, anbequeme. Er war, wie einer seiner Reisegefährten in einem Briefe gelegentlich bemerkt: »wie ein lieber Elephant, der sich auf uns wälzt«. —

Und doch war er wieder von einer wahrhaft rührenden Aufopferungsfähigkeit für seine Freunde, sobald es noth that. Seinen 60. Geburtstag brachte er in Neapel als Krankenpfleger am Bette seines Freundes Widmann zu, der auf der letzten sizilischen Reise das Unglück gehabt hatte, durch einen Sturz auf dem Dampfer sich einen Beinbruch zuzuziehen.

Die Reisen frischten nicht bloss seine künstlerische Kraft nach den Arbeiten und Strapazen des Winters wieder auf, sie stillten auch seine Wissbegierde, sein Verlangen, überall und immer zu lernen. Es ist geradezu staunenswerth, welch umfassendes Wissen und welch ausgedehnte Belesenheit Brahms besass. In der Bibel, in der ganzen deutschen Litteratur und auf dem Gebiete der Geschichte — von der Musik und ihrer gesammten historischen Entwickelung versteht sich das von selbst — war er bewandert, wie Wenige. Was er an Büchern besass — und seine Bibliothek war ebenso zahlreich als auserlesen —, kannte er durchaus und stets war er dankbar für jeden Hinweis auf neue interessante Erscheinungen. Nicht minder war er, der vertraute Freund Anselm Feuerbachs, ein ausserordentlich feiner Kenner und inniger Verehrer der bildenden Künste, und gar oft sahen seine Freunde und Reisebegleiter beim Beschauen eines Bildes heimlich eine Thräne der Rührung in seinem klaren, milden, grossen Auge erglänzen.[64]) Aber nicht bloss an den geistigen, auch an den leiblichen Genüssen, an den Freuden, die das Leben bietet, nahm er regen, jedoch stets vernünftig besonnenen Antheil. Er ass und trank gern gut und viel und liebte es,[65]) fröhlich unter Fröhlichen zu sein. Im Wiener Prater, den er fast täglich aufsuchte, ergötzte er sich an dem bunten Leben und Treiben und an tausenderlei Dingen harmlos heiterer Art.

Die Oper besuchte er selten, das Burgtheater desto häufiger. Wo sich angenehme Gesellschaft zufällig um ihn fand, war er der fröhlichste Genosse. Aber er liebte es nicht, dass ihm zu Ehren, sei es an Geburtstagen oder bei anderen Veranlassungen, eine Gesellschaft zu anderen als zu musikalischen Zwecken, zumeist um neue Compositionen zu hören, berufen wurde.

Ueberhaupt freute ihn jede aufrichtige Anerkennung, die ihm von berufener Seite zu Theil wurde. So die Doctor-Diplome von Cambridge (1876) und Breslau, die zahlreichen Ordensauszeichnungen, unter denen die 1881 erfolgte Ernennung zum stimmfähigen Ritter des Ordens pour le mérite wohl die höchste war, die Ernennung zum Ehrenbürger seiner Vaterstadt u. a. Alles das freute ihn, nicht weil es seiner Eitelkeit schmeichelte, sondern ihm, dem Manne mit dem liebewarmen und liebebegehrenden Herzen, bewies, dass man ihn liebte und verehrte. Nirgends und nimmer aber hat er dankbarer und inniger ihm gezollte Huld, Anerkennung, Bewunderung und Freundschaft empfunden, als jene, die ihm an dem herzoglichen Hofe zu Meiningen seitens des erlauchten Fürsten und seiner Gemahlin in so reichem Maasse und in so unbeschreiblich edler Form zu Theil wurde. Das Musikleben in jenen Meininger Tagen begann, wie Widmann (S. 109) erzählt, bereits am frühen Morgen und setzte sich noch oft spät Abends in den Privatgemächern des Herzogs fort.

Nach einer Silhouette aus dem Verlage von R. Lechner (Wilh. Müller) k. u. k. Hof- u. Univ.-Buchhdl. in Wien.

»Eine wahrhaft olympische Heiterkeit strahlte dabei von seiner (B.'s) Stirn und blitzte aus den froh blickenden Augen . . . Auch war er zu hundert Neckereien und Spässen aufgelegt. Das war noch das Geringste, dass er mir jeden Morgen den Puls fühlen wollte, um festzustellen, ob das dickflüssige, schwarz gallichte Blut des rauhen Republikaners Verrina sich schon einigermassen in das dünne, tänzelnde des Hofmarschalls von Kalb verwandelt habe. Kurz, seine Aufgeräumtheit und seelische Heiterkeit kannte in Meiningen keine Grenzen, und da die hohen Herrschaften daselbst dies wohl bemerkten und ihrerseits glücklich waren, einem solchen Meister frohe Stunden zu bereiten, war über diese Meininger Tage ein Sonnenschein ausgegossen wie aus dem goldenen Zeitalter, von dem die Prinzessin im »Tasso« zwar sagt, dass es nie gewesen, ein holder Trug der Dichter sei, aber auch zugiebt, dass die Guten es zurückbringen können, »wo sich verwandte Seelen treffen an und theilen den Genuss der schönen Welt« . . .«

Lange Jahre war Brahms mit Hanslick zusammen Mitglied der Prüfungscommission für die Stipendienvertheilung. Die Briefe, die Hanslick in der »Neuen Freien Presse« hierüber veröffentlichte, zeigen das wohlwollende und durchaus gerechte Wesen dieses vielfach des Neides und der Scheelsucht gegen andere Künstler angeklagten Mannes. War er einmal schroff und schien er ungerecht gegen andere, so war dafür sicher auch immer ein triftiger Grund vorhanden, dem freilich unerkennbar, der diesen Mann nach gemein menschlichem Massstabe richtete und über dem Eindrucke persönlichen Missbehagens es versäumte, einen Blick in die Seele des Mannes zu thun und den hier aufgespeicherten Reichthum staunend zu bewundern. Nur so ist es erklärlich, wenn einzelne schriftstellernde Individuen bereits unmittelbar nach dem Hinscheiden des Meisters Gift und Galle gegen ihn spieen und mit dem Menschen den Künstler zu besudeln sich unterfingen. Nirgends wirft solch unwürdiges Gebahren tiefere und schwärzere Schlagschattten als bei der Beurtheilung eines Meisters wie Brahms, der sich Niemandem von selbst giebt, dessen Liebe erworben, ja erstritten und erkämpft sein will.

Wie bei Brahms, war dies auch bei demjenigen Meister der Fall, den unglaubliche Einseitigkeit zu seinem Antipoden gestempelt hat: bei Wagner. Käme doch bald der Tag, wo man an Brahms glaubt, ihn innig verehrt, ohne darum Wagner zu verachten und zu schmähen, und wo man andererseits Wagners Allkunstwerk nach Gebühr bewundert und preist, ohne sich der tiefen Innerlichkeit Brahms'scher Musik in abgeschmacktem Vornehmthun zu verschliessen! Beide Männer, echt deutsche, kernhafte Künstlernaturen, stehen auf ganz verschiedenem Boden, keiner den anderen in Schatten stellend und ihm Licht und Leben raubend; beides zwei der grössten Söhne, die deutsche Art und Kunst zu eigner Ehr hervorgebracht hat! Und darin, man kann sagen: leider nur darin, eins und einig für alle Zeiten! Steht Wagner allein für sich auf einsamer Höhe, von den Geistern Glucks und Webers beschirmt, so weilt Brahms in dem Kreis der Geister, den Bach, Haydn, Mozart, Beethoven und Schubert schliessen. Von Bach erbte er die Tiefe, von Haydn die Heiterkeit, von Mozart die Anmuth, von Beethoven die Kraft und von Schubert die Innigkeit seiner Kunst. Fürwahr, eine wundersam veranlagte Natur war es, die fähig war, eine solche Fülle grosser Eigenschaften in sich aufzunehmen und doch dabei das Beste nicht zu verlieren: die starke Eigenart, die den »grossen Meister« macht!

Reimann, Brahms.

Triumphlied.

(Im Besitze der Königl. Bibliothek in Berlin.)

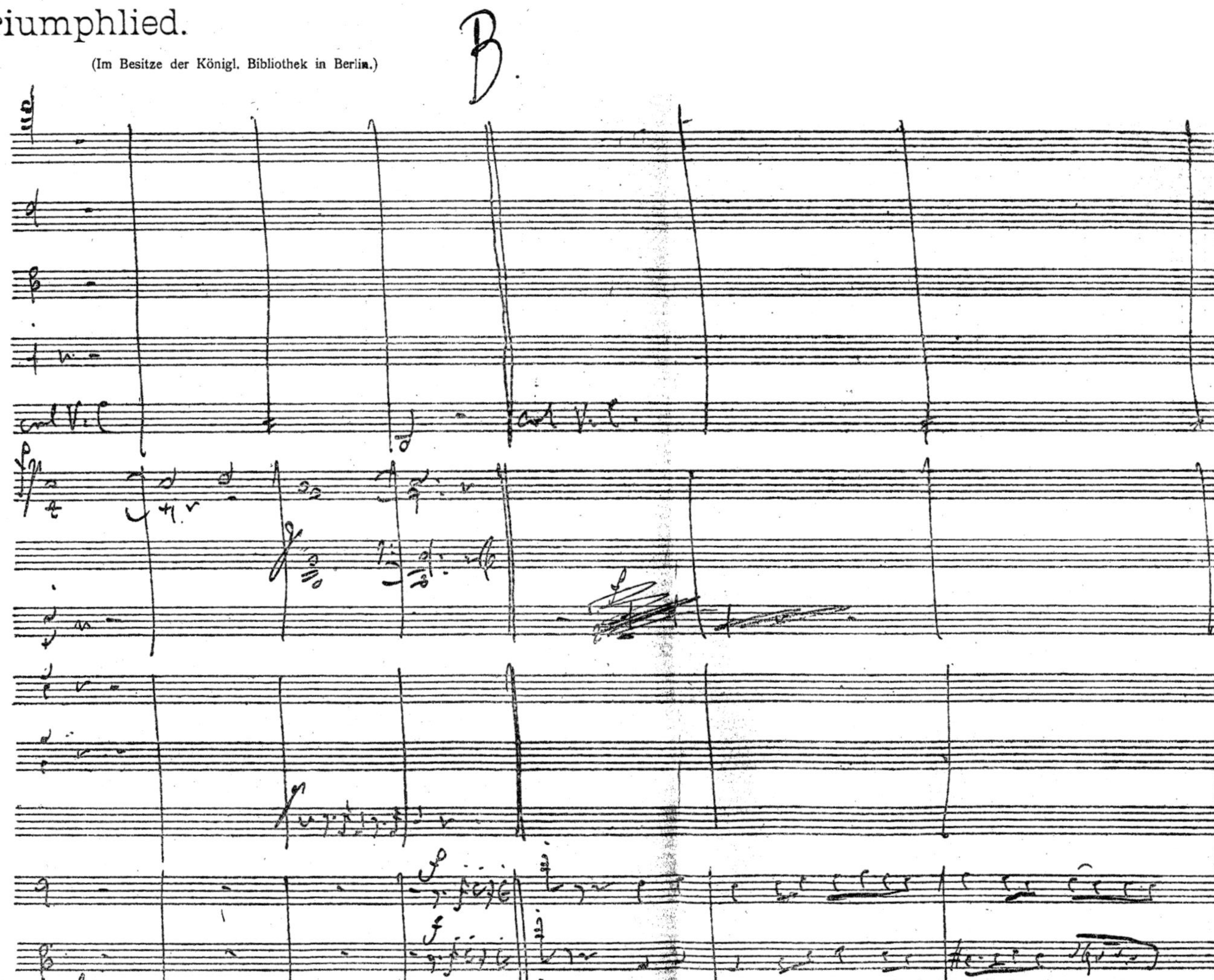

ANHANG I.

Stammtafel der Familie Brahms.

Peter Brahms, Tischler in Brunsbüttel, aus dem Hannöverschen gebürtig; Gattin: Sophie geb. Uhl.

Johann Brahms, geb. 1769, getraut am 11. September 1792 Gastwirth und Handelsmann zu Neuenkrug (Wöhrden), dann in Heide, gest. 11. December 1839.

mit Christiana Magdalena Asmus, geb. 1768 oder 1769, Tochter von Jürgen Asmus in Heide, früher in Eiderstedt, gest. 13. November 1835.

Peter Hoeft Hinrich Brahms, geb. 26. Juni 1793, getraut am 28. Juni 1813 mit Christine Ruge aus Bennewohld, Gastwirth, Handelsmann und Pfandleiher in Heide.

1. Magdalena Susanna, geb. 1815, verheirathet mit Tischlermeister Johann Jacob Thomas Brandt. (2 Kinder.)
2. Wiebke Christina Margaretha, geb. 1816, verh. m. d. Gastwirth Joh. Hinrich Cristian Schöning. (7 Kinder.)
3. Johann Hoeft Friedrich Brahms, Lohgerber, geb. 1818, verh. m. Abel geb. Dohrn. (5 Kinder.) gestorben 1896.*)
4. Margarethe Christiane, geb. 1820, verh. mit Johann Friedr. Andreas Schönfeldt in Heide. (6 Kinder.)
5. Jürgen Christian Friedrich Brahms, geb. 1822. (?)

*) Dessen Kinder leben noch in Heide. Von ihnen ist dem verstorbenen „guten Onkel" eine Todesanzeige in den „Itzehoer Nachrichten" 1897, No. 82, gewidmet.

Johann Jakob Brahms, geb. 1. Juni 1806 in Heide, gest. 11. Februar 1872 in Hamburg.

1. Gattin: Johanna Henrika Christiana, geb. Nissen aus Hamburg, geb. 1789, gest. 2. Februar 1865. (Tag der Trauung: 9. Juni 1830.)
2. Gattin. Caroline, geb. Paasch, verw. Schnack, geb. 25. Oktober 1824 zu Neustadt (Holstein), lebt in Pinneberg (Holstein).*)

Kinder erster Ehe:

1. Elisabeth Wilhelmine Louise, geb. d. 11. Februar 1831 in Hamburg, gest. als Elise Grund, Uhrmachersgattin, daselbst d. 11. Juni 1892.
2. **Johannes,** geb. d. 7. Mai 1833, gest. d. 3. April 1897 in Wien.
3. Friederich (Fritz), geb. d. 26. März 1835, gest. d. 5. Nov. 1886 in Hamburg.

*) Aus erster Ehe stammt ein Sohn: Fritz Schnack, Uhrmacher in Pinneberg.

Das Taufjournal der St. Michaelis-Kirche in Hamburg giebt das Haus: „Specksgang Schlütershof" als Geburtshaus Johannes Brahms' an. Dasselbe befindet sich gegenwärtig augenscheinlich noch in demselben Zustande wie i. J. 1833 und liegt (nach neuerer Bezeichnung): Speckstrasse No. 60 (alte No.: No. 24). Es steht nicht in der Flucht der Häuser der genannten engen Strasse, sondern, durch einen sehr engen Gang zwischen No. 59 und 61 erreichbar, etwa 12 Schritte zurück, rechtwinklig zur Strassen-Front. Daher auch „Schlütershof". Folgende Skizze giebt ein Bild der Lage:

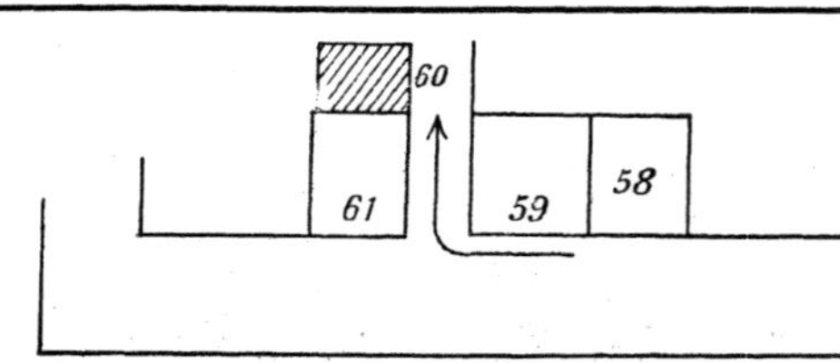

ANHANG II.

[2]) Ueber die Form des Namens „Brahms" schrieb dem Vf. Herr Pastor Prall in Heide folgendes: »Die Familie schreibt sich jetzt »Brahmst«. In den Kirchenbüchern kommen ausserdem die Schreibungen: Brahms, Brams und Bramst vor. Nach und nach setzt sich die Schreibung Brahmst durch. Die ältere Schreibart in unseren Büchern ist: Brahms (1792, 1806, 1809) neben Brams. Beides entspricht der Aussprache des Namens, der hier, auch wenn er Brahmst geschrieben, »Brahms« gesprochen wird.«

[3]) Die Bevölkerung jener Gegend gehört dem kräftigen Sachsenstamme der Dithmarsen an. Es ist interessant das Urtheil des alten Dithmarsischen Geschichtsschreibers Neocorus über die Anlagen und Fähigkeiten jenes Volksstammes zu hören:

»Also hebben se sick ock vor allen benhaburten Völkern in Poeterien, Dichten und Singen, darin men jo gude ingenia lichtlich spören kan, geovet und hervorgedaen, wo dan solches de olden ditmerschen Gesenge tügen, de se vom ehren Schlachtingen . . . seltzamen aventuren edder andern lustigen Schuenken . . . mit sonderlicher Lefflichkeit ände Meisterschop gedichtet. Und iss tho verwundern, dat so ein Volk, so in Scholen nicht ertogen, so vele schone leffliche Melodien jedem Gesange no Erforderungen der Wortt unnd Geschichte geven können, up dat ein Jdess sine rechte Artt unnd ehme gehörende Wiss etwedorss mit ernster Gravitetischeet edder frowdiger Lustigcheit hedde.«

[4]) Vgl. J. Spengel, Joh. Brahms. Hamburg 1898. S. 5, nach einem Briefe J. Brahms' an Claus Groth.

[5]) Vgl. A. Steiner, Joh. Brahms. Th. I. Neujahrsblatt d. Allg. Musikges. in Zürich 1898. S. 6.

[6]) Jg. 1897. Nr. 17.

[7]) J. Spengel, a. a. O. S. 11.

[8]) Musikalische Studienköpfe Bd. III. S. 251.

[9]) Christian Miller (vgl. A. Steiner, a. a. O.) erzählt, dass Johannes des Sonntags in Bergedorf in einer Gastwirthschaft zum Tanz spielte, ebenfalls für 2 Thaler. »Hier hörte ihn Miller und war von seinem Spiele so hingerissen, dass er sich die Gunst ausbat, mit ihm musiciren zu dürfen. Am nächsten Sonntage wanderten die jungen Leute zusammen nach Bergedorf und regalirten die ahnungslosen Gäste mit vierhändigem Klavierspiel. Auf den gemeinsamen Spaziergängen scheint die Unterhaltung nicht sehr lebhaft gewesen zu sein; Brahms sprach in der Regel kein Wort, er summte vor sich hin, meistentheils den Hut in der Hand . . .«

[10]) Musikalisches und Literarisches S. 135.

[11]) Das vollständige Programm dieser »Soirée musicale im Saale des Herrn Honnef« lautete auf Grund der betr. Annonce in den »Hamburger Nachrichten«:

1. Grosse Sonate (C-dur) Op. 53 v. L. v. Beethoven (d. Concertgeber).
2. Romanze a. d. Liebestrank v. Donizetti (Th. Wachtel).
3. Ave Maria v. Schubert auf d. Horn vorgetr. v. Herrn Börs.
4. »O geh' nicht fort«. Lied v. E. Marxsen, ges. v. Frl. Cornet.
5. Phantasie über einen beliebten Walzer f. Piano comp. v. vorgetr. v. Concertgeber.
6. Concert f. Violine v. Fr. Mollenhauer, vorgetr. v. Herrn Ed. Mollenhauer.
7. Gesangsvortrag v. Me. Cornet.
8. Phantasie üb. Motive a. Don Juan v. Thalberg, vorgetr. v. Concertgeber.
9. Duett, ges. v. Me. u. Frl. Cornet.
10. Variationen f. Flöte v. Fräsch, vorgetr. v. Herrn Koppelhöfer.
11. Air italien v. C. Mayer, vorgetr. v. Concertgeber.

Die Kritik im »Freischütz« v. 17. April 1849 (Nr. 31) bestätigte den grossen Erf rühmte, dass der junge Künstler die schönsten Beweise seiner Fortschritte im Vortrag Beethoven'schen Sonate gezeigt, und dass seine Composition ein »ungewöhnliches Talent« verra

[12]) Vgl. A. Dietrich, Erinnerungen an Joh. Brahms. Leipzig 1898. S. 2.

13) Die Brieffragmente sind mitgetheilt v. H. Ehrlich, Aus allen Tonarten S. 74.

14) Liszts Briefe, ges. u. hrsg. v. La Mara I, 161.

15) R. Schumanns Briefe N. F. Hrsg. v. F. G. Jensen, S. 323 ff.

16) Th. Pfeiffer, Studien bei H. v. Bülow, S. 116.

17) Bülow zur Sonate Op. 2, Finale, nach Th. Pfeiffer a. a. O.: »Den Auftakt kurz; diese ersten fünf Noten bilden das Leitmotiv. Der Triller Takt 6 ist mit dem 2. und 3. Finger zu spielen und die Passage mit dem Daumen auf Dis zu beginnen.« Auch über den Vortrag der C-dur- und F-moll-Sonate (Op. 1 und 5) finden sich ebenda treffliche Anmerkungen.

18) Bülow zur Sonate Op. 5 F-moll, II. Satz (Andante) nach Th. Pfeiffer a. a. O.: »Ein sehr junges Mädchen meldete sich mit diesem Andante auch zum Vortrag.

Bülow sagte zu ihr: »Mein Fräulein, für dieses Andante sind sie noch zu jung.«

Seite 18 und 19: »Grosse Liebesscene, ein wunderbares Stück mit grossartiger Steigerung.«

Bülow sagte zu dem Herrn, der die Sonate spielte, nach dem Vortrag dieses Andante: »Diesen Satz spielen Sie schwärmerischer als ich; Sie sind aber auch den Dreissigern näher als ich.«

19) Bülow zur Ballade Op. 10 Nr. 1. »Ein düsteres, wundervolles Tongedicht; den Dialog auf der ersten Seite recht charakteristisch! Sostenuto heisst bei Brahms häufig ritardando. Seite 4, Allegro ist una corda zu beginnen, damit die gewaltige Steigerung heraus kommt.«

20) Bemerkenswerth und ganz originell ist ein Urtheil Rubinsteins über Joachim, Brahms und Grimm in einem Briefe an Liszt vom 22. Februar 1856:

»J'ai fait la connaissance de Brahms et de Grimm à Hanovre, et même celle de Joachim . . .; des trois nommés c'est lui qui m'a le plus interessé; il m'a fait l'effet d'un novice au couvent, qui sait qu'il peut encore choisir entre le couvent et le monde, et qui n'a pas encore pris son parti. — Pour ce qui est de Brahms, je ne saurais trop préciser l'impression qu'il m'a faite; pour le salon, il n'est pas assez gracieux, pour la salle de concert, il n'est pas assez fougueux, pour les champs, il n'est pas assez primitif, pour la ville, pas assez général — j'ai peu de foi en ces natures-là (!). Grimm m'a paru être une esquisse inachevée de Schumann.« (La Mara, Briefe hervorrag. Zeitgenossen an Liszt II, 68).

21) Aus einem Briefe Joachims an den Hamburger Tonkünstler Theodor Avé Lallemant erfährt man von einer Aufführung, des Concerts, offenbar unter Joachims Leitung, in Hannover, Joachim schreibt: »Das Concert hat einen Publikum und Künstler gleich ehrenden Erfolg gehabt . . . Die Leipziger haben sich in ihrer Blasirtheit ein Testimonium der Aermlichkeit und Herzlosigkeit gegeben . . . Nun mögt Ihr in Hamburg thun was Ihr wollt; aber wenn Sie das Concert im Philharmonic bringen, so komme ich und dirigire.« Desgleichen in einem Briefe an denselben v. 2. Jan. 1861: »Ich habe mich sehr gefreut, endlich Johannes' Sachen für Orchester gedruckt vor mir zu sehen. Nun können sie getrost in den »Signalen« und von anderen oberflächlichen Gesellen verschimpfirt werden. Sie werden noch freundlich fortlächeln mit ihren schönen Motiven, wenn die plumpen Tadler längst verstummt sind.« (Moser, Joachim S. 149.) Auch in Karlsruhe hatte Brahms um jene Zeit (1862) grossen Erfolg mit seinem D-moll-Concert (vgl. Dietrich, Erinnerungen S. 43).

22) Musikalisches und Literarisches S. 138.

23) Hanslick, Aus dem Concertsaal. 2. Aufl. S. 287 ff.

24) Aus meinem Leben II, S. 14.

25) Hanslick, Aus dem Concertsaal. 2. Aufl. S. 290 ff.

26) Ueber das in dem Briefe erwähnte »Damenquartett« geben Dietrich's »Erinnerungen« sehr dankenswerthen Aufschluss. Im Nachbargarten von Brahms' Wohnung in Hamm sangen zwei Schwestern der Frau Dr. Rösing (jetzt: Frau Prof. Boie in Altona und Frau von Königslöw in Bonn), bei der Brahms wohnte und zwei Freundinnen (Frl. Garbe und Reuter) bei Gelegenheit eines Besuches D.'s bei Brahms vierstimmige Lieder; für sie schrieb er auch ein »Ave Maria« (wohl nicht Op. 12!) und bearbeitete, wie D. sagt, »alte italienische Kirchenlieder«. Jedenfalls sind die verhältnissmässig zahlreichen Compositionen B.'s für Frauenchor auf diese Anregung zurückzuführen.

27) Steiner S. 20 erzählt davon: »Im ersten Satze des (Schumann'schen) Concertes leistete Brahms einen hübschen musikalischen Witz. Der Oboist hatte bei der bekannten melodischen Phrase, die hernach vom Clavier wiederholt wird, sich vergriffen und den Vorschlag auf d mit fis statt e geblasen; B. reproducirte dann die Stelle nach dem gleichen Lapsus, der Consequenz wegen, wie er meinte, und um den Oboisten nicht zu blamiren.«

28) Th. Billroth, Briefe. 2. Aufl. S. 79.

29) G. F. Daumer war am 5. März 1800 in Nürnberg geboren, zuerst evangelischer Theologe und Professor am Nürnberger Gymnasium, als solcher Lehrer Kaspar Hausers.

Wegen Kränklichkeit wurde er bald pensionirt. 1859 trat er zum katholischen Glauben über. Aber die Infallibilitäts-Erklärung vernichtete seine Hoffnung, hier den seelischen Frieden zu finden. † 1875.

30) Briefe 2 S. 148.

31) Die poetischen Werke Daumers, aus denen Brahms vorzugsweise Texte zur Composition gewählt hat, sind: Hafis. Eine Sammlung persischer Gedichte, Hamburg 1846; Polydora, ein weltpoetisches Liederbuch, Frankfurt a. M. 1855; Frauenbilder und Huldigungen, 3 Bände. Leipzig 1853.

32) Polydora II, 115.

33—35) Hölty's Ged. Ausg. v. J. H. Voss.

36) Aus dem Concertsaal. 2. Aufl. S. 460 f.

37) Bülow zu den Variationen über ein Thema von Händel: »Bei Brahms finden wir oft eine musikalische Arbeit, die uns ganz und gar an Johann Sebastian Bach erinnert.« Bülow sagte bei einer gewissen Stelle: »Zwischen geziert und zierlich ist derselbe Unterschied wie zwischen sentimental und gefühlvoll.« — Variation 21: Die Vorschläge unter sich haben thematische Bedeutung; da können Sie sehen, wie Brahms componirt, wie er musikalisch denkt.«

»In Variation 22 ist ein Dudelsack nachgeahmt.« [?]

38) Joh. Brahms v. H. Deiters. Sammlung musik. Vortr. 23/24. S. 28.

39) Briefe 2 S. 162. Von dem Clavierquartett Op. 60 sagt Billroth: »Brahms hat mir ein neues Clavierquartett mitgetheilt, das mir sehr sympathisch ist, wenngleich es an Breite und Mannigfaltigkeit den früheren nachsteht.«

40) a. a. O., S. 341.

41) Führer durch den Concertsaal II, 2, S. 369.

42) Concerte, Compositionen v. Virtuosen, S. 54.

43) a. a. O., S. 53.

44) In einem Briefe an Marie Lipsius (Musikerbriefe II, 324) theilt Kirchner mit: Brahms habe diese Symphonie »viele Jahre« mit sich herumgetragen. K. habe, so heisst es dort, schon vor 14—15 Jahren (also 1863 oder 64) mit Frau Schumann darüber gesprochen, »die einzelne Fragmente daraus mir zeigte.« »Von der zweiten hat wohl kaum Jemand viel gewusst, ehe sie fertig war, und ich habe allen Grund zu glauben, dass er sie erst nach der Beendigung der ersten, und zwar hauptsächlich vorigen Sommer (1877) fertig gemacht hat.« Vgl. auch Dietrich, Erinnerungen S. 42, der die Symphonie bis 1862 zurück datirt.

45) a a. O.

46) Q. D. B. V. Summis auspiciis Serenissimi ac potentissimi principis Guilelmi Imperatoris Augusti Germanici Regis Borussicae etc. eiusque auctoritate regia Universitatis Litterarum Vratislaviensis Rectore Magnifico Ottone Spiegelberg Viro Illustrissimo Joanni Brahms Holsato *artis musicae severioris in Germania nunc principi* ex decreto ordinis philosophorum promotor legitime constitutus Petrus Josephus Elvenich Ordinis Philosophorum h. a. Decanus philosophiae doctoris nomen iura et privilegia honoris causa contulit collataque publico hoc diplomate declaravit die XI mensis Martii A. MDCCCLXXIX. (L. S.)

47) Kretzschmar, Führer I, 291.

48) Siehe die begeisterte Kritik dieser Gesänge, Op. 57, desgl. über Op. 46—49 von H. Kretzschmar, Mus. Wochenbl. 1877, S. 20 ff.

Claus Groth hatte für Albert Dietrich Texte zu einem Liederkranz gedichtet, den Dietrich seiner Braut widmen wollte. Der Liederkranz, in dem sich das »Regenlied« nebst »Nachklang« befand, blieb aber uncomponirt. Bei einem Besuche, den Brahms Dietrich machte, entdeckte B. die Grothschen Gedichte und componirte alsbald die Regenlieder, wie C. Groth mittheilt, allerdings zunächst in anderer Art, als Op. 59. Es ist bekannt, dass Brahms das »Regenlied« auch als Schlusssatz der ersten Violinsonate, Op. 78 (1880) verwendete.

49) Hanslik, Aus meinem Leben, S. 318 ff.

50) a. a. O. S. 321.

51) Bülow zu Op. 76, No. 7. Intermezzo (im Volkston). »Der zweite Theil ist als Dialog aufzufassen; hierdurch entsteht ein ganz anderer Sinn, als wenn es immer nur eine Stimme wäre.«

Bülow zur Rhapsodie Op. 79, No. 1, H-moll: »Der H-dur-Mittelsatz muss in mildem Dämmerlicht erscheinen.«

Bülow zur Rhapsodie Op. 79, No. 2, G-moll: »Pedal immer auf das erste Viertel. In den Bassschritten crescendo, hauptsächlich bei der Decime; diese Basssprünge müssen Sie im Zoologischen Garten von irgend einer vornehmen Bestie lernen.«

52) Concerte, Componisten etc. S. 258.

[53]) H. Kretzschmar, Führer durch den Concertsaal II, 2, S. 372.

[54]) Interessante Mittheilungen über die Beziehungen Brahms zum Herzoglichen Hause giebt ein Artikel des Berl. Börsen-Courier, aus dem Folgendes mitgetheilt sei:

»Im November 1881 wurde Johannes Brahms auf Anregung seines Freundes Bülow zum ersten Mal vom Herzog zu Gast nach Meiningen geladen. Die interessante Persönlichkeit des Musikers wirkte auf den Herzog und Frau von Heldburg so ungewöhnlich sympathisch, die wahre und echte Kunstfreude, die liebenswürdige einfache Menschlichkeit des Herzogs und seiner Gemahlin machten andererseits auf Brahms einen so tiefen Eindruck, dass sich sogleich zwischen dem Fürsten und dem Küustler ein inniges Band schlang, das erst der Tod zerrissen hat. Während der letzten fünfzehn Jahre seines Lebens kehrte Brahms alljährlich als Gast in das Meininger Schloss ein. Der Künstler gab seiner tiefen Verehrung für den Herzog dadurch auch einen äusserlich erkennbaren Ausdruck, dass er dem hohen Herrn eine seiner ergreifendsten Tondichtungen, das Parzenlied, gewidmet hat, das am Geburtstage des Herzogs, am 2. April 1883, in Meiningen zum ersten Male aufgeführt wurde.

Im Februar 1884 beging Bülow, Brahms zu Ehren, das seiner Zeit viel besprochene Wagniss, in demselben Concerte die III. Symphonie des Meisters zweimal hintereinander aufführen zu lassen. Das Programm muthete etwas eigenthümlich an in seiner Fassung: Abonnements-concert, 3. Februar 1884. I. Theil. III. Symphonie von Johannes Brahms. II. Theil. Zum ersten Male wiederholt: III. Symphonie von Johannes Brahms.

Auch die IV. Symphonie von Brahms wurde in Meiningen am 25. October 1885 aus dem Manuscript zum ersten Male aufgeführt. Bei seiner jeweiligen Anwesenheit wurden, wie sich das von selbst versteht, regelmässig grössere symphonische Werke oder Kammermusik von Brahms zu Gehör gebracht. Aber Brahms kam nach Meiningen nicht blos, um seine eigenen Sachen zu hören; auch die glänzende Aufführung des »Fidelio« und das grosse Musikfest vom 27. bis 29. September 1895 veranlassten ihn zu einem längeren Aufenthalt an der Werra.«

Nach dem Musikfeste schickte Brahms die folgende Zeilen am 30. September 1895 an den Capellmeister Fritz Steinbach:

»Lieber Freund!

So sehr es mich reizt, ich darf Ihren so wohl verdienten Schlaf nicht unterbrechen; aber beim frohen Erwachen sollen Sie doch meinen herzlichen Gruss vorfinden; wie herzlich und wie herzlich dankbar er ist, brauche ich Ihnen nicht ausführlich zu sagen. Sie müssen es all die Tage empfunden haben, was Sie mir und allen, die Ihr herrliches Fest mitfeierten, für eine ganz ungemeine Freude gemacht haben.

Mit dieser ganz sicheren Empfindung aber müssen Sie wohl zufrieden sein, denn weder schriftlich, noch mündlich kommt man dazu, sich über so Ausserordentliches, wie es Ihr Fest in jeder Beziehung war, voll und ganz auszusprechen.

Könnte ich irgend, so bliebe ich den Tag hier, um es zu versuchen.

Ihr Sie alle von Herzen grüssender J. Brahms.«

Ein anderer Brief, an den »Generalmusikdirektor« Steinbach, vom 16. Februar 1896, lautet.

»Lieber Herr General!

Von Ihrer Thätigkeit dort und Ihren schönen Reisen höre ich gar zu gern und mache sie auf das Behaglichste und Fröhlichste in Gedanken mit. Grüssen Sie doch Ihre Gefährten, all unsere lieben und vortrefflichen Collegen herzlich, und möchten Ihnen diese wirklich idealen Verhältnisse recht lange und ungetrübt erhalten bleiben! Ich wünschte Besseres von meinem Zustande melden zu können, dann wünschte ich mir dagegen nichts Besseres, als es mir eine Zeit lang wohl sein zu lassen — dort! Leider ist das nicht der Fall, und so ändert sich nur — meine Laune, nicht zu ihrem Vortheile. Immer wieder auf das liebevoll Gründlichste untersucht, bleiben alle Aerzte dabei, dass meine Gelbsucht nichts weiter bedeutet und nichts weiter verlangt als Geduld, gerade etwas Schwieriges für den, der nicht gewohnt ist, auf seinen Körper zu achten. . . .

Heute früh erfreute mich ein gar lieber Brief der gar lieben Freifrau. Empfehlen Sie mich den verehrten Herrschaften und grüssen Sie rund herum von

Ihrem ergebenen J. B.

[55]) Bülow, Ges. Schriften (III) S. 435.

[56]) Claus Groth theilt in der »Gegenwart« hierüber folgende Aeusserung Marxsens mit: »Einst hatte ich ihm zum Studium ein Clavierstück von C. M. v. Weber gegeben und genau mit ihm durchgenommen, als er nach einer Woche . . . wiederkam und mir die Sonate so tadellos und meiner Intention gemäss vortrug, dass ich ihn dafür lobte. Da sagte er: »Ich habe

sie mir noch nach einer anderen Ansicht eingeübt« und spielte sie mir mit Verlegung der Melodie in die Unterstimme.«

[57]) Als Componisten der »Originale« zu den »Ungarischen Tänzen«, Heft I und II, gesetzt von J. Brahms, nennt die »Allgem. Musikzeitg.« 1874, Sp. 348:

No. 1: Isteni Czàrdás (d. h. göttlicher Czardas) v. Pecsenyanski Sárközy;
No. 2: Emma Czàrdás v. Windt Mór;
No. 3: Tolnai lakadalmas (Tolnaer Hochzeitstanz) v. Rizner J.;
No. 4: Kalocsay-emlék (Erinnerung an K.) v. Mérty N.;
No. 5: Bártfai-emlék (Erinnerung an B.) v. Kèler Béla;
No. 6: Rózsa Bokor (Rosenstrauch) v. Nittinger Adolf;
No. 7: Volksthümlich, Componist unbekannt.
No. 8: Luiza Czàrdás v. Frank J.;
No. 9: Makóc Czàrdás v. Travnik J.;
No. 10: Tolnai lakadalmas v. Rizner J.

[58]) Echo X, 1860, S. 142. »Unter den hiesigen Tonkünstlern cirkulirt eine Adresse der Hrn. Brahms, Joachim und Grimm, worin sie der Partei der Zukunftsmusiker einen Absagebrief schreiben und ihre Kunstgenossen zur Unterschrift auffordern. Die Erklärung lautet: »Die Unterzeichneten haben längst mit Bedauern das Treiben einer gewissen Partei verfolgt, deren Organ die Brendel'sche Z. f. M. ist. Die genannte Zeitschrift verbreitet fortwährend die Meinung, es stimmten im Grunde die ersten strebenden Musiker mit der von ihr vertretenen Richtung überein, erkennten in den Compositionen der Führer eben dieser Richtung Werke von künstlerischem Werth, und es wäre überhaupt, namentlich in Norddeutschland, der Streit für und wider die sogen. Zukunftsmusik u. zw. zu Gunsten derselben ausgefochten. Gegen eine solche Entstellung der Thatsachen zu protestiren halten die Unterzeichneten für ihre Pflicht und erklären wenigstens ihrerseits, dass sie die Grundsätze, welche die Br.'sche Zeitschr. ausspricht, nicht anerkennen, und dass sie die Producte der Führer und Schüler der sogen. »Neudeutschen« Schule, welche theils jene Grundsätze praktisch zur Anwendung bringen und theils zur Aufstellung immer neuer unerhörter Theorien zwingen, die dem innersten Wesen der Musik zuwider, nur beklagen und verdammen können.

Johannes Brahms. Joseph Joachim. Jul. Otto Grimm. Bernh. Scholz.«

Vgl. hierzu namentlich H. v. Bülow III (Ges. Schriften IV), No. 117. Eine von Weitzmann verfasste Parodie zu dem »Hannover-Göttingenschen« Circular erschien in d. N. Ztschr. f. M. Jg. 1860.

[59]) Rich. Wagner lernte das »Triumphlied« von Brahms durch Friedr. Nietzsche kennen; wie es scheint, nahm er nur oberflächliche Kenntniss davon. Die Schwester N.'s, E. Förster-Nietzsche, erzählt hierüber in der Biographie ihres Bruders II, 1, S. 179: „Im Sommer 1874 hatten mein Bruder und ich im Basler Münster das »Triumphlied« von Brahms gehört. Es war eine wunderschöne Aufführung, die Fritz sehr gut gefiel. Als er im Aug. 1874 nach Bayreuth reiste, nahm er den Clavierauszug des »Triumphliedes« mit, anscheinend von dem naiven Glauben geleitet, dass sich W. daran freuen müsse. Ich sage »anscheinend«, weil ich bei späterem Nachdenken doch auf den Gedanken gekommen bin, dass dieses rothgebundene »Triumphlied« eine Art Versuchsobject war und deshalb Wagners ungeheurer Zorn nicht ganz und gar grundlos gewesen zu sein scheint. Hier lasse ich nun W. selbst weiter erzählen . . .: »Ihr Bruder legte das rothe Buch auf den Flügel; immer, wenn ich in den Saal hinunter kam, starrte mich das rothe Dings an — es reizte mich förmlich, grade wie den Stier das rothe Tuch. Ich wusste wohl, N. wollte mir damit sagen: Sieh mal, das ist auch Einer, der was Gutes machen kann, — na, und eines Abends bin ich losgebrochen, und wie losgebrochen!« W. lachte herzlich in der Erinnerung. »Was sagte denn mein Bruder?« fragte ich ängstlich. »Der sagte garnichts,« meinte W., »er erröthete und sah mich erstaunt mit bescheidener Würde an. Ich gäbe gleich 100000 Mark, wenn ich ein solch schönes Benehmen wie dieser N. hätte . . .«

Für die Beziehungen des »Hauses Wagner« zu Brahms ist übrigens der folgende Brief, den Cosima Wagner nach dem Tode Meister Brahms' an Hans Richter schrieb, allzu bezeichnend, als dass er hier fehlen dürfte.

Bayreuth, den 7. April 1897.

Mein theurer und hochgeschätzter Freund!

Die Herren von der Gesellschaft der Musikfreunde haben meinen Kindern und mir die Ehre erwiesen, uns von dem Hinscheiden Johannes Brahms' die Nachricht zukommen zu lassen. Ich wüsste keinen Besseren und Befugteren, als den treuen Freund unseres Hauses, um die

Vermittelung unseres Dankes für diese ausgezeichnete Aufmerksamkeit zu übernehmen. Und so trage ich sie Dir auf. Mein langjähriges Fernsein von dem ganzen Concertleben hat mich in völliger Unbekanntschaft mit den Compositionen des Dahingeschiedenen erhalten. Mit einzigster Ausnahme eines Kammermusikstückes kam, durch die Eigenthümlichkeit meines Lebens, keine seiner zu so grossem Ansehen und Ruf gelangten Arbeiten mir zu Gehör. Auch persönlich hatte ich nur eine flüchtige Begegnung mit ihm, in der Directionsloge in Wien, wo er die Freundlichkeit hatte, sich mir vorstellen zu lassen. Aber es ist mir nicht unbekannt geblieben, wie vornehm seine Gesinnung und Haltung in Betreff unserer Kunst gewesen ist und dass seine Intelligenz zu bedeutend war, um das zu verkennen, was ihm vielleicht ferne lag, und sein Charakter zu edel, um Feindseligkeiten aufkommen zu lassen. Und dies ist wahrlich genügend, um ernste Theilnahme zu empfinden. Ich bitte Dich, ihr den Ausdruck zu geben.

Cosima Wagner m. p.

Jedweder Commentar hierzu erscheint wohl überflüssig.

60) »Brahms, der falsches Pathos zwar nicht leiden konnte, billigte aber auch nicht die norddeutsche und schweizerische Art, die sich gar so zugeknöpft gebe, so wenig von dem wahren Zustand des Gemüths verrathe, oder wenn letzteres in Momenten des Uebelwollens geschehe, alsdann so leicht eine unschöne rauhe Heftigkeit an den Tag lege. Von dieser wusste er selbst sich nicht frei, bekannte es offen, dass sein Wesen manchmal etwas auch für Freunde Verletzendes habe, war übrigens immer bereit, um Entschuldigung zu bitten, wenn er nach dem Verfliegen seiner unmuthigen Wallung Ursache hatte zu befürchten, dass sein Benehmen gekränkt haben könnte.« (Widmann, »Deutsche Rundschau«, Juli 1897.)

61) »Wie rücksichtvoll Brahms gegen andere, namentlich Dienstboten etc. war, beweist folgendes: Sobald er auf Reisen Abends in einen Gasthof kam, stellte er sofort seine Schuhe vor die Thür, »damit nicht irgend ein armer, hierauf nur wartender Dienstbote eben deshalb in seiner Schlafzeit verkürzt werde«. Er selbst ging dann noch, da er Pantoffeln niemals trug, in blossen Strümpfen im Zimmer auf und ab, wie er gewohnt war, trotzdem solche Promenade auf den kalten Steinfliessen italienischer Fussböden keine Annehmlichkeit war.« (Widmann a. a. O.)

62) Ueber die Beziehungen Brahms' zu seiner Vaterstadt bietet ein in dankenswerther Weise dem Verf. zur Verfügung gestellter Bericht Jul. Spengels in Hamburg sehr interessante Mittheilungen:

Am 6. April 1883 folgte Br. einer Einladung des Caecilien-Vereins zu einem ihm geweihten Concert-Abend. An dieses Ereigniss knüpfen sich für mich die schönsten Erinnerungen. Das Parzenlied war kurz vorher entstanden und Br. hatte mich aufgesucht, um mir das Werk aus dem Manuscript vorzuspielen. Unser Programm begann mit dem B-dur-Clavierconcert, von Br. vorgetragen. Ich erinnere mich nicht, ein so völliges Versenken in Musik bei öffentlichem Musiciren jemals erlebt zu haben, wie bei diesem Zusammenwirken mit dem glühenden Meister. Der Chor sang noch die Motette. »Warum ist das Licht gegeben« und eine Reihe von Volksliedern und Chorgesängen. Dazwischen spielte Br. die Rhapsodieen, Op. 79, und als Zugabe einen ungarischen Tanz. Am Schluss des Programms stand die Akademische Ouverture, von Br. dirigirt. Nach dem Concert vereinigten sich die männlichen Mitglieder des Chors und sämmtliche angesehene Musiker Hamburgs mit uns im Hamburger Hof. Der Verleger Simrock war dabei und mit ihm als einzige Dame seine Tochter. Es wurden im Ausklang einer rechten Musikfeststimmung viele Trinksprüche ausgebracht und Verbrüderungen geschlossen. Der Organist Armbrust sprach die Hoffnung aus, den Componisten so vieler schöner Liebeslieder im nächsten Jahr an der Seite einer holden Gattin wiederzusehen, worauf Br. mit den Schlussworten des Parzenliedes entgegnete: »Denkt Kinder und Enkel! — und schüttelt das Haupt.« — Noch zweimal ist Br. unserer Einladung gefolgt: am 9. December 1884 und am 9. April 1886.

Die Briefe, die ihnen vorausgingen sind zumeist sehr kurz und bündig abgefasst, die Sache rasch und klar erledigend, immer aber mit einigen humoristischen Wendungen und liebenswürdigen Aeusserungen geschmückt, die sich auf meine Familie und die in meinem Hause verkehrenden Freunde bezogen.

Später hat Br. unsere Einladungen nicht mehr angenommen. Er ist aber mehrmals während der Wirksamkeit Bülows in Hamburg gewesen und hat im Sommer 1889 mir und meinem Verein bei dem von Bülow veranstalteten Musikfest die erste Aufführung der deutschen Fest- und Gedenksprüche anvertraut.

Auf die Einladung des Tonkünstler-Vereins zu dessen Jubiläum im Jahre 1893 hat Br. abgelehnt, dagegen die Ernennung zum Ehrenmitgliede dieses Vereins mit folgendem Brief angenommen:

»Lieber Freund und geehrter Präsident!«

»Sie und Ihr Verein haben mir durch die Ernennung zu Ihrem Ehrenmitgliede grosse Freude und Ehre bereitet. Ich habe dies um so herzlicher empfunden, als ich dem Verein nicht nur durch Landsmannschaft, sondern auch ganz eigentlich als früheres Mitglied und als sein Mitbegründer längst verbunden bin und angehöre.

Nur ein Name von den Unterzeichnern Ihres Briefes erinnert mich an jene schöne jugendlich-lebhafte Zeit. Der Vater ihres Armbrust gehört dem Kreise von Männern an, an den ich gern zurückdenke, von dem ich viel Ernstes und Heiteres erzählen könnte und in dem ich wohl der Jüngste war. Dem jetzt sehr erweiterten Kreise von Freunden und Collegen bitte ich nun auf das Herzlichste von mir zu sagen, wie ich mich freue, Ihnen anzugehören und zunächst auf den ersten Abend freuen möchte, den ich, hoffentlich recht bald, in Ihrer Mitte verbringe. Mit bestem Gruss

Ihr J. Brahms.«

Einen Abend mit Brahms zu erleben, ist dem Verein leider nicht beschieden worden, wie denn überhaupt Br.'s Besuche in seiner Vaterstadt immer seltner wurden. Der Wind wehte, wie er manchmal schrieb, immer mehr nach dem Süden. Zum letzten Mal sahen wir ihn nach dem Tode seiner Schwester im Jahre 1892. Er hat aber seiner Vaterstadt treue Anhänglichkeit bewahrt, obgleich er nicht selten sich über Personen und Verhältnisse, besonders aber über das schlechte Wetter missliebig äusserte. Solche Aeusserungen wollten aber nicht allzuernst genommen sein, wenn sie auch z. Th. auf persönlichen und früher gewiss bitter empfundenen Erfahrungen beruhen mochten.

Es sei noch gestattet, zwei Briefe mitzutheilen, die sich ganz persönlich auf meine Familie und mich beziehen. Sie geben beide Zeugniss von Brahms' treuer Gesinnung und sind zugleich ein charakteristisches Beispiel für seine Art, sich über heitere und ernste Dinge zu äussern. Der erste bezieht sich auf seine Pathenschaft zu meinem dritten Kinde, die er anfangs in scherzhaftem Ton halb abgelehnt hatte in der neckischen Voraussetzung, dass wir die Absicht haben könnten, unsern Sohn anders als Johannes zu nennen. Er lautet:

L. Fr.

Verzeihen Sie den Spass — aber ist es nicht einer, dass ich so oft zu dem ehrbaren, würdigen, christlichen Amt berufen werde, zu dem ich doch so ganz ungeeignet bin!? Wenn Ihnen das ernsthafte Gesicht genügt, das ich jetzt gerade zu machen mich bemühe — so wünsche ich Ihrem Kleinen damit alles Heil, das mir geworden ist — und hätte werden können. Noch muss ich sagen, dass ich an keinen besonderen Hanns dachte oder zu denken nöthig hatte, als ich annahm, dass Sie Ihrem Kleinen die 2 n als Amulet mit auf den Weg geben wollten.

Mit herzlichen Grüssen an Sie beide

Ihr J. Br.

Als Angebinde für sein Pathenkind schickte Br. dann eine kleine Weckuhr, auf die er in Worten und Noten hatte eingraben lassen:

»Wach auf, wach auf, du junger Gesell, du hast so lang geschlafen«

und »Morgen früh, wenn Gott will, wirst du wieder geweckt«.

Der andere Brief betrifft meine beabsichtigte Bewerbung um eine Dirigentenstellung. Ihm war ein kleines Zeugniss beigelegt.

L. Fr.

Beil. Zettel, den ich jedoch für ähnliche Fälle zu bewahren bitte, soll mir willkommener Anlass sein, endlich einige Worte auf Ihre Briefe zu sagen. Alles mögl. Glück wünsche ich Ihnen — aber, so gut ich es einsehe, haben Sie alle Ursache, es sehr zu überlegen, ehe Sie Ihre jetzige Stellung mit einer andern vertauschen. Ihre ganze Natur, Ihre Neigungen und Ihr Talent scheinen mir gerade für diese Thätigkeit geeignet. Dagegen zweifle ich, dass Sie sowohl als ich z. B. als eigentliche städtische Musikdirektoren uns wohl fühlen würden. Uns beiden fehlen dazu nöthige Eigenschaften, und dass Sie über Ihre eigene äussere Stellung und die Ihres Vereins zu klagen haben, will mir ein Beweis scheinen. Ebenso (bitte nicht misszuverstehen) dass Sie für Ihre Feier des 50jährigen Bestehens des Caecilien-Vereins an mich statt an Bülow denken und statt eifrig zu planen, wie und zu was Allem Sie ihn und das Publikum heranziehen!

Mich soll es freuen, wenn ich zu der Zeit in Hamburg bin und zuhören, möglicherweise auch mitmachen kann — doch weiss ich nicht, wie und was Sie da denken!?

Versprechen aber thue ich nichts. Concerte waren nie meine Liebhaberei und jetzt halte ich sie mir gar energisch vom Leibe. Mir ist allerlei wichtiger als Publikum und Concerte, das brauche ich nicht zu sagen — aber als Mann ohne Stellung darf ich es ungescheut sagen. Und wollte ich in diesem Capitel fortfahren, würde ja für Sie viel Wohllautendes erklingen!

Aber ich will jetzt nur noch sagen, dass ich mich für einen sehr unpraktischen Menschen halte, mich also gern und leicht irren kann in dem, was ich über Sie jetzt und später fantasirte.

Verzeihen Sie nur das flüchtige Schreiben in so ernster und wichtiger Sache — aber es würde sonst kein Ende!

Mit herzlichen Grüssen an Sie beide

Ihr J. Br.«

[63]) Weshalb Brahms unverheirathet blieb, theilt J. V. Widmann in seinen Erinnerungen an den Meister (›Nation« und »Deutsche Rundschau«, Oct. 1897) mit: »In der Zeit, wo ich am liebsten geheirathet hätte, wurden meine Sachen in den Konzertsälen ausgepfiffen, oder wenigstens mit eisiger Kälte aufgenommen. Das konnte ich nun sehr gut vertragen, denn ich wusste genau, was sie werth waren und wie sich das Blatt schon wenden würde. Und wenn ich nach solchen Misserfolgen in meine einsame Kammer trat, war mir nicht schlimm zu Muthe. Aber in solchen Momenten vor die Frau hinzutreten, ihre fragenden Augen ängstlich auf mich gerichtet zu sehen und ihr sagen zu müssen: »Es war wieder nichts« — das hätte ich nicht ertragen. Denn mochte auch eine Frau mich noch so sehr lieben und auch, was man so nennt, an mich glauben, die volle Gewissheit meines endlichen Sieges . . . konnte sie doch nicht haben. Und wenn sie mich gar hätte trösten wollen, ... puh, ich mag nicht daran denken, was das für mich für eine Hölle gewesen wäre.‹

[64]) ›So z. B. in der Galerie zu Parma jene Verlobung der hl. Katharina mit dem Jesuskinde von Parmeggianino, ein Bild, das durch die Holdseligkeit der vielen dicht an einander geschmiegten, unsagbar lieblichen Mädchen- und Kindergesichter, alle in blondem Haar, eine wahre Symphonie der Anmuth ist . . . Bis in die Stirn erglühte Br. vor Ergriffenheit, als er vor diesem Gemälde stand, wie es denn überhaupt nicht tragisch erhabener Gegenstände bedurfte, um ihn zu rühren; die reine Schönheit, auch wenn sie aus sanften Gebilden der Kunst hervorleuchtete, brachte dies bei ihm unfehlbar zu Wege.« (J. V. Widmann, Deutsche Rundschau, Juli 1897.)

[65]) »Die guten Weine und Speisen der echt italienischen Küche, der vortreffliche Kaffee, die breiten, wahrhaft fürstlichen Betten in hohen, luftigen Sälen hatten es ihm angethan. Abgesehen davon, dass er vom phäakischen Wien her hierin an Auserlesenes gewöhnt, einen guten Tisch liebte, gab er im Uebrigen zwar wenig auf Luxus und war gelegentlich mit dem bescheidensten Nachtquartier in der ärmlichsten Spelunke zufrieden; doch war ihm die südländische Lebenslust sympathisch . . . Bei alledem duldete die immer wache Regsamkeit seines unermüdlichen Geistes kein schwelgerisches Sichversenken in materielle Genüsse . . . Sein an Arbeit, an treues Ausnützen der Zeit gewöhnter Geist verlangte immer neue Kraftbethätigung, und oft, wenn ich ein langsameres Reisetempo vorschlug, schalt er mich scherzhaft aus, ob ich mir denn einbilde, zum Vergnügen reisen zu wollen in einem Lande, wo es auf Schritt und Tritt so unendlich viel Neues zu sehen gäbe.« (J. V. Widmann, Deutsche Rundschau, Juli 1897.)

ANHANG III.

A. BRIEFE JOHANNES BRAHMS' AN ROB. SCHUMANN.

1853—55.

1.

Verehrter Meister!

Sie haben mich so unendlich glücklich gemacht, dass ich nicht versuchen kann, Ihnen mit Worten zu danken. Gebe Gott, dass Ihnen meine Arbeiten bald den Beweis geben könnten, wie sehr Ihre Liebe und Güte mich gehoben und begeistert hat. Das öffentliche Lob, das Sie mir spendeten, wird die Erwartung des Publikums auf meine Leistungen so ausserordentlich gespannt haben, dass ich nicht weiss, wie ich denselben einigermassen gerecht werden kann. Vor allen Dingen veranlasst es mich zur grössten Vorsicht bei der Wahl der herauszugebenden Sachen. Ich denke keines meiner Trios herauszugeben, und als Op. 1 und 2 die Sonaten in C- und Fis-moll, als Op. 3 Lieder und als Op. 4 das Scherzo in Es-moll zu wählen. Sie werden es natürlich finden, dass ich mit aller Kraft strebe, Ihnen so wenig Schande als möglich zu machen.

Ich zögerte so lange, an Sie zu schreiben, da ich die genannten vier Sachen an Breitkopf geschickt habe, und die Antwort erwarten wollte, um Ihnen gleich das Resultat Ihrer Empfehlung mittheilen zu können. Aus Ihrem letzten Brief an Joachim erfahren wir jedoch schon dasselbe, und so habe ich Ihnen nur zu schreiben, dass ich Ihrem Rathe zufolge in den nächsten Tagen (wahrscheinlich morgen) nach Leipzig gehe.

Ferner möchte ich Ihnen erzählen, dass ich meine F-moll-Sonate aufgeschrieben und das Finale bedeutend geändert. Auch die Violin-Sonate habe ich gebessert. Tausend Dank möcht ich Ihnen noch sagen für Ihr liebes Bild, das Sie mir schickten, sowie auch für den Brief, den Sie meinem Vater schrieben. Sie haben ein paar gute Leute dadurch überglücklich gemacht, und fürs Leben Ihren

Hannover, 16. Nov. 1853. Brahms.

2.

Mynherr Domine!

Verzeihen Sie die lustige Anrede dem, der durch Sie so unendlich glücklich und froh gemacht ist. Nur das Schönste und Beste habe ich Ihnen zu erzählen.

Ihrer warmen Empfehlung verdanke ich meine über alle Erwartung und besonders über alles Verdienst freundliche Aufnahme in Leipzig. Härtels erklärten sich mit vieler Freude bereit, meine ersten Versuche zu drucken. Es sind dies: Op. 1, Sonate in C-dur; Op. 2, Sonate in Fis-moll; Op. 3, Lieder; Op. 4, Scherzo in Es-moll.

Herrn Senff übergab ich zum Verlag: Op. 5, Sonate in A-moll für Geige und Pianoforte; Op. 6, sechs Lieder.

Dürfte ich meinem zweiten Werke den Namen Ihrer Frau Gemahlin voransetzen? Ich wage es kaum, und möchte Ihnen doch so gerne ein kleines Zeichen meiner Verehrung und Dankbarkeit übergeben.

Noch vor Weihnachten werde ich wahrscheinlich Exemplare meiner ersten Sachen bekommen. Mit welchen Gefühlen werde ich dann meine Eltern wiedersehen, nach kaum einjähriger Abwesenheit. Ich kann es nicht beschreiben, wie mir ums Herz wird, denke ich daran.

Möchten Sie nie bereuen, was Sie für mich thaten, möchte ich Ihrer recht würdig werden. Ihr

Joh. Brahms.

3.

Verehrter Freund!

Hiermit nehme ich mir die Freiheit, Ihnen Ihre ersten Pflegekinder (die Ihnen ihr Weltbürgerrecht verdanken) zu übersenden; sehr besorgt, ob sie sich noch derselben Nachsicht und Liebe von Ihnen zu erfreuen haben.

Mir sehen sie in der neuen Gestalt noch viel zu ordentlich und ängstlich, ja fast philisterhaft aus. Ich kann mich noch immer nicht daran gewöhnen, die unschuldigen Natursöhne in so anständiger Kleidung zu sehen.

Ich freue mich unendlich darauf, Sie in Hannover zu sehen, um Ihnen sagen zu können, dass meine Eltern und ich Ihrer und Joachim's übergrosser Liebe die seligste Zeit unseres Lebens verdanken.

Ich sah meine Eltern und Lehrer überglücklich wieder und verlebte eine wonnige Zeit in ihrer Mitte.

Ihrer Frau Gemahlin und Ihren Kindern bitte ich die herzlichsten Grüsse zu sagen von

Ihrem

Hamburg, im December 1853. Johannes Brahms.

4.

Hamburg, 2. December 1854.

Geliebtester Freund!

Wie kann ich Ihnen meine Freude über Ihren theuren Brief sagen! Schon so oft machten Sie mich glücklich, wenn Sie in den Briefen an Ihre Frau meiner so liebend gedachten, und jetzt gehört mir ausschliesslich ein Brief! Es ist der erste, den ich von Ihnen habe, er ist mir unendlich werth.

Ich empfing ihn leider in Hamburg, wohin ich gereist war, meine Eltern zu besuchen; viel lieber hätte ich ihn aus der Hand Ihrer Frau empfangen.

In einigen Tagen denke ich wieder nach Düsseldorf zu gehen, ich sehne mich dahin.

Mit freudigem Muth erfüllt mich das übergrosse Lob, dessen Sie meine Variationen werth halten. Seit diesem Frühjahr studiere ich fleissig Ihre Werke, wie gerne hörte ich auch darüber Ihr Lob! Dieses Jahr verlebte ich seit Frühling in Düsseldorf; es wird mir unvergesslich sein, immer höher lernte ich Sie und Ihre herrliche Frau verehren und lieben.

Noch nie habe ich so froh und sicher in die Zukunft gesehen, so fest an eine herrliche Zukunft geglaubt als jetzt. Wie wünsche ich sie nah' und näher die schöne Zeit, wo Sie uns ganz wiedergegeben sind.

Ich kann Sie dann nicht mehr verlassen, ich werde mich bemühen, mir immer mehr Ihre theure Freundschaft zu erwerben.

Leben Sie wohl und gedenken Sie meiner in Liebe.

Ihr Sie innig verehrender Johannes Brahms.

Meine Eltern und Ihre hiesigen Freunde gedenken Ihrer mit grösster Verehrung und Liebe. Die Eltern, Herr Marxsen, Otten und Avé bitten mich besonders, Ihnen die herzlichsten Grüsse zu sagen.

5.

Verehrtester Freund!

Recht viel möchte ich Ihnen vom Weihnachtsabend schreiben, wo er uns durch Joachim's Nachrichten so schön wurde, wie er uns den ganzen Abend von Ihnen erzählte und Ihre Frau so still weinte. Wir waren ganz erfüllt von der freudigen Hoffnung, Sie auch bald wiedersehen zu können.

Immer schaffen Sie doch die Tage, die uns sonst doppelte Trauertage wären, zu hohen Festtagen um. An ihrem Geburtstage durfte Ihre Frau Ihnen den ersten Brief schreiben, am Weihnachtsabend sprach Sie zuerst der Freund, dem allein wir das Glück gönnen und uns nur wünschen, ihm bald folgen zu dürfen.

Am ersten Feiertag bescheerte Ihre Frau. Sie wird Ihnen wol gerade jetzt davon schreiben, auch wie hübsch Marie mit Joachim Ihre A-moll-Sonate und Elise die Kinderscenen spielte, auch wie sie mich hoch erfreute durch die sämmtlichen Werke Jean Paul's; ich hoffte nicht, sie in vielen Jahren mein Eigen nennen zu können. Joachim bekam die Partituren Ihrer Symphonien, mit denen Ihre Frau mich schon früher beschenkt hat.

Den Abend vor Weihnacht kam ich hier wieder an, wie lang schien mir die Trennung von Ihrer Frau! Ich hatte mich so an ihren erhebenden Umgang gewöhnt, ich hatte den ganzen Sommer so herrlich in ihrer Nähe verlebt und Sie so hoch bewundern und lieben lernen, dass mir Alles kahl schien, dass ich mich nur sehnen konnte, sie wieder zu sehen. Wie Schönes brachte ich doch mit aus Hamburg! Von Herrn Avé die Partitur zu Gluck's »Alceste« (die italienische Ausgabe 1776), Ihren ersten theuren Brief an mich und manchen von Ihrer geliebten Frau. Für ein schönes Wort in Ihrem letzten Brief, für das liebevolle »du«, muss ich Ihnen noch besonders auf das herzlichste danken; auch Ihre so sehr gütige Frau erfreut mich jetzt durch das schöne vertrauliche Wort; es ist mir der höchste Beweis Ihrer Zuneigung, ich will es immer mehr zu verdienen suchen.

Noch Vieles hätte ich Ihnen zu schreiben, geliebtester Freund, doch würde es wol nur Wiederholung dessen sein, was Ihre Frau Ihnen schreibt; deshalb schliesse ich mit dem wärmsten Händedruck und Gruss. Ihr

Düsseldorf, 30. December 1854. Johannes.

6.

Lieber verehrter Freund!

Ich muss Ihnen selbst meinen Dank sagen für die grosse Freude, die Sie mir machen durch die Widmung Ihres herrlichen Concertstückes. Wie freue ich mich, so meinen Namen gedruckt zu sehen! Noch besonders dann, dass mir wie Joachim ein Concert gehört. Oft sprachen wir über beide und welches uns wol das liebste — wir haben es nicht herausgekriegt

Mit Wonne gedenke ich noch der kurzen Stunden, die ich bei Ihnen sein durfte, sie waren so schön — aber entschwanden gar so schnell. Ich kann Ihrer Frau nicht genug davon erzählen; doppelt glücklich macht es mich, dass Sie mich so freudig und gütig empfingen und jetzt noch mit so viel Liebe der Stunde gedenken.

So werden wir Sie immer öfter und schöner wiedersehen, bis wir Sie wieder besitzen.

Den Katalog wie Sie wünschten, habe ich Ihrem Abschreiber gebracht.

Der Brief von Jenny Lind, meine ich, wird Ihnen wol im Original lieb sein. Die Handschrift ist es wol, welche Sie wünschen, denn was d'rin steht, brauche ich Ihnen doch nicht erst aufzuschreiben.

Das neue Werk von Bargiel legen wir bei, es wird Ihnen wol wie uns grosse Freude machen; ein bedeutender Fortschritt ist es doch von Op. 8 bis Op. 9. Beide sind Ihrer Frau gewidmet; das thäte ich auch gern immer, ich möchte nur mit den Namen Joachim und Clara Schumann abwechseln, bis ich den Muth hätte, Ihren Namen einmal hinzusetzen; der wird mir wol so bald nicht kommen.

Nun leben Sie recht wol, theurer Mann, und denken Sie zuweilen in Liebe Ihres

Düsseldorf, im Januar 1855. Johannes.

Erinnern Sie sich, dass Sie mich schon im vorigen Winter zu einer Ouvertüre zu »Romeo« ermunterten? Uebrigens habe ich mich vergangenen Sommer an einer Symphonie versucht, den ersten Satz sogar instrumentirt und den zweiten und dritten componirt. (In D-moll $^6/_4$ langsam.)

7.

Lieber verehrter Freund!

Ich schicke Ihnen hier die gewünschten Sachen: eine Halsbinde und die Signale. Für erstere muss ich verantwortlich sein; da Ihre Frau in Berlin, so galt meine Entscheidung Wenn Sie Ihnen nur recht ist und nicht zu hoch?

Die Signale schicke ich Ihnen vom vorigen Jahr mit, es fehlen einige Nummern, wir haben wol nicht genug darauf geachtet. Von jetzt an sollen Sie sie regelmässig haben.

Ich kann schon jetzt die bestimmteste Versicherung geben, dass Herr Arnold Ihre Correctur der »Gesänge der Frühe« bekommen hat. Dass er mit der Herausgabe so lange zögert, hat wol anderen Grund.

Ob Ihnen denn der weite Spaziergang mit mir gut bekommen ist? — Ich denke doch. Mit welcher Wonne denke ich an den schönen Tag, selten war ich so überglücklich! Ihre liebe Frau habe ich recht beruhigt und erfreut durch meinen seligen Brief.

Viele Grüsse an Sie sind mir aufgetragen von allen Ihren Freunden hier. Den Ihrer Kinder und Fräulein Bertha's will ich besonders nennen.

Möge es Ihnen gut gehen und Sie sich manchmal in Liebe erinnern Ihres

Düsseldorf, im Februar 1855. Johannes.

8.

Verehrter Meister!

Sie werden sich recht verwundert haben, dass ich von einer Fis-moll-Sonate schrieb, die mitkommen sollte, und keine da war. Ich hatte heute früh ganz vergessen, sie beizulegen.

Hier sende ich sie mit den Liedern und Chören der »Maria Stuart«. Ich denke, das ist Ihnen lieb, Sie schrieben öfter davon.

Ihre Frau schreibt mir soeben ganz beglückt von Ihrem Brief; sie will Ihnen wunderschönes Notenpapier schicken. Ich bin wol rasch gewesen, aber nicht so zärtlich, nur Frauen machen doch Alles schnell und schön, zart zugleich.

Mit dem herzlichsten Grusse Ihr

Düsseldorf, März 1855. Johannes Brahms.

B. BRIEFE JOHANNES BRAHMS' AN SEINE STIEFMUTTER UND SEINEN STIEFBRUDER.

1. Vom Mai 1875.

Liebe Mutter!

In Eile will ich mittheilen, dass ich ganz reizend in Zigelhausen bei Heidelberg wohne. Auch danke ich jetzt nachträglich für die S . . ., die Du mir wieder gestrickt. Mir thut fast leid, dass Du Dir so viel Mühe für mich machst! Hast Du aber sonst keine Verwendung dafür, so nehme ich sie dankbar an. Wien verlasse ich aber nicht, ich habe nur meine Stellung aufgegeben. Du kennst die Verhältnisse nicht und da wäre es zu weitläufig, dass ich Dir erzählte, warum. Deshalb bleibe ich aber doch da — und ebenso gern. Nun schreibe mir aber ja, wenn Du Geld nöthig hast, jetzt und hernach, wenn die Badreise los geht! Grüsse Krügers recht freundlich, Fritz natürlich. Hoffentlich habt Ihr jetzt so schöne Tage wie ich hier am Neckar; dann geniesst sie recht — wie ich es auch thue, ich laufe viel herum!

Herzlich Dein Johannes.

Ich muss Dir doch auch sagen, dass sich so oft die Leute über meine gestrickten S . . . wundern und dass so gut für mich gesorgt wird!

2. Poststempel Wieden, 15. Oktober 1887.

Lieber Fritz!

Ich reise heute für ein paar Tage nach Köln; nichts Lieberes und Besseres kann ich auf die Reise mitnehmen als Deinen Gruss, Deine Nachricht. Ich bin ungemein froh darüber und wünschte nur gleich bis Pinneberg fahren zu können! Seid recht von Herzen gegrüsst und geniesst Euer glückliches Dasein! Ganz Euer Joh.

3. Poststempel Wieden, 5. April 1888.

Lieber Fritz!

Es ist aber wirklich höchste Zeit, dass wir uns einmal wieder schreiben! Ich bin nicht grade ängstlicher Natur und wenn jemand nicht grade schreit, so denke ich, es geht ihm so weit gut. So nehme ich auch gern an, dass es Euch gut, sehr gut geht — aber das sähe ich doch gern einmal schwarz auf weiss und hoffe, Du sagst es mir nächstens recht ausführlich und Mutter sagt hoffentlich auch was dazu!

Ich hatte immer gedacht, den Winter einmal nach Hbg. zu kommen. Jetzt scheint's wohl nichts mehr zu werden, denn Ende d. M. denke ich nach Italien zu gehen und dann bin ich etwas weit vom Weg abgekommen! Den Sommer werde ich vermuthlich wieder in Thun sein, ich melde es, wenn ich von Italien zurück komme.

Nun sei aber so gut mir recht viel Gutes zu melden, namentlich von unserer lieben Mutter. Habt Ihr für den Sommer nichts Besonderes vor, das sie erfreuen kann oder das ihrer Gesundheit nützlich ist? Was machen die Rosen und kauft man brav Uhren?

Seid recht herzlich gegrüsst
von Eurem Johannes.

4. 19. Juni 1893.

Dieser kleine Raum ist mit Johannes Brahms' Photographie beklebt, die ihn, zum Ausgehen gerüstet, die Treppe herabsteigend, darstellt.

Hier, liebe Mutter, komme ich und danke schön für Deinen lieben Brief.

Vor Allem freut mich, dass Fritz eine hübsche Tour macht, was zugleich beweist, dass es Euch beiden gut geht — lass ihn nur weiter Pläne machen und spazieren gehen! Das kleine Bild vorne besieht Fritz sich wohl mit der Lupe?! Auch werde ich dafür Sorge tragen, dass ihr einen Abguss der Medaille kriegt. Fritzen als Kenner wird doch die Arbeit interessiren — das Gold muss er sich dazu denken!

Mir geht es sehr gut und der Sommer wird immer schöner. Zum Herbst oder Winter muss ich einmal wirklich bei Euch hineinschauen, nicht bloss im Bild.

Habt Ihr denn sehr überflüssig Geld oder darf ich einmal wieder schicken? Fritz soll nur brav Geld verreisen, das macht lustig und frisch — dann kann er sich und Dich wieder unterhalten mit all seinen Leiden!

Nun seid recht herzlich gegrüsst und lasst recht bald wieder hören

Euren Johannes.

5. 15. Oktober 1895.

Lieber Fritz!

Ich verreise für 8 Tage (nach Zürich). Doch denke ich an den 1. November und dass da jedem Bürger einige Moneten angenehm sind! Schreibe mir aber, ob sie für Deine weiten Reisen auch genügen! Wenn Du sie noch weiter machst (auch z. B. bis Zürich), so richte ich mich danach. Also nur einstweilen und gern, von Herzen gern auf Weiteres und mehr. Lebt recht vergnügt und froh und seid bestens gegrüsst von Eurem J. B.

6. 23. Dezember 1895.

Liebe Mutter!

Mein herzlicher Gruss soll Euch doch beim Fest nicht fehlen und Dir auch nicht mein Gesicht, das ich deshalb für Dich beilege — nicht für den Geschäftsinhaber! Wenn Pinneberg näher bei Berlin läge, würde ich Euch nächstens besuchen. Es hält mich Allerlei ab, nach Hbg. zu gehen, ich kann mich nicht recht entschliessen, vielleicht mehr gegen den Frühling, wenn es bei Euch anfängt, schön grün zu werden. Von Berlin habt Ihr einiges gekriegt für den Weihnachtsbaum und für Concertbillets?

Zum Dank für Eure Zeitungen schicke ich auch eine!

Nun aber wünsche ich Euch fröhlichste Festtage und ein sehr glückliches neues Jahr.

Mit besten Grüssen Euer Joh.

7. 13. August 1896.

Liebe Mutter!

Das war einmal ein lieber, guter Brief, mit wieviel Neuigkeiten und lauter schönen Neuigkeiten. Ich lese ihn mit ungemeinem Vergnügen und male mir alles gehörig aus. Das neu dekorirte Haus, die Kirche, den Garten, dazu Wyk auf Föhr, das alte liebe Gehölz u. s. w. Lockt es Fritz denn nicht, noch eine Reise nach Schweden und Norwegen zu machen? Das soll ja doch sehr schön sein und einen Collegen fände er gewiss leicht!

Mir aber wäre es eine rechte Freude, wenn er es thäte und mir hernach davon erzählte. Jedenfalls aber schreibst du mir nach drei Wochen, wie ihm und seinem Durst die Seeluft gut gethan hat. Der Sommer ist eigentlich nicht gerade schön, aber wer, wie ich, früh aufsteht und wann er will, spazieren gehen kann, darf zufrieden sein und wunderhübsche Spaziergänge giebt es hier zahllose. Ich hoffe, es geht Euch so vortrefflich weiter und Ihr lasst es bisweilen hören

Euren herzlichst grüssenden Johannes.

8. 29. März 1897. (Bleistift-Karte).

L (iebe) M (utter). Der Abwechselung wegen habe ich mich ein wenig hingelegt und kann daher unbequem schreiben. Sonst habe keine Angst, es hat sich nichts geändert und wie gewöhnlich habe ich nur Geduld nöthig. Von Herzen Euer Joh.

Diese, fünf Tage vor dem Tode geschriebene Karte ist wohl der letzte Federzug des »grossen Meisters«.

SYSTEMATISCHES VERZEICHNISS DER BRAHMSSCHEN WERKE.